VERLAG TORSTEN LOW

Das Buch:
Zahlreiche Legenden ranken sich um ihn. Nur wenigen mag er sich offenbaren.
Der Rand der Welt.

Insgesamt 28 Autorinnen und Autoren haben sich auf die Suche nach ihm begeben – und ihn an den unterschiedlichsten Stellen gefunden: in nebligen Wäldern, toten Städten oder unter dem Tanz der Polarlichter. Hinter alten Spiegeln, gewöhnlichen Türen oder gar jenseits der Lebenden. Selbst in unscheinbaren Wasserpfützen können sich Weltentore verbergen.

Überschreiten Sie 26 Mal den Rand der Welt in den Geschichten von Silke Alagöz, Tina Ariam, Elea Brandt, Mark Bredemeyer, L.P. Daniels, Fabian Dombrowski, Lisa Dröttboom, Jutta Ehmke, Meara Finnegan, David Grade, Jasmin Jülicher, Thomas Karg & Vanessa Kaiser, Günther Kienle, Sandra Lode, Amélys Mundt, Lena Obscuritas, Astrid Rauner & K.R. Sanders, Regine D. Ritter, Cornelia Röser, Jana Nicola Sadelkow, Tanja Schierding, Heike Schrapper, Rebecca Stuerzel, Melanie Vogltanz, Günter Wirtz und Djouke Zaal.

Am Rand der Welt

Herausgegeben von
Silke Alagöz

Besuchen Sie uns im Internet
www.verlag-torsten-low.de

Der Verlag Torsten Low ist Fördermitglied bei
PAN – dem Autorennetzwerk.
Mehr Informationen finden Sie hier:
https://wir-erschaffen-welten.net/

1. Auflage

Umschlaggestaltung & Illustration: Detlef Klewer

Lektorat: Silke Alagöz
Korrektorat & Satz: Torsten Low

Druck und Verarbeitung: Winterwork, Borsdorf
Printed in Germany

ISBN der Taschenbuchausgabe: 978-3-96629-040-1
ISBN der Hardcoverausgabe: keine

Inhalt

Vorwort 7
Silke Alagöz
Die Legende der Schattenzieher 11
Jutta Ehmke
Der zerrissene Schleier 27
Lena Obscuritas
Die Muschel 41
Djouke Zaal
Schwarzwaldgeist 49
Günther Kienle
Demise 67
Jasmin Jülicher
Tote Stadt 85
L.P. Daniels
Geisterlicht 103
Silke Alagöz
Bei Muspels Söhnen 115
Mark Bredemeyer
Morphiumrausch 133
Tina Ariam
Auf der Jagd nach dem verlorenen Pudel 149
Rebecca Stuerzel
Der Wald der vergessenen Kinder 167
Elea Brandt
Die Botschaft der Lichtwesen 181
Amélys Mundt
Die Tür 191
Heike Schrapper
Auch noch ein Idiot, ja? 203
Cornelia Röser
Rachel 209
Astrid Rauner & K.R.Sanders
Hilf mir, mein Bruder 231
Meara Finnegan

Die große Not 249
Thomas Karg & Vanessa Kaiser
Spieglein, Spieglein 267
Sandra Lode
Grüner Daumen 285
Jana Nicola Sadelkow
Wie mein Vater vor mir 295
Fabian Dombrowski
#MRDRDR 309
David Grade
Aruun und der Nebelwald 319
Lisa Dröttboom
Die Pfütze 337
Günter Wirtz
Der Radläufer 349
Tanja Schierding
Linie U5, Endstation 365
Melanie Vogltanz
Kinder – Fremde Welten – Eltern 383
Regine D. Ritter

Vorwort

Silke Alagöz

Silke Alagöz, Jahrgang 1982, hat eine Ausbildung zur Lektorin und Drehbuchautorin absolviert. Die ehemalige Verlegerin ist Autorin mehrerer Fantasy-Romane und eines Kinderbuchs. Als (Mit-)Herausgeberin von Anthologien ist sie in den Verlagen Torsten Low, Saphir im Stahl und Arcanum Fantasy vertreten und hat zudem zahlreiche Kurzgeschichten veröffentlicht. Nachdem sie sich zuletzt auf das Verfassen von Audiodeskriptionen für Kino- und TV-Filme konzentriert hat, ist sie wieder zum Romanschreiben zurückgekehrt.

Der im Ruhrgebiet geborene und aufgewachsene Illustrator und Designer **Detlef Klewer** lebt seit 1999 mit der wundervollsten Frau der Welt am Niederrhein. Der Schwerpunkt seiner Arbeit liegt in der Gestaltung von Buch-, CD- und DVD-Covern, sowie der Anfertigung von Buchillustrationen und Comics für verschiedene Verlage und Selfpublisher im In- und Ausland.

Zwischen 1996 und 2007 erschienen fünf von ihm verfasste Filmbücher. Außerdem war er Co-Autor eines Buchs über H.P. Lovecraft. Seit 2011 hat er mehr als einhundert Kurzgeschichten veröffentlicht. Seit 2015 gab er bisher achtzehn Anthologien heraus.

Er ist als Comiczeichner, Herausgeber und Autor mehrfach preisgekrönt.

Weitere Informationen unter http://www.kritzelkunst.de und facebook.com/kritzelkunst.de

»Es ist nicht tot, was ewig liegt …«

Mit diesen Worten erweckte mein Verleger Torsten Low unser Anthologie-Projekt aus seinem Dämmerschlaf. Worte, die dem berühmten Cthulhu-Mythos von H.P. Lovecraft entstammen und so perfekt zur Situation passen, als wären sie eigens dafür verfasst worden. Denn dieses Projekt hat, von der Planung bis hin zur Veröffentlichung, eine ganze Dekade überdauert.

Für mich als Herausgeberin ist »Am Rand der Welt« eine ganz besondere Anthologie, und das nicht nur wegen ihrer Beharrlichkeit. Auch ihrem Endgegner, dem zerstörungswütigen Coronavirus, hat sie tapfer getrotzt. Zudem ist es ihr gelungen, nach all der Zeit unsere 28 ausgewählten Autoren und Autorinnen noch einmal zusammenzuführen. Von daher gilt mein größter Dank all diesen geduldigen Personen, die mich mit ihrem enormen Durchhaltevermögen beeindruckt und unserer Anthologie die Treue gehalten haben.

Insgesamt 26 Geschichten bilden eine Sammlung von Abenteuern, die hauptsächlich die Genres Phantastik, Fantasy, Dark Fantasy und Horror beinhaltet, abgerundet durch einen Hauch Science-Fiction. Und stets nimmt der Rand der Welt dabei die Hauptrolle ein, sei es auf spannende, gruselige, traurige, fantastische, romantische oder heitere Art. Zusätzlich informiert eine amtliche Broschüre Weltenreisende darüber, welche Risiken und Gefahren in jenen Gefilden lauern.

Ein weiteres riesiges Dankeschön geht an mein Verlegerteam Torsten, Tina und Emily Low. Auch sie haben hartnäckig an dieser Anthologie festgehalten, die nach »Die

Götter des Imperiums« (Gemeinschaftswerk mit Astrid Rauner) mein mittlerweile zweites Buch im Verlag Torsten Low ist. Auch unserem Coverkünstler Detlef Klewer möchte ich ganz herzlich danken für das coole Cover und den Geschichtentrenner, welche er eigens für diese Anthologie geschaffen hat. Beides verleiht dem Buch eine besondere, fantastische Ausstrahlung.

Ganz gleich, wo der Rand der Welt sich auch befinden mag – sei es in unserer physischen Welt, in der Zone zwischen Leben und Tod, oder ganz woanders: Ich wünsche allen Lesern dieser Geschichtensammlung angenehme und vergnügliche Lesestunden!

Silke Alagöz

Die Legende der Schattenzieher

Jutta Ehmke

In ihren Romanen kreiert **Jutta Ehmke** abenteuerliche Zauberwelten in der Tradition von Michael Ende. Ihr Stil ist knapp, durch Tiefgang und Humor geprägt, und findet altersübergreifend Anklang. Deutlich düsterer geht es in den Kurzgeschichten der Autorin zu. Jutta Ehmke lebt in der Südpfalz, leitet die Schreibgruppe »Phantastik Autoren Speyer« und fungiert gelegentlich als Herausgeberin. Bleibt zwischen Brötchenjob und dem Schreiben noch Platz, füllt sie diesen mit Farbe und Pinsel.

Info und Kontakt: www.juttaehmke.de

In den Raunächten zwischen den Jahren, wenn die Welt weder dem Gestern noch dem Morgen gehorcht, erscheinen Risse im Gefüge der Zeit. Dunkle Mächte dringen aus einem jenseitigen Ort, ergreifen einen einsamen Wanderer und ziehen ihn mit sich, hinein ins Nichts, über den Rand der Welt.

Von klein auf kannte Hannah die Legende der Schattenzieher und hielt sie für ein Märchen. Bis zum Tag der Party.

Mia, Lukas und Paul fuhren mit dem Toyota voraus, Alex, Ellen und Hannah folgten mit dem Mini. Beim Supermarkt hielt Alex an und kam mit Alkohol, Fleisch und einem Paket Holzkohle zurück.

»Wintergrillen!«, rief er und hielt breit grinsend die Einkaufstüten in die Höhe.

Ellen lächelte, aber Hannah zeigte ihm den Vogel. Sie verstand nicht, was ihre Freundin an diesem Typen fand. Lag es an seinem Bad-Boy-Charme, dass sie ihm nichts abschlagen konnte? »Du spinnst. Wir haben doch längst alle Einkäufe. Außerdem ist es viel zu kalt zum Grillen!«

»Was denkt ihr Zuckermäuschen, wozu ich hektoliterweise Alkohol besorgt habe? Der weise Mann baut vor. Ihr werdet mir noch danken.«

Zuckermäuschen, nicht zu fassen. Hannah rollte mit den Augen, ließ die Sache aber auf sich beruhen, erstens Ellen zuliebe und zweitens, damit Alex Ruhe gab.

Am westlichen Ufer des Sees standen acht Hütten, alle verlassen. Vielleicht war der Ort im Sommer einladender, doch im trüben Dezemberwetter gefiel es dem Gewässer, sich in die Farben der Verwesung zu kleiden, und der Wind, der die schwarzen Fichten schüttelte, raunte bedrohlich. Kein Wunder, dass die Miete der Ferienhütte zu dieser Jahreszeit nicht mehr als das sprichwörtliche Butterbrot betrug. Alex schwenkte eine Flasche Tequila.

»Hab ich's nicht gesagt? In diesem Loch muss man selbst für Partystimmung sorgen!«

Etwas Gutes hatte die Einsamkeit, man konnte die Musik aufdrehen, so laut man wollte. Ein paar Leute, die Lukas aus dem Judo kannte, waren den weiten Weg heraus in die Wälder gekommen, obwohl sie nur wenige Stunden bleiben konnten, da einer von ihnen am nächsten Tag eine Vorführung hatte und früh raus musste. Zunächst verlief die Party wie geplant. Man tanzte, lachte, flirtete. Als sich die Judoka verabschiedeten, begleitete Hannah die Gäste zu deren Rostlaube und wartete, bis das Gefährt in der Ferne verschwand. Nun war es still in den Wäldern. Sie gähnte. Bei ihr war die Luft raus, sie würde bald schlafen gehen.

Am nächsten Morgen brauchte Hannah einige Augenblicke, bis ihr klar wurde, wo sie sich befand. Benommen stand sie auf und tastete sich quer durch den dunklen Raum. Ihr war schwindlig, obwohl sie es mit dem Alkohol nicht übertrieben hatte. Auf halbem Weg zum Fenster stieß sie gegen etwas Metallenes und rieb sich den Oberschenkel. Sie knipste das Licht an, und erkannte, dass es Alex' Grill war, der ihr den Weg versperrte. Aus irgendeinem Grund hatte dieser Spinner ihn in die Hütte getragen. Leere Flaschen, Chipstüten und ein paar von Mias Klamotten lagen auf dem Boden verstreut. Das reinste Tohuwabohu.

Ellen stand am Türrahmen und sah zu Hannah herüber. Sie trug einen Anorak über ihrem Jogginganzug, dazu feste Schuhe.

»Gut, dass du wach bist. Mia ist verschwunden! Ich habe überall nachgesehen, aber sie ist einfach weg.«

»Vielleicht musste sie mal. Oder macht einen Spaziergang.«

»Um diese Uhrzeit? Hier gibt es keine Straßenlaternen, es ist stockdunkel. Ich war mit der Taschenlampe draußen und hab nach ihr gerufen, aber nichts.«

Lukas kam aus dem angrenzenden Zimmer. »Paul ist auch weg!«

»Vielleicht sind die Judo-Typen zurückgekommen, und Mia und Paul sind mit ihnen weggefahren?«

»Klingt unwahrscheinlich. Warum sollten sie?«

»Oder die Schattenzieher gehen um«, murmelte Hannah. Es war als Scherz gemeint. In unangemessenen Situationen brach sich manchmal ihr schräger Sinn für Humor Bahn, und wie so oft wurde er auch diesmal nicht als solcher erkannt. Ellens Augen weiteten sich erschrocken.

»Oh, Gott, Hannah! Du kennst diese Legende auch? Vielleicht hört sich das blöd an, aber da waren wirklich Schatten, oben am Waldrand. Dunkel und groß wie Menschen. Mir ist es eiskalt den Rücken hinuntergelaufen, und sofort musste ich an diese alte Legende denken!«

Man sah Lukas an, wie sehr er sich das Lachen verkniff.

»*Schattenzi…* was, bitte? Was soll das denn sein? Und hast du nicht behauptet, es sei viel zu dunkel, um etwas zu erkennen?«

»Das ist nicht lustig. Hier in der Gegend erzählt man sich die Geschichte der Schattenzieher seit Menschengedenken! Immer in Raunächten sollen sie ihr Unwesen treiben.« Ellen schlang die Arme um sich, als fröstelte es sie. »Es heißt, sie locken einsame Wanderer in den Nebel und ziehen sie mit sich.«

»*… über den Rand der Welt*«, rezitierte Hannah mit übertrieben unheilschwangerer Stimme. Die Ironie brachte ihr einen bösen Blick ihrer Freundin ein.

»Das ist doch gequirlter Mist!«, entfuhr es Lukas.

Hinter ihm tauchte Alex auf, hielt sich den Schädel und blinzelte verschlafen.

»Sag mal, Alex, hattest du Angst, dass dir dein kostbarer Grill einschneit? Oder warum steht der plötzlich mitten im Zimmer? Deinetwegen bekomme ich einen riesigen blauen Flecken!«

Alex rülpste vernehmlich. »Frag mich nochmal, wenn ich nüchtern bin. Momentan hab ich einen Filmriss. Und überhaupt ist es zum Denken noch viel zu früh.«

Hannah zog angewidert die Brauen hoch und wechselte einen vielsagenden Blick mit Lukas, doch der zuckte nur mit den Schultern und zwinkerte ihr zu. Das sollte so viel heißen wie *›Nimm Alex nicht allzu ernst, er ist und bleibt nun mal unser kleines Enfant terrible.‹*

Schweigend warteten sie, bis es hell wurde. Dann durchstreiften sie gemeinsam den Wald, doch Mia und Paul waren und blieben wie vom Erdboden verschluckt. *Von dunklen Mächten über den Rand der Welt gezogen*, dachte Hannah und stellte sich die düsteren Wesen aus der Legende vor, wie sie Mia am Knöchel packten und bäuchlings in den Nebel zogen. Eine Gänsehaut überlief sie, und nach Späßen war ihr inzwischen nicht mehr zumute, obwohl sie sich noch immer sicher war, dass solche Wesen nicht existierten und es eine andere Erklärung für das Verschwinden ihrer Freunde geben musste.

»Wir sollten Hilfe holen«, drängte Ellen. »Die Bullen, oder wenigstens unsere Eltern.«

»Die Handys haben in den Wäldern keinen Empfang, schon vergessen?«, gab Lukas zurück. »Außerdem machen wir uns bestimmt grundlos Sorgen, und die beiden haben nur etwas Spaß. Habt ihr nicht mitbekommen, wie heftig

Mia und Paul in letzter Zeit geflirtet haben? Falls sie bis morgen nicht auftauchen, können wir immer noch aktiv werden.«

Bis morgen ... Eine viel zu lange Zeit, um die Rückkehr der beiden abzuwarten, fand Hannah. Andererseits stimmte es, dass Paul und Mia schon lange heimlich ineinander verknallt waren, da war es nicht auszuschließen, dass sie sich endlich ihre Liebe gestanden hatten. Falls dem so war, lag der Gedanke nahe, dass sie miteinander allein sein wollten. Aber hätten sie dann nicht jemandem Bescheid gesagt?

»Na, gut«, murmelte Hannah. »Warten wir bis morgen.«

Gegen Abend war Alex wieder nüchtern und zeigte Nerven. Hyperaktiv stand er auf, setzte sich, öffnete die Tür, schloss sie wieder, kaute Fingernägel, rieb sich die Augen. Ellen kauerte apathisch auf ihrem Stuhl, die Augenlider rot und geschwollen vom Weinen. Nur Lukas behielt die Nerven, wofür Hannah ihn bewunderte. *Es gibt Menschen, deren Verstand in Ausnahmesituationen mit messerscharfer Logik reagiert und alle Ängste abschaltet,* dachte sie und hoffte, dass sie selbst ebenfalls mit dieser Art Überlebensinstinkt gesegnet war.

Viele Male liefen sie rund um die Hütte, um den See, hinauf zum Wald und wieder zurück. Einmal – Hannah wanderte gerade ein Stück abseits – hätte sie schwören können, dass jemand hinter ihr stand. Aus den Augenwinkeln heraus sah sie dunkle Schatten und vernahm ein leises Stimmengewirr wie aus einer anderen Welt. Sogar einzelne Wörter meinte sie zu verstehen. Doch als sie den Kopf wandte, war da nur ein Rascheln in den Blättern, hervorgerufen durch den säuselnden Wind.

Hannah atmete tief ein und riss sich zusammen. Alles nur, weil Ellen ihr diese alte Legende in den Kopf gesetzt hatte. Alberne Hirngespinste! Sie beschloss, kein Wort über ihr Erlebnis zu verlieren. Die Nerven aller lagen auch so schon blank.

Zurück in der Hütte saßen alle beieinander, schweigend und tief in Gedanken versunken.

»Wir bleiben heute Nacht zusammen. Keiner verlässt den Raum!« Wie so oft gab es nach Lukas' Ansage keine Gegenstimmen, sein Wort war Gesetz. Hannah war sich sicher, kein Auge schließen zu können, doch irgendwann siegte die Müdigkeit und sie döste ein.

Auch diesmal erwachte sie bei Anbruch der Dämmerung. Alex und Ellen hingen in sich zusammengesunken auf der Couch. Alex schnarchte leise, und aus Ellens Mund lief ein dünner Faden Sabber. Lukas stand am offenen Fenster, die Hände auf das Fensterbrett gestützt, und lauschte angestrengt in die Dunkelheit. Schlaftrunken trat Hannah zu ihm.

»Hörst du das? Dieses Flüstern, das aus den Wäldern kommt?«, fragte er. »Das ist Mias Stimme, oder nicht? Doch, doch, ganz sicher ist es Mia. Sie ruft mich!«

Hannah spitzte die Ohren, aber sie hörte nur den Wind in den Fichten. Jetzt fing Lukas auch noch mit diesem Kram an. Bevor sie antworten konnte, stürzte er zur Tür und lief ins Freie. Hannah schüttelte den letzten Rest Müdigkeit ab, sprang in ihre Sneaker, schnappte sich ihre Daunenjacke und rannte hinterher.

Morgennebel hing in den Bäumen. Der junge Tag rüstete sich gegen den Kampf mit der Dunkelheit, von einem Sieg war er noch weit entfernt. Hannah riss die Augen auf, um sie ans Dämmerlicht zu gewöhnen. Sie erkannte Lukas in der Ferne, verlor ihn aber schnell aus den Augen. Sie lief so rasch sie konnte, um ihn wiederzufinden, und kaum, dass sie ihn oben am Waldrand entdeckte, tauchte hinter ihm ein Schatten auf, zu deutlich diesmal, um Einbildung zu sein. Wie angewurzelt blieb sie stehen und konnte nicht glauben, was sie sah.

Das Wesen war größer als Lukas. Es wechselte die Richtung, so dass er geradewegs in die Falle lief. Hannah stieß einen Warnschrei aus, doch zu spät. Das Wesen packte den Jungen und umschlang ihn mit seinen dunklen Armen. Lukas sackte in sich zusammen, fiel dem Schatten entgegen und wurde mitgezogen, hinein in dichten Nebel. *Über den Rand der Welt*, dachte Hannah, und ihr schauderte. Langsam und mit klopfendem Herzen folgte sie den Abdrücken von Lukas' Schuhen, bis die Spur wie mit dem Lineal gezogen abbrach. Entsetzt rannte sie zurück zur Hütte, so schnell ihre Füße sie trugen.

»Aufwachen!«, rief Hannah und schüttelte Alex und Ellen an den Schultern. »Die Schattenzieher – es gibt sie wirklich, und sie haben Lukas! Wir fahren in die Stadt. Sofort, auf der Stelle! Wir warten keine Sekunde länger!«

Schreckensstarr und stumm vor Entsetzen lauschten Alex und Ellen ihrem Bericht. Nachdem Hannah geendet hatte, folgten sie ihr anstandslos zum Wagen. Auf der Fahrt sprach keiner ein Wort. Erst als sie die Stadtgrenze passierten, räusperte sich Hannah.

»Wohin zuerst?«, fragte sie. »Holen wir unsere Eltern? Gehen wir zur Polizei? Oder was?«

»Zur Polizei«, antwortete Ellen. »Vermutlich wird man uns nicht glauben, aber wir müssen es versuchen. Ich kann ja selbst nicht fassen, dass die Legende wahr ist. Himmel, Hannah! Das mit Lukas und dem Schatten … Du würdest uns nicht reinlegen, oder?«

Mit zusammengekniffenen Lippen schüttelte Hannah den Kopf und folgte den Ansagen des Navis Richtung Kaiserstraße. Die Stadt war wie ausgestorben. Zwischen den Jahren war nirgendwo viel Verkehr, aber um diese Uhrzeit hätten wenigstens ein paar Frühpendler die Straße bevölkern müssen.

»Wir sollten inzwischen Empfang haben«, meinte Ellen. Eine Weile hörte Hannah sie auf dem Handy tippen, doch ganz gleich wie viele Nummern Ellen auch wählte, sie erreichte niemanden. Alex fand eine halbvolle Schachtel Zitronenkaugummi in seiner Jacke und bot es ihnen wortlos an. Als die Mädchen ablehnten, schob er sich gleich drei Streifen auf einmal in den Mund.

Im Polizeirevier brannte Licht, doch als Hannah die Tür aufstieß, war keine Menschenseele zu sehen. Halbausgefüllte Formulare, aufgeschlagene Ordner, eine Kaffeetasse samt angebissenem Donut. Wäre die Situation nicht so ernst gewesen, hätte Hannah über das Klischee gelacht. Aber der Beamte, der hier gesessen hatte, war nicht nur eben mal austreten gegangen, nein, er hatte sich mitsamt seiner Kollegenschaft in Luft aufgelöst. Ein faustgroßer Stein lag Hannah im Magen. Zu dritt durchkämmten sie den Gebäudekomplex, öffneten Tür um Tür, fanden aber keine Menschenseele. Es war still wie in einem Grab. Auf einem der Flure entdeckte Alex einen Kaffeeautomaten. Sie zogen sich je einen Cappuccino und setzen sich mit den Pappbechern in einen kleinen Besprechungsraum. Offenbar war es den Beamten gestattet, der Einrichtung einen individuellen Touch zu verleihen, denn an der Wand hingen

Kinderzeichnungen und eine geschnitzte, dilettantisch bemalte Kuckucksuhr. Ein Jagdhorn umschlang das Zifferblatt, daneben Rebhuhn und Hase mit dem Kopf nach unten hängend, unter gekreuzten Gewehrläufen.

»Habt ihr jemals eine so scheußliche Uhr gesehen?«, fragte Alex fassungslos.

In diesem Moment sprang der große Zeiger auf Zwölf, und der Kuckuck schoss heraus, als wolle er sich über den mangelnden Kunstverstand der Besucher beschweren. Die angespannten Nerven der Mädchen entluden sich in wildem Gekicher.

»Halt die Klappe, du dämlicher Vogel!« Alex zog seinen Kaugummi aus dem Mund und drückte ihn dem Kuckuck in den hölzernen Schnabel.

»Tu das nicht.« Ellen sah sich nervös um. Ganz gleich, wie sehr sie Alex mochte, Regelverstöße bereiteten ihr immer ein gewisses Unbehagen. Alex grinste. »Und warum nicht? Denkst du, heute kommt noch wer, um mich zu verhaften?«

Im Nebenraum fanden die Jugendlichen ein Radio, doch war es unmöglich, einen Sender einzustellen, immerzu wurden die Wortfetzen von starkem Rauschen überlagert. Alle Computer waren passwortgeschützt, keines der Telefone hatte Empfang. Nach einer Weile gaben sie auf, verließen das Gebäude und gingen zu Fuß los, ohne richtiges Ziel. An dem kleinen Supermarkt, wo Alex – war es vorgestern? – Tequila und Grillkohle gekauft hatte, hielten sie an. Alles wirkte wie immer – sah man einmal davon ab, dass auch dieses Gebäude menschenleer war.

Ellen zitterte am ganzen Körper. »Ich verstehe das nicht. Die Schatten können sich doch nicht alle Menschen auf einmal geholt haben!«

Ihre Stimme überschlug sich beinahe. Auf den breiten Eingangsstufen einer angrenzenden Apotheke ließ sie sich zu Boden sinken und heulte hemmungslos. Alex sah sie betroffen an, doch anstatt sie aufzumuntern, setzte er sich ebenfalls und umschlang seine Beine. Auch Hannah fielen keine tröstenden Worte ein, und so blieb sie stehen, starrte in die Ferne und biss sich auf die Unterlippe.

»Vielleicht hast du recht«, sagte sie nach einer Weile.

Ellen blickte hoch und betrachtete sie mit großen Augen. »Du meinst, jemand muss noch hier sein? Denkst du, wir finden unsere Familien, wenn wir nur lange genug suchen?«

In der Ferne tauchte zwischen den Gebäuden ein Schattenzieher auf und sah zu ihnen herüber. Noch hatten Ellen und Alex ihn nicht entdeckt. Hannah beobachtete aus den Augenwinkeln heraus, wie die Schattengestalt näherkam. Sie nickte dem Wesen zu und spürte, dass es verstand.

»Nein, meine ich nicht«, antwortete Hannah ehrlich. »Ich denke …«

»Wir verstecken uns«, fiel Alex ihr ins Wort und schaukelte hyperaktiv vor und zurück. »Wir verbarrikadieren uns in irgendeiner Wohnung und hängen die Fenster ab. Dann werden uns die Schatten nie finden, und von den Konserven in den Supermärkten können wir Jahrzehnte leben.«

»Hannah wollte etwas sagen«, erwiderte Ellen. Sie hatte aufgehört zu weinen und studierte ihre Freundin aufmerksam.

Hannah nickte. »Ich glaube, es gibt eine einfache, logische Erklärung. Um alle Menschen über den Rand der Welt zu ziehen, bräuchte man ganze Legionen von Schattenwesen. Aber in der Sage war immer nur von ein paar wenigen die Rede. Vielleicht ist ja alles anders, als wir denken. Möglicherweise sind die Einwohner der Stadt gar nicht verschwunden. Was wäre, wenn stattdessen wir in eine andere Dimension geraten sind? Womöglich versuchen die Schatten, uns in die echte Welt zurückzuziehen.«

Ellen starrte Hannah mit offenem Mund an.

»Du hast sie nicht mehr alle!«, stellte Alex fest.

»Mag sein. Aber denkt darüber nach.«

Jetzt war der Schattenzieher ganz nah, keine zehn Meter von ihr entfernt. Er öffnete die Arme, als wollte er sie begrüßen. Hannah warf ihren Freunden einen letzten Blick zu.

»Macht's gut«, sagte sie und sprintete los.

»Nicht!«, hörte sie Ellen kreischen, die den Schattenzieher erst jetzt entdeckte. Dann stürzte sich Hannah in dessen Arme, fiel in wattene Dunkelheit und verlor das Bewusstsein.

Blaulicht streifte ihre Haut. Sanitäter. Überall Sanitäter.

»Wir haben sie zurück!«, sagte jemand, dann schwanden Hannah erneut die Sinne.

Sie erwachte im Krankenhaus, als Mia ins Zimmer trat und sich zu ihr setzte. Mia war hier, sie war am Leben!

»Was ist passiert?«, wollte Hannah fragen, doch sie brachte nur ein Krächzen hervor. Mia verstand trotzdem, und endlich erfuhr Hannah, was in der Nacht der Party wirklich geschehen war.

»Es war spät. Ellen, Lukas und du habt bereits geschlafen, und Alex war sturzbesoffen. Paul und ich wollten mit unseren Taschenlampen einen Nachtspaziergang um den See machen.

›Bei eurer Rückkehr bekommt ihr das beste Steak der Welt!‹, hat Alex uns hinterhergerufen. Wir nahmen ihn nicht

ernst. Zum Grillen war es viel zu spät, die Party war längst gelaufen. Außerdem hatten wir ja alle schon gegessen. Doch als wir zurückkamen, war die Hütte voller Qualm, und uns wurde klar, dass Alex sich seine fixe Idee vom Wintergrillen nicht hatte ausreden lassen. Vermutlich war es ihm im Freien zu kalt geworden, denn aus welchem Grund hätte er sonst den Grill in den Aufenthaltsraum der Hütte ziehen sollen? Paul und ich haben alle Fenster aufgerissen und den Rettungswagen alarmiert, aber für Alex und Ellen kam jede Hilfe zu spät. Tödliche Kohlenmonoxid-Vergiftung, sagten die Sanitäter. Auch Lukas und dich hielt man zunächst für tot. Zum Glück ist es den Sanitätern dann doch noch gelungen, euch ins Leben zurückzuholen.«

Hannah war sprachlos. Hatte die Zeit nach der Party nur in ihrem Kopf stattgefunden? Gefangen in einer Dämmerwelt zwischen Tod und Leben musste sie die Umrisse der Sanitäter für Schattenwesen aus einer jenseitigen Welt gehalten haben. *Unser Gehirn ist eine Traumfabrik*, dachte sie und schüttelte verwundert den Kopf. Alles war ihr so unglaublich real erschienen. Auf ewig würde es ihr unbegreiflich bleiben, dass es Alex und Ellen nicht mehr geben sollte. Der Verlust ihrer Freunde traf sie mit voller Wucht. Noch Wochen später, als sie längst aus dem Krankenhaus entlassen worden war und es ihr besser ging, glaubte sie manchmal, Ellens Haarschopf in einer Menschenmenge auszumachen, oder bildete sich ein, unvermittelt Alex' Stimme zu vernehmen.

Für die Polizei war die Sache noch nicht vorbei. Nach der Beerdigung erhielten Lukas und Hannah Post, in der die Beamten sie baten, ihre Sicht der Ereignisse zu Protokoll zu geben. Zweimal musste der Termin aus organisatorischen

Gründen verschoben werden, und so wurde es Mitte Februar, bis Lukas und Hannah den Bus nahmen und beim Polizeirevier ausstiegen.

Hannah beschlich ein merkwürdiges Gefühl von Déjàvu, als sie das Gebäude betrat, das sie aus jenem merkwürdigen, traumähnlichen Zustand zu kennen glaubte. Eine platinblonde Polizistin empfing die Jugendlichen und überstellte Lukas in die Obhut eines weiteren Beamten. Hannah bat sie zur Vernehmung mit nach oben.

»Einen Kaffee?«, fragte die Beamtin, während sie die Tür zum Besprechungszimmer aufstieß, und - da hing sie: diese Scheußlichkeit von einer Kuckucksuhr! Wie angewurzelt blieb Hannah stehen, sämtliche Haare standen ihr zu Berge. Wie in Trance ging sie auf die Uhr zu und setzte mit sanftem Druck den Mechanismus in Gang. Sofort wippte ihr der Vogel entgegen, ein hölzerner Bote aus einer jenseitigen Welt. Und noch immer hielt er Alex' Kaugummi in seinem Schnabel.

Der zerrissene Schleier

Lena Obscuritas

Lena Obscuritas, * 1994 lebt und arbeitet in München. Wenn sie einmal nicht mit schreiben beschäftigt ist, verschlingt sie Bücher oder beschäftigt sich mit dem Okkulten. Aus dieser Leidenschaft entstanden bereits viele Werke; demnächst wirkt sie auch an der Produktion eines Independent Horrorfilm mit und ist regelmäßig in einer Tanzschule als Lehrerin anzutreffen. Weiterhin ist sie als Autorin für das Magazin »Schattenseiten« tätig.

Bisherige Veröffentlichungen:

Kurzgeschichten (Auswahl):
- »Das Massaker in meinem Kopf« in »Spurwechsel #03«
- »Was niemand sah« in »Vor verschlossenen Pforten«
- »Der Atem des Teufels« in »Meine Hölle, die du nicht siehst«
- »Der schwarze Kokon« in »Das nackte Grauen«
- »Königin der Nacht« in »Es geschah zu Halloween«
- »Das verlorene Herz« in »Auf magischen Pfaden«
- »Blutkloster« in »Todesangst«
- »In einem brennenden Land« in »Tiefen einer Götterseele«
- »Trümmerkinder« in »Splatterwahn«
- »Der Leierkastenmann« in »Klassischer Horror«
- »Algiz« in »Grenzwanderer«
- »Spiegelscherben« in »Schattenseiten 01«
- »Zwischen Licht und Schatten« in »Schattenseiten 02«

Romane:
»Schwarze Präsenz«, net-Verlag, ISBN: 978-3-95720-311-3

Xara zog ihre weiße Toga enger um sich. Der Wind wehte kalt an diesem Tag, und er brachte keine guten Nachrichten. Von ihrem Tempel aus konnte sie die ganze Stadt überblicken, die ruhig in der Morgendämmerung lag. Die Priesterin atmete die salzige Seeluft ein, als sich Schritte näherten.

»Guten Morgen, Xara.«

Sie wandte den Kopf. »Guten Morgen, Atlas«, begrüßte sie den Regenten der Stadt. »Seid Ihr gekommen, um zu Eurem Vater zu sprechen?«

»Wie jeden Morgen«, antwortete Atlas und neigte den Kopf. Xara wies ihn mit einer Handbewegung an, ihr zu folgen.

Gemeinsam betraten sie den Poseidontempel, der das Herz Atlantis' darstellte. Poseidon hatte ihrem Volk das Leben und einen Ort, an dem sie es friedlich verbringen konnten, geschenkt. Lange hatten sie unter seinem persönlichen Schutz gestanden. Doch die Welt hatte sich verändert. Poseidons Kraft schwand, weil die Menschen nicht mehr an ihn glaubten. So erbauten die Bewohner Atlantis' ihm einen prachtvollen Tempel, wo sie ihm jeden Tag huldigten. Langsam und stetig wuchsen die Kräfte des Meeresgottes wieder. Als Dank schickte er ihnen einen neuen Beschützer. Poseidon schwängerte eine Menschenfrau. Das Blut seines Vaters, als auch das Blut der Atlanter floss in seinem Sohn und ließ ihn diesen Ort lieben wie keinen zweiten. Dieser Sohn war Atlas.

Xara beobachtete, wie der Halbgott vor der großen Statue Poseidons auf die Knie ging. Stets sprach er in einer ihr fremden Sprache zu seinem Vater.

»Gibt es Neuigkeiten?«, fragte sie, als Atlas sein Morgengebet beendet hatte.

»Veränderungen kommen auf uns zu.« Atlas stützte sich auf seinen Speer. »Vater spürt es im Widerhall der Wellen.«

»Auch ich spüre es«, sagte Xara. »Ich spüre es im Wind. Doch werden uns die Veränderungen schaden?«

Atlas zuckte mit den Schultern. »Das wird sich erst noch zeigen.«

Er verließ den Tempel und ließ Xara mit der Poseidon-Statue allein. Xara ging auf sie zu und kniete vor ihr nieder. Sie sah zu dem steinernen Gesicht auf.

»Antwortet Ihr ihm je, wenn er zu Euch betet?«, fragte sie. »Ich kann es nie hören, und doch weiß er Dinge, die mir als Priesterin verborgen bleiben.«

Poseidon antwortete nicht. Xara erhob sich wieder und strich ihre weiße Toga glatt. Es war Zeit, sich für die Zeremonie vorzubereiten. Ihre Messen wurden immer gut besucht, auch wenn sie am frühen Morgen stattfanden. Es gab nur noch wenige, die sich an die alte Zeit unter Poseidons Regentschaft erinnerten. Sie erzählten Geschichten von der glorreichen Zeit Atlantis' und seines Herrschers. Diese wenige waren mittlerweile alt und zahnlos, doch Xara achtete sie. Sie war als Priesterin dazu verpflichtet, jedes Wesen auf der Erde zu achten.

Mit einem goldenen Haarreif schob sie ihre braunen Haare nach hinten. Sie konnte die ersten Besucher in der Haupthalle flüstern und tuscheln hören. Xara legte ihre rote Priesterschärpe um und kam hinter Poseidons Statue hervor. Sofort verstummten alle Gespräche. Gemeinsam begannen sie zu beten.

Nach einer Stunde verabschiedete Xara ihre Glaubensgemeinschaft. Als sie gerade ihr Priestergewand ablegen wollte, stürmte ein junger Soldat in den Tempel.

»Xara, dort draußen ist etwas, das Ihr Euch ansehen solltet.« Er wirkte vollkommen aufgelöst, und die Priesterin folgte ihm neugierig. Vor dem Tempel hatte sich eine Menschenmasse gebildet. Sie alle starrten in den Himmel. Xara verschlug es den Atem.

Ein schwarzer Riss zog sich durch das Firmament. Nebel wirbelte um ihn herum, und Lichtblitze zuckten an seinen Rändern. Als die Menge ihrer gewahr wurde, war sie plötzlich von Menschen umringt.

»Xara, was hat das zu bedeuten?«

»Wird die Welt untergehen?«

»Hat Poseidon uns verlassen?«

Solche und ähnliche Fragen regneten auf sie herab. Xara versuchte ihr Volk zu beruhigen, doch vergeblich. Schließlich wandte sie sich an den jungen Soldaten.

»Wurde Atlas schon informiert?«

»Wir haben nach ihm geschickt, er müsste jeden Moment hier sein«, erhielt sie zur Antwort.

Xara beobachtete erneut den Riss. Er schien größer geworden zu sein, doch hinter ihm lag alles im Dunkeln. Xara sandte ihren Geist aus und betete um Poseidons Hilfe – doch nichts regte sich. Wenig später stürmte Atlas die Stufen zum Tempel empor.

Der Halbgott war übel zugerichtet. Sein Brustpanzer war verbeult, überall hatte er Schrammen und blutete. Xara empfing ihn geschockt.

»Atlas, was ist mit Euch passiert?«

Atlas packte sie so fest am Arm, dass es wehtat. In seinen Augen lagen Angst und Trauer. »Es hat begonnen, Xara.«

»Ich verstehe nicht«, sagte Xara. Sie zog ihn fort von der Menge, um sie nicht noch mehr zu beunruhigen. »Was hat begonnen?«

»Das Ende«, erwiderte Atlas. »Es passiert überall. Dieser Riss ist nur der Anfang. Sie tauchen überall in Atlantis auf, und sie bringen Tod und Verderben.« Atlas umklammerte sein Schwert. »Vater hat es prophezeit, aber wir wussten nicht ... Wir dachten, wir hätten noch mehr Zeit.«

Xara packte Atlas ebenfalls fest am Arm und sah ihn eindringlich an. »Wovon sprecht Ihr, Atlas?«

Atlas erwiderte Xaras Blick. Die Priesterin glaubte, Resignation in seinen Augen zu sehen. »Sie kommen«, sagte er dann. »Fremde, sie kommen aus den Rissen. Sie sind anders als wir, kriegerischer. Ich muss versuchen, sie aufzuhalten.« Er drückte Xara sein Schwert in die Hand. »Versucht, den Tempel so lange zu halten, wie es Euch möglich ist.«

Er verschwand im Poseidontempel und ließ Xara zurück. Diese sah erneut zu dem Riss auf. Er hatte sich erneut vergrößert. Gestalten bewegten sich in der Dunkelheit, waren jedoch noch nicht in der Lage, den Riss zu überwinden. Angst überfiel Xara, doch dann erinnerte sie sich an ihre Pflicht als Priesterin.

»Geht in eure Häuser!«, rief sie den Menschen zu, die immer noch wie betäubt den Riss im Himmel anstarrten. Sie scheuchte sie mit Handbewegungen davon. »Verbarrikadiert alle Türen und schickt jeden brauchbaren Soldaten, den ihr finden könnt, zu mir. Wir müssen den Tempel halten. Atlas befindet sich dort!«

Nur langsam kam die Menschenmasse in Bewegung. Xara behielt besorgt den Riss im Auge. Sollte das fremde Volk nun durchbrechen, hätte sie keine Chance. Sie würde sterben, und Atlas mit ihr. Die einzige Hoffnung auf Rettung wäre damit verloren.

Sie wusste, was Atlas tat. Er bat seinen Vater um Hilfe. Xara hoffte, ihm würde der Meeresgott antworten.

Bald stand sie allein auf der Aussichtsplattform des Tempels. Atlantis lag wie ausgestorben vor ihr, doch bald konnte sie Soldaten ausmachen, die sich durch das Labyrinth der Straßen näherten. Erleichterung machte sich in Xara breit. Vielleicht war doch noch nicht alles verloren.

Sie warf einen Blick über die Schulter. Im Tempel rührte sich nichts. Die Versuchung, hineinzugehen, war groß, aber sie wagte es nicht. Atlas war vermutlich in tiefe Meditation versunken. Jede Störung konnte bedeuten, dass er wieder von vorne anfangen musste, denn mit Poseidon in Kontakt zu treten, brauchte Zeit. Zeit, die sie nicht hatten.

»Was ist passiert, Xara?«

Die ersten Soldaten hatten sie erreicht.

»Wir müssen den Tempel halten«, erklärte sie. »Atlas versucht, seinen Vater zu rufen. Er braucht Zeit, wir müssen die Eindringlinge aufhalten.«

»Sie sind zu stark«, sagte ein Soldat. Seine Augen waren vor Angst weit aufgerissen. »Sie besitzen mächtige Waffen, mit denen sie sich keinem Zweikampf stellen müssen. Sie können aus großer Entfernung töten und verletzen. Nicht einer ihrer Kämpfer kam auch nur in die Nähe unserer Schwerter.«

»Und doch habt Ihr überlebt«, erwiderte Xara. »Das Glück ist vielleicht mit uns. Wir dürfen die Hoffnung nicht aufgeben.«

Der Hauptmann der Wache trat auf sie zu. »Ihr habt recht. Doch ein Schlachtfeld ist kein Ort für eine Priesterin. Ich bitte Euch, geht in den Tempel. Versucht Atlas zu helfen.«

Xara lächelte schwach. »Ihr wisst, wie gut ich mit dem Schwert umgehen kann, nicht wahr, Hauptmann? Niemand kann Atlas bei seiner Aufgabe helfen. Ihn in seiner Konzentration zu stören, kann bedeuten, ihn zu verlieren. Er wandelt auf Pfaden, die kein Sterblicher betreten kann.«

Der Hauptmann der Stadtwache wollte ihr widersprechen, doch in diesem Moment zerriss ein Kreischen die Stille. Instinktiv hielt Xara sich die Ohren zu. Der schwarze Riss zog sich nun vom Himmel bis zur Erde. Die Schatten drangen heraus, bahnten sich einen Weg in Xaras Welt. Zu ihrem Entsetzen erkannte sie, dass es sich bei ihren Gegnern um Menschen handelte.

Die Soldaten zogen ihre Schwerter und bildeten eine Verteidigungslinie. Xara positionierte sich vor dem Eingangstor des Tempels. Dieses Heiligtum gehörte ihr, und sie würde es bis zu ihrem letzten Atemzug verteidigen.

Ihre Gegner bahnten sich den Weg die Stufen hinauf. Sie trugen eigentümliche Waffen, schwarze Stöcke, mit denen sie auf ihre Feinde zielten. Ein ohrenbetäubendes Krachen ertönte, und Xara sah die ersten Kämpfer auf ihrer Seite fallen.

»Es muss Zauberei im Spiel sein«, murmelte sie, denn der Stock berührte keinen der ihrigen. Trotzdem tötete er. »Oh Poseidon, steh uns bei!«

Die Atlanter, die noch übrig waren, stießen einen Kampfschrei aus und stürmten los. Dieser leichtsinnige Angriff ließ die Eindringlinge kurz innehalten. Xaras Soldaten konnten einige tödliche Treffer landen, doch nach nur wenigen Minuten wurde sie Zeugin eines unmenschlichen Gemetzels.

Benutzten die Fremden ihre Waffen aus nächster Nähe, explodierten die Männer, die Xara schon fast ihr ganzes Leben kannte, in tausend Teile. Die Priesterin warf einen nervösen Blick über die Schulter. Im Poseidontempel blieb alles ruhig. Vielleicht hatten sie Atlas bereits verloren.

Als einer der Fremden auf sie aufmerksam wurde, hob sie Atlas' Schwert. Ihr Gegner wirkte für einen Moment verwirrt, als erwartete er nicht, dass eine Frau kämpfte.

»Du wirst schon sehen, wie eine Frau kämpfen kann!«, forderte Xara den Fremden heraus. Doch bevor sie angreifen konnte, ertönte lauter Donnerschlag. Die Schallwellen ließen Xaras Knochen vibrieren. Die Menschen um sie herum erstarrten mitten im Kampf. Xara wusste, was das zu bedeuten hatte: Poseidon war gekommen, um sie zu retten!

Im Inneren des Tempels konnte man Atlas brüllen hören. Unter Krachen und Knirschen brach er durch das steinerne Dach. Atlas hatte seine menschliche Gestalt verloren. Er war zu einem Gott geworden. Er überragte seine Feinde um Längen, sie gingen ihm gerade einmal bis zum Knie.

»Wer wagt es, das Reich Poseidons anzugreifen?«

Seine Stimme dröhnte in Xaras Ohren. Sie sah einige wenige, die ihre Waffen fallen ließen und durch den Riss zurück in die Sicherheit ihrer eigenen Welt flohen. Doch viele blieben. Sie bildeten eine Verteidigungslinie wie die Atlanter zuvor und zielten mit ihren Stöcken auf den Gott.

»Narren«, flüsterte Xara. »Götter sollte man nicht erzürnen.«

Erneut ertönte das Krachen, und die Priesterin sah Funken am Ende ihrer Stöcke aufblitzen. Atlas blieb davon unbeeindruckt. Mit nur einer Bewegung seines Arms schleuderte er seine gesamten Angreifer von sich weg. Die Körper schlugen hart auf dem Boden auf, einige stürzten über die Plattform in die Tiefe. Xara bildete sich ein, das Geräusch zu hören, mit dem ihre Knochen brachen.

»Rückzug!«, ertönte eine Stimme, und ihre Feinde zogen sich tatsächlich zurück. Von einem geordneten Rückzug konnte allerdings keine Rede sein. Die fremden Soldaten stolperten förmlich übereinander, um zurück in ihre Welt zu gelangen. Atlas folgte ihnen.

Als der letzte Feind durch den Riss verschwunden war, packte Atlas die beiden Seiten des Gebildes. Plötzlich schienen seine Umrisse zu wabern, so als könnte er sich nicht entscheiden, ob er hier war oder nicht. Dann zog er. Er versuchte, mit aller Kraft den Riss zu schließen. Quälend langsam gelang es ihm. Mit einem grellen Blitz schloss sich dieser. Zurück blieb eine schwarze Narbe, die im Nichts zu schweben schien.

Atlas zitterte am ganzen Leib. Er schrumpfte wieder auf seine menschliche Größe zusammen und fiel auf die Knie. Sofort war Xara an seiner Seite und half ihm auf.

»Bringt mich in den Tempel«, keuchte Atlas.

Er musste sich beim Gehen schwer auf Xara stützen. Die Priesterin konnte sein Zittern fühlen. Doch gemeinsam schafften sie es, und Atlas ließ sich in der Kühle des Poseidontempels dankbar auf den Boden sinken. Mit dem Rücken lehnte er sich an die Statue seines Vaters. Er schloss die Augen. Um seinen Mund lag ein harter Zug, der ihn furchtbar müde aussehen ließ. Xara brachte ihm eine Schale Wasser, die er gierig leertrank.

»Sie werden zurückkommen«, sagte Atlas und wischte sich mit dem Handrücken über den Mund. »Ich konnte den Riss nur vorläufig schließen. Er wird sich wieder öffnen, und bis es soweit ist, werden sie durch andere Risse in unsere Dimension gelangen.«

Xara fasste ihn an der Schulter. »Atlas, wovon sprecht Ihr da? Erklärt mir, was das alles zu bedeuten hat.«

Atlas seufzte, doch er begann zu erklären: »Als die Macht meines Vaters schwand, scharte er seine treuesten Jünger um sich, die Bewohner von Atlantis. Er gab euch ein Land, fruchtbar und wunderschön, in dem ihr leben konntet. Doch ihm war klar, dass dieses Utopia nicht im Reich der Menschen liegen durfte. Er schuf Atlantis auf einer anderen Ebene von Raum und Zeit und schützte euch durch einen Schleier. Poseidon wurde dank euch wieder stärker, aber unser Glaube allein reicht nicht aus, um seine Macht am Leben zu erhalten. Die Menschen hinter diesem Schleier glauben nicht mehr an Götter oder Gebete. Sie sind Eroberer, die Schönheit und Vielfalt in der Natur nicht zu schätzen wissen … Mein Vater wurde schwächer, und somit auch der Schleier, der uns beschützt. Er bekommt Risse, durch welche die Fremdlinge eindringen. Sie kommen, um zu erobern und zu zerstören. Es werden immer mehr, wir können sie nicht mehr aufhalten.«

»Nein.« Xara schüttelte energisch den Kopf. »Irgendetwas müssen wir doch tun können.«

»Wir können nichts tun«, widersprach Atlas düster. »Wir können die Macht Poseidons nicht wiederherstellen – nicht in dem Maße, das wir brauchen, um zu überleben. Es ist vorbei, Xara.«

Die Priesterin ließ sich neben dem Halbgott zu Boden sinken. Eben noch, als Atlas in Poseidons voller Stärke erschienen war, hatte sie Hoffnung gehegt. Diese Hoffnung war nun zerschlagen.

»Was wird nun geschehen?«, fragte sie.

»Mein Vater wird die Stadt vernichten«, antwortete Atlas. »Er wird sie im Meer versenken, auf dass kein Mensch sie je wieder zu Gesicht bekommen wird.«

Gequält schloss Xara die Augen. Es war ihrer aller Heimat, ihr Paradies. Sie wollte es nicht aufgeben. Aber sie wollte es auch nicht fremden Eroberern überlassen, die ihr Volk versklaven und ihr Land plündern würden. Sie stand wieder auf.

»Ich werde alle, die kommen möchten, im Tempel erwarten. Um eine letzte Zeremonie für unser Seelenheil zu halten.«

Atlas nickte. »Ich werde sie zu Euch schicken. Doch erwartet nicht zu viel. Nicht alle werden meinen Worten Glauben schenken.«

Xara verschwand im Inneren des Tempels. »Oh doch«, flüsterte sie. »Früher oder später werden sie die Wahrheit erkennen.«

Sie bereitete alles für ihre Messe vor. Es stimmte sie traurig, dass dies das letzte Mal sein würde. Sie konnte von ihrem Platz hinter Poseidons Statue hören, wie die ersten Atlanter in den Tempel kamen. Sie murmelte beunruhigt. Xara atmete tief durch. Sie konnte ihren Mitmenschen weder die Angst nehmen, noch ihnen den Tod, der unausweichlich folgen würde, erleichtern. Doch sie konnte den Gedanken daran erträglicher machen.

Sie trat hinter der Statue hervor und breitete ihre Arme aus. Ihre Anhänger taten es ihr gleich. Gemeinsam stimmten sie ein altes Totenlied an. Der erste Donnerschlag ertönte und brachte sie aus dem Takt. Xara konnte sehen, wie ihre Mitmenschen ängstliche Blicke tauschten. Die Priesterin stimmte erneut ihren Gesang an. Sie schloss die Augen, genoss ihre letzten Momente in dieser Welt.

Die Erde erbebte. Einige stürzten, Xara selbst konnte sich noch auf den Beinen halten. Wie im Traum ging sie auf die Aussichtsplattform des Tempels. Atlantis ging unter. Tosende Wellen überfluteten die Stadtmauern. Ein gigantischer Sturm war aufgezogen.

Für einen Moment fragte sich Xara, wo Atlas steckte. Doch eigentlich war das nicht mehr wichtig. Die Menschen starben in den Straßen, wurden von den Wassermassen mitgerissen. Die Priesterin schloss die Augen und erwartete den Tod.

Professor Lindt betrachtete das Schauspiel mit offenem Mund. Er war von der deutschen Regierung beauftragt worden, die Anomalien zu untersuchen, die plötzlich überall aufgetaucht waren. Sie hatten ihn verblüfft, er hatte noch nie etwas Derartiges gesehen. Die Risse tauchten aus dem Nichts auf, ermöglichten ihm Einblicke in eine völlig fremde Welt. Zu gern hätte der Wissenschaftler sich die Kultur auf der anderen Seite genauer angesehen. Sie schien primitiver als die seinige. Als die ersten Kundschafter durch den Riss geschickt wurden, waren sie sofort angegriffen worden. Trotzdem hatte Professor Lindt den Einsatz der Soldaten missbilligt.

Die Menschen auf der anderen Seite waren noch nicht so weit entwickelt, um seine Forschungsarbeit zu verstehen. Man hätte nach einer friedlichen Lösung suchen sollen, statt gleich einen Krieg anzuzetteln. Jetzt war es zu spät. Durch den Riss sah Professor Lindt die fremde Kultur in Wasser und Wellen untergehen. Er sah die Menschen schreien und versinken, doch er und sein Forscherteam konnten nichts tun. Sie konnten den Menschen der anderen Seite nur beim Sterben zusehen. Und plötzlich wirkten sie gar nicht mehr so anders als seine Kultur. Vor dem Tod waren eben alle gleich.

Ein Offizier stellte sich neben ihn. »Was, glauben Sie, ist das?«

Der Wissenschaftler zuckte mit den Schultern. »Ich kann es nicht genau sagen, unsere Instrumente konnten die Messwerte nicht auswerten. Sie waren zu fremdartig.«

In diesem Moment wurde es auf der anderen Seite dunkel. Der Riss verschwand mit einem grellen Lichtblitz. Es war, als hätte er nie existiert.

»Wie es aussieht, werden wir es auch nie erfahren«, seufzte Professor Lindt. »Schade! Ich hätte zu gerne gewusst, was hinter all dem gesteckt hat.«

Der Offizier warf ihm einen schnellen Seitenblick zu. »Was halten Sie von der Geschichte der Soldaten? Angeblich soll ein Gott ihren letzten Angriff zurückgeschlagen haben.«

»Er sprach von Poseidons Reich«, sagte Professor Lindt. »Ja, mir wurde davon berichtet.«

»Was halten Sie davon?«

»Was ich davon halte?« Der Professor sah den Offizier verwundert an. »Ich bezweifle, dass diese Geschichte stimmt. Vermutlich lag auf der anderen Seite etwas in der Atmosphäre, an das unsere Körper nicht gewöhnt sind. Es war bestimmt nichts weiter als eine Halluzination.«

Der Offizier schwieg kurz, während sie beide auf die Stelle starrten, an der der Riss verschwunden war. »Und wenn es Atlantis war?«, fragte er leise.

Professor Lindt, der gerade in Gedanken versunken war, blinzelte verwirrt. »Entschuldigung, was haben Sie gesagt?«

»Poseidons Reich«, erklärte der Offizier, »war doch angeblich Atlantis. Und genau wie die Welt, deren Untergang wir gerade miterlebt haben, ist es im Meer versunken.«

»Eine schöne Theorie«, sagte Professor Lindt und lächelte nachsichtig. »Aber Ihre Theorie hat einen Haken: Wir wissen doch beide, dass Atlantis nie existiert hat.«

Die Muschel

Djouke Zaal

Djouke Zaal wurde im Mai 1974 in Köln geboren und ist von Beruf Sozialpädagogin. Sie wohnt seit ihrer frühen Kindheit in einem Dorf am Niederrhein.

Die Sonne stand mittlerweile hoch am leicht bewölkten Himmel. Obwohl es hier im Wald relativ angenehm war, rann mir der Schweiß in Strömen über den Körper.

Seit ich meinen Freund letzte Woche mit einer anderen erwischt hatte, fragte ich mich, was ich wohl falsch gemacht hatte.

Wandern. Den Kopf freikriegen. Raus in die Natur.

Als ich mich jedoch den Waldweg bergauf quälte, überlegte ich, was ich mir bloß dabei gedacht hatte. Eigentlich war ich gar nicht der Typ zum Wandern …

Zeit für eine Pause!

Ich sah rechts von mir die Reste einer Mauer. Moosbewachsene, übereinandergestapelte Schiefersteine. Genau der richtige Platz, um kurz auszuruhen.

Gedankenverloren kaute ich auf dem Brötchen herum, das ich mir heute Morgen gekauft hatte. Doch als ich nach meiner Wasserflasche griff, landete sie mit einem *Plöpp!* im Moos auf der hinteren Seite der Mauer.

Da ich zu faul zum Aufstehen war, versuchte ich, mein Gewicht zu verlagern und angelte rücklings nach der Flasche.

Dass das keine sonderlich gute Idee war, merkte ich erst, als die Schiefersteine nachgaben und ich mit einem *Plumps!* auf der Erde landete, meine Beine noch halb auf der Mauer.

Dumm gelaufen – aber irgendwie auch wieder typisch!

Ich stützte mich auf die Ellbogen und klopfte mir den Dreck von den Klamotten.

Dabei fiel mir etwas Weißes auf, das zwischen den Mauerresten lag. Ich fischte dieses weiße Ding aus dem Dreck.

Eine Jakobsmuschel!

Was hatte eine Muschel mitten im Wald zu suchen?

Als ich wieder hochblickte, stand auf der anderen Seite der Mauer ein Mann.

»Geht es dir gut?«

Ich rappelte mich vollends auf. »Ja, danke, alles in Ordnung.«

Da er keine Anstalten machte, weiterzugehen, schaute ich ihn mir genauer an.

Er wirkte deplatziert mit seinem langen Mantel und dem komischen breitkrempigen Hut.

»Du hast meine Muschel gefunden!«

»Deine was?«

Er zeigte auf seinen ausgeblichenen Hut.

»Oh, ja. Die Muschel.« Ich legte die Muschel vor ihn auf die Mauer. Ich wollte, dass er endlich weiterging. Irgendwie war er mir unheimlich.

Er schaute kurz auf die Muschel und sah mich dann wieder an.

»Ähm, ist das so ’ne Art Kostüm?«

»Kostüm?«

»Na, deine Klamotten! Machst du sowas wie ’ne Historienwanderung?«

»Ich bin ein Pilger, auf dem Rückweg vom Grab des heiligen Jakobus.«

Als ob das alles erklären würde!

»Die Muschel. Sie ist der Beweis für meine Reise. Ich wollte sie ihr bringen.«

»Mmh, Mmmmh.« Ich bemühte mich, so uninteressiert wie möglich zu klingen.

Er redete einfach weiter: »Nach Weiler. Aber ich kann dort nicht hin. Ich bitte dich: Kannst du sie für mich nach Weiler bringen, in die kleine Kirche dort?«

»Ich?« Ich schaute ihn ungläubig an. Da kam ein wildfremder Typ daher, und dann sollte ich auch noch für ihn irgendwelche Erledigungen machen? Als hätte ich nichts Besseres zu tun!

»Bitte!« Er schaute mich so flehend an, dass ich irgendwie nicht Nein sagen konnte.

Und das führte dazu, dass ich mich jetzt auf dem Weg nach Weiler befand.

Am Ende war ich noch in so eine »Verstehen-Sie-Spaß«-Sache reingeraten. Würde mich irgendwie auch nicht wundern.

Oder vielleicht war ja genau das der Sinn meiner Wanderung? Immerhin hatte ich jetzt ein Ziel.

In Weiler gab es nur eine Kirche, also war es auch nicht schwer, sie zu finden. Als ich die schwere Eichentür aufschob, kam mir ein Schwall kühler Luft entgegen.

Jetzt erst wurde mir klar, dass ich gar nicht wusste, was ich dort mit der Muschel anfangen sollte. In dem Moment, als ich dem Mann versprochen hatte, sie hierhin zu bringen, war ich so verdattert gewesen, dass ich gar nicht gefragt hatte, wem ich sie geben sollte. Na toll!

Da stand ich jetzt mit einer Muschel in der Hand und kam mir ziemlich hilflos vor.

Also schlenderte ich durch die kleine alte Kirche und sah mich um.

Eine Grabplatte zog meinen Blick auf sich.

Sie war in den Boden eingelassen und musste mehrere hundert Jahre alt sein. Ich versuchte, die verblasste Inschrift zu entziffern:

gehofft
geharrt
und doch genarrt
du hast versprochen
für immer mein
das Herz mir gebrochen
für immer dein

Etwas irritierte mich: Auf der Grabplatte war eine junge Frau abgebildet. Sie trug eine Muschel an einer Schnur um die Hüfte. Wobei – eigentlich gar keine richtige Muschel, sondern eher das Negativ einer Muschel. So, als habe sich dort einmal eine Muschel befunden, die einen Abdruck hinterlassen hatte. Oder auch, als gehöre eine Muschel dort hinein.

Mich überlief ein leichter Schauer. Ich schaute auf die Muschel in meiner Hand und dann zurück auf die Grabplatte.

Ich kniete mich vor das Grab und legte die Muschel auf den Abdruck. Sie passte!

Eigentlich hatte ich erwartet, dass jetzt irgendetwas passierte. Aber es passierte – nichts!

Ich zuckte die Achseln, rappelte mich auf und kam mir noch hilfloser vor. Als ich rückwärts ging, um die Grabplatte noch einmal im Ganzen zu betrachten, stieß ich mit dem Hintern an einen der schweren Kerzenleuchter. Ich drehte mich erschrocken um, doch als ich versuchte, nach dem Leuchter zu greifen, landete das schwere Teil mit einem lauten Krachen genau auf dem Grab.

Der Knall hallte in der kleinen Kirche wider, und ich schaute mich schuldbewusst um.

Nachdem ich sicher war, immer noch allein zu sein, ging ich zu dem Leuchter und wuchtete ihn wieder hoch.

Dummerweise war er genau auf der Inschrift gelandet.

Prima. Jetzt war ich also für die Zerstörung eines jahrhundertealten Grabsteins verantwortlich! Ich stand einfach da, wusste nicht, was ich machen sollte, und schaute auf das Grab.

Als ich die Inschrift noch einmal las, wurde mir etwas flau im Magen.

Jetzt konnte man nur noch lesen:

gehofft
geharrt

für immer dein

Ich fröstelte.

War es hier plötzlich noch kühler geworden?

Die Luft begann sich zu bewegen, und vor meinen Augen tauchten die Silhouetten eines Mannes in einem langen Mantel und einer Frau in einem Kleid auf. Sie hielten sich an den Händen und lächelten sich an.

Die Frau sprach mich an: »Ich danke dir, dass du mir die Muschel gebracht hast. Ich dachte, er hätte mich verlassen.« Sie schaute ihn glücklich an.

Er wandte sich zu mir: »Als ich auf dem Weg zu ihr war, wurde ich kurz vor dem Ziel von Räubern im Wald erschlagen. Sie dachte all die Jahre, dass ich sie betrogen habe. Nun sind wir wieder zusammen.«

Die Szene löste sich wie Morgennebel über einem See auf und ließ mich immer noch fröstelnd in der Kirche zurück.

»Gut gemacht!« Als ich mich in der Kirche umschaute, sah ich, dass der Küster neben dem Altar stand. Er lächelte mich an.

Ich schaute ihn nur an und lächelte etwas verlegen zurück. Zu aufgewühlt, um irgendetwas zu erwidern.

Ich beschloss, frische Luft zu schnappen. Als ich nach draußen trat, brach die Sonne gerade wieder durch die Wolken und wärmte mir das Gesicht.

Hatte ich gerade tatsächlich zwei liebende Geister wiedervereint? Dann war ich ja eine richtige Heldin!

Schwarzwaldgeist

Günther Kienle

Günther Kienle wurde 1968 in Konstanz geboren. Er ist verheiratet und hat drei Kinder. Nach dem Studium der Technischen Informatik in seiner Heimatstadt blieb er der Bodenseeregion treu und arbeitet derzeit als Senior Test Manager in der Softwareentwicklung.

Bereits seit sehr frühen Jahren schrieb er zahlreiche Erzählungen, trat aber erst 2014 mit einer Kurzgeschichte an die Öffentlichkeit. Seitdem veröffentlicht er regelmäßig Geschichten, ist Herausgeber mehrerer Anthologien und Mitglied im Phantastik-Autoren-Netzwerk (PAN) e.V.

Mit »Der Fall Ernesto Tortuga« gewann er 2022 den Vincent Preis in der Kategorie »Beste Kurzgeschichte«. Beim Vincent Preis 2023 belegte er in der gleichen Kategorie mit »Shearwater Cave« den zweiten Platz.

Mehr über den Autor erfahren Sie unter: https://www.guentherkienle.de

Eine Bank und ein Abgrund schälen sich aus dem Nebel. Auf der Sitzgelegenheit kauert ein Männchen. Entweder die Bank ist riesig, oder der Typ ist ein Zwerg. Ich schnaufe näher, es ist ein Zwerg.

»N'Abend«, sage ich.

Er sieht mich an, nein, er mustert mich: von meinen abgeranzten Wanderschuhen bis zur ausgeblichenen Cap. »S'goht no e Wyli.«

»Wie bitte?«

Der Mann legt den Kopf schief und grinst. »Das dauert noch eine Weile.«

Er trägt ein weit geschnittenes blaues Oberteil und eine Kappe, die fast wie eine Zipfelmütze anmutet. – Ein Zwerg mit Zipfelmütze und Bart, stelle ich fest. Wenn mich der Bart auch eher an Walter Ulbricht erinnert.

»Darf ich mich zu Ihnen setzen?«, frage ich.

»Hock di her un' sag Du«, entgegnet er in seinem Kauderwelsch.

Ich stelle meinen Rucksack ab, platziere mich neben ihn und reiche ihm die Hand. »Kai-Dieter. Aber ich habe Probleme mit dem Schwäbischen.«

Der Zwerg guckt etwas mürrisch, schüttelt dann meine Hand. »Ich spreche Alemannisch. – Das ist ein Unterschied.«

Ich schweige betroffen. Den gleichen Fehler hatte ich im Murgtal begangen. Beinahe hätten mich zwei Rentner mit ihren Walkingstöcken verprügelt. Doch der Fremde wirkt nicht gefährlich und sein Gesichtsausdruck entspannt sich wieder.

»Fidibus«, sagt er.

»Hokus Pokus«, rutscht es mir spontan heraus und ich lache.

»Ich heiße Fidibus.«

»Oh. Sorry! Ich dachte …«

»Ja, ersch denke und denn schwätze.«

Jetzt sagt er *schwätze.* Ist das nicht schwäbisch? Diese Südländer werde ich wohl nie auseinanderhalten.

»Was liest du?«, frage ich.

»Ach, so eine Satire von einem Typen, der mit Tieren spricht.«

»Dr. Dolittle?«

»Nein«, sagt er und schmunzelt. »Ein Schwabe, der in Berlin lebt.«

»Ein Tierforscher?«, rate ich weiter.

Fidibus lacht. »Ein Kleinkünstler, und das Tier, mit dem er sich herumschlägt, ist Kommunist.«

»Das ist ja witzig.«

»Ja, ist witzig. Unser ganzes Kollektiv liebt seine Bücher.«

»Du lebst in einem Kollektiv?«

Er kratzt sich am Kinn. »Ja, das tue ich.«

Neugierig sehe ich ihm ins Gesicht. »Du trägst nicht zufällig so ein Bärtchen. Stimmt's?«

»Die tragen wir alle.« Er reckt sich stolz. »Sogar Mama!«

Entgeistert blicke ich ihn an. »Mama auch?«

Er lacht wieder. »Du glaubst wohl jeden Mist, oder?«

»Ihr seid also keine sozialistische Lebensgemeinschaft?«

»Doch, doch – aber Mama trägt keinen Bart.« Vergnügt zwinkert er mir zu. »So südlich liegt Baden nun auch nicht.«

Wir lachen gemeinsam.

»Ist es nicht komisch, dass du hier kurz vor Sonnenuntergang in dieser nebligen Suppe sitzt und liest? Wohnst du in der Nähe?«

»Du meinst ungewöhnlich, nicht komisch.« Er legt das Buch zur Seite. Auf dem Umschlag ist ein Mann mit hochgeschobener Mütze abgebildet – auf seine Stirn sind Buchstaben gemalt.

»In diesem Wald ist es gefährlich und bis zur nächsten Unterkunft sind es gut zwanzig Kilometer.« Fidibus senkt seine Stimme. »Schluchten, Moore … Geschöpfe.«

Jetzt also die Touri-Nummer. Na, hören wir, was der Zwerg so auf der Pfanne hat. In Bad Herrenalb hat mich ein Anwohner zwei Stunden lang zugetextet.

»Die Nebel hier sind selten gewöhnliche Naturerscheinungen«, sagt er, fast beschwörend. »In ihnen spielen sich merkwürdige Dinge ab.«

»Der Mummelsee ist ja ein gutes Stückchen weg«, versuche ich, ihm den Wind aus den Segeln zu nehmen.

Das scheint ihn zu amüsieren. »Da tummeln sich doch nur Amateure. Aber hinten am Hochmoor …«

Mit einem Mal sinkt meine Lust auf irgendwelche Spukgeschichten. »Und wo wohnst du nun?«

»Du willst wissen, ob du bei mir übernachten kannst?«

»Gar nicht. Das nächste Gasthaus ist bestimmt keine zehn Kilometer mehr entfernt. Der Weg ist gut markiert und falls es doch dunkel wird, habe ich eine starke Taschenlampe dabei.«

»Hör auf mich«, sagt er ungewöhnlich ernst. »Ich biete dir meine Gastfreundschaft an und meinen Schutz!«

Ich blicke in den Nebel, der uns die Aussicht auf die benachbarten Bergrücken verwehrt und tatsächlich immer dunkler wird. Ohne die Sonne sinkt auch die Temperatur recht rasch. Ein bisschen mulmig ist mir schon durch sein Gerede. Ich habe keine Lust, hier in einem Moor zu versinken.

»Wie willst du mich denn schützen?«, frage ich.

Er zerrt an einem dünnen Band eine vertrocknete Wurzel unter seinem Oberteil hervor und wedelt damit durch die Luft. Unwillkürlich schnüffle ich, rieche aber nichts. Mit einem Mal finde ich das Männchen nicht mehr ganz so putzig. Am Ende lockt er harmlose Wanderer zu sich und wer weiß, was er mit ihnen anstellt?

Fidibus steckt seinen sonderbaren Fetisch weg und kramt dafür einen Flachmann aus der Hosentasche. »Wenn man sich bei uns sympathisch findet, dann trinkt man einen Schnaps zusammen.«

Ich kann das verhutzelte Männchen nicht einschätzen, möchte es mir aber nicht mit ihm verscherzen. »Das ist ein Wort.«

Er dreht den Verschluss auf und reicht mir die Flasche. Moment Mal, will er mich betrunken machen? Vorsichtig nehme ich einen Schluck.

Holla die Waldfee! Was ist das für ein Gebräu? Es brennt, es ist bitter, meine Innereien ziehen sich zusammen. Ich huste.

»Gell der isch guud?« Er verfällt wieder in sein Kauderwelsch. Der Schnaps weckt offensichtlich patriotische Gefühle.

»So was habe ich noch nie getrunken.« Mühsam ringe ich nach Atem. »Schmeckt irgendwie … erdig.«

Fidibus nickt freudig und klopft sich an der Stelle auf die Brust, wo unter seinem Hemd der Schutzzauber baumelt. »Den brennt meine Schwiegerfamilie.« Er blickt auf seine Uhr. »Jetzt aber los, es ist schon drei Viertel.«

Ich erkenne ein russisches Fabrikat an seinem Handgelenk. »Das ist ja witzig! Genau die gleiche Uhr besitzt ein Freund von mir. Eine 24-Stunden-Uhr, stimmt's?«

»Der Stolz des Sozialismus«, ruft er.

»Aber die Sowjetunion war doch kommunistisch«, widerspreche ich.

»Wie auch immer«, sagt er. »Wir müssen aufbrechen. Bald streifen die Ilmentritschen durch den Wald.«

»Die was?« Ich pruste.

»Lach nit! Die zeigen dir die Wurzeln auf andere Weise als ich – nämlich von unten.«

Ich komme ins Grübeln. Was, wenn an seinem Gerede etwas dran ist? Aber soll ich wirklich bei so einem merkwürdigen Typen übernachten?

Schließlich gebe ich mir einen Ruck und stehe gleichzeitig mit ihm auf.

Er hält mir den Flachmann entgegen. »Noch einen auf den Weg.«

Ich greife zu und nehme einen weiteren Schluck. Diesmal brennt es nicht mehr ganz so stark, nur der Geschmack bleibt eigentümlich. Und trotz der Kälte des nahenden Abends wird mir warm.

Dicht nebeneinander laufen wir auf einem schmalen Wanderweg. Bei einer unscheinbaren Abzweigung streckt er das Ärmchen aus und dirigiert mich in den Wald.

»Da lang.«

»Eine Abkürzung?«

»Der *normale* Weg.« Er kichert.

»Dein Hof liegt am Ende der Welt?«

Er schaut mich listig von unten her an. »Sogar hinter dem Ende der Welt. Da, wo die Biester herstammen, aber nicht mehr zurückfinden.«

Wir folgen eine Weile schweigend dem Pfad, dann streckt er wieder sein Ärmchen aus. Ich kann beim besten Willen nicht erkennen, dass es dort, wo er hin zeigt, weitergehen soll.

»Da lang?«

Er nickt. »Aber erscht noch der dritte Schluck.« Erneut zückt er die Flasche, dreht den Verschluss auf und hält mir die Öffnung unter die Nase.

Widerstandslos greife ich zu und trinke. – Diesmal brennt es kaum. Auch der Geschmack ist nicht mehr so fremdartig. Finde ich langsam Gefallen an diesem Wurzelgeist? Meine bloßen Arme und Beine fühlen sich an, als stünde ich in der Sonne. Beschwingt sehe ich hinter die dunklen Bäume und male mir aus, die Schatten wären schreckliche Monster. Ich lache.

»Mach nit so viel Lärm.« Fidibus schaut sich geduckt um und blickt ernst zu mir.

Jetzt will er mir wohl wieder Angst einjagen. Ich kichere in mich hinein. Der Abend beginnt mir Spaß zu machen. Von diesem Kauz werde ich meinen Freunden bestimmt oft erzählen. Am besten kaufe ich in der nächsten Ortschaft so einen Schnaps. Nein, besser zwei oder drei Flaschen davon. Damit quäle ich sie dann: ›Erscht noch einen trinken, bevor ich weitererzähle. Gell!‹

Aus der Dunkelheit dringt ein undefinierbares Geräusch, das mich teils an den Ruf einer Eule und teils an das Stöhnen eines Zombies erinnert. Ich sehe zu Fidibus. Er blickt grimmig drein und beschleunigt seine Schritte.

»Was war das?«, frage ich ihn leise.

»Froog nit«, entgegnet er. »Sin heut früh dra.« Er schaut auf seine Uhr und grummelt in seinen Bart. So schnell er wuselt, vermag ich ihm kaum zu folgen, immerhin habe ich schon dreißig Kilometer hinter mir und der Rucksack drückt auf meine Hüften.

Wieder heult und ächzt etwas. Diesmal aus einer anderen Richtung. Fidibus läuft noch strammer. Jetzt stöhne ich auch.

Vom Wildwechsel, auf dem wir uns bewegen, sehe ich immer weniger. Ob das am schwachen Licht liegt oder ob er einfach aufgehört hat, kann ich vor lauter Dunkelheit nicht erkennen. Vielleicht marschieren wir auch quer durch den Wald. Soll ja kein Problem sein, bei Nacht und Nebel in einem Mittelgebirge fern des Weges zu laufen. Gibt ja keine steilen Hänge, die man herabstürzen könnte, oder

Moore, die einen verschwinden lassen – bis mich ein Archäologe herausziehen wird und samt Rucksack als neuen Ötzi in einem Museum präsentiert: ›Schwarzi, der Schwarzwaldmann‹.

Dicht neben uns knacken Äste. Ein unheimlicher Schrei jagt meinen Puls bis ans Maximum. Das war keine zehn Meter entfernt! Ich sehe zu Fidibus. Er murmelt etwas und fasst sich unter sein Hemd. Ein Blitz schlägt genau an der Stelle ein, von der ich das Geräusch gehört habe. Ich halte die Luft an. Im gleichen Moment rüttelt mich der Donner durch, scheint mich zu Boden zu drücken. – Stille.

»Weiter«, sagt mein Begleiter.

Dicht beisammen eilen wir vorwärts. Am liebsten hätte ich jetzt noch einen Schnaps getrunken, doch dazu müssten wir anhalten. Mit jeder Minute fällt mir das Atmen schwerer. Mein Kopf fühlt sich an, als sei er von einer Schicht Watte umhüllt. Liegt das wirklich am Alkohol? Erneut rufen, heulen, stöhnen Tiere in unserer Umgebung. Oder … Wesen? Ich bekomme Angst. Da erreichen wir eine Felswand, in die ein seltsam blau erleuchteter Gang führt.

»G'schafft«, sagt Fidibus.

»Hier wohnst du also?«

»Quatsch!« Er lacht herzhaft. »Das ist der Rand der Welt.«

»Fallen wir dahinter von einer Scheibe?« Ich versuche zu scherzen, obwohl mir nicht danach ist.

Er späht in die Umgebung. »Der ischt nicht ganz legal, musst du wissen. Den haben sie vergessen zuzumachen.«

»Und von da kommen diese *bösen* Wesen?«

Er nickt. »Ursprünglich schon. Bei uns, also dahinter, sind die Letzten mittlerweile ausgerottet. Nur hier in den Wäldern hats noch welche.«

Ich bin versucht, den Rucksack an den Eingang zu lehnen und zu verschnaufen, doch meine Beine zittern und der Zwerg winkt mich in den Gang.

»Früher brauchte man Zauberkräfte und kam nur in Trance durch. Aber mit Schnaps gehts auch.«

»Na hoffentlich ist noch genug in der Flasche, damit ich wieder zurückkomme«, entgegne ich halb scherzend und komme mir tatsächlich etwas wie in Trance vor.

»Mach dir keine Sorgen«, sagt er. »Heut Nacht schläfst du sicher und morgen, wenn die Sonne aufgeht, kehrst du ohne Probleme zurück.«

Nachdenklich folge ich ihm durch den niedrigen Stollen und versuche zu erkennen, wo das blaue Licht herkommt. Doch es gelingt mir nicht. In diesem feuchten, engen Gang fühle ich mich genauso unwohl, wie draußen im Wald.

Ich verwünsche den Umstand, dass ich, um dem Alltagsstress zu entkommen, ohne Uhr wandere. Und den Zwerg will ich nicht fragen, wie spät es geworden ist.

Nach einer Ewigkeit gelangen wir auf der anderen Seite ins Freie. Die Gegend gleicht dem Wald, aus dem wir kamen: dunkle Fichten, halb vom Nebel verschluckt. Aber ich höre keine ungewöhnlichen Geräusche mehr und fühle mich halbwegs sicher. Fidibus läuft entspannt neben mir und sieht hin und wieder verschmitzt zu mir auf.

Einige Zeit später erreichen wir einen beleuchteten Hof, mit einem für den Schwarzwald typisch abgeknickten und herabgezogenen Dach. Wohnt hier das ganze Kollektiv, oder gibt es noch weitere Häuser?

Ein Kater balanciert auf einem schlichten Zaun und legt den Kopf schief. Er scheint uns vorwurfsvoll anzublicken.

»Sag nix«, grüßt ihn Fidibus. »S'isch spoot wore.«

Neugierig beobachtet mich das Tier, dann blinzelt es mir unvermittelt zu – mit nur einem Auge, so wie es eigentlich nur Menschen tun. Verwundert schüttle ich den Kopf und folge meinem Gastgeber zum Haus.

Vor einer Holztreppe ziehen wir unsere Schuhe aus und laufen in den Socken hinauf. Oben auf dem Absatz stehen eine kleine Holzbank und ein Tischchen neben der angelehnten Eingangstür. Ich zwänge mich daran vorbei und muss mich bücken. Die alten Schwarzwälder waren wohl keine Riesen. Wir betreten einen düsteren Raum mit verschiedenen Türen und einer Treppe, die noch höher führt. Ich sehe den Zwerg fragend an. Er schüttelt den Kopf.

»Da gehts zur Bühni.«

»Ihr habt eine Bühne?«

Er lacht. »Dort oben ist der Speicher«, sagt er betont hochdeutsch und legt sein Buch auf einer Kommode ab. Sie besteht aus dem gleichen Holz wie Boden, Decke und Wände. Er weist neben sie. »Da kannst du deine Sachen hinstellen.«

Ich nehme meinen Rucksack ab, da höre ich hinter einer der Türen Gelächter. Fidibus tritt auf sie zu und öffnet sie, ich folge ihm. Wärme und ein Gefühl von Gemütlichkeit strömen uns entgegen. In der Stube sitzt eine Handvoll Menschen an einem Tisch. Sie sehen mich neugierig an.

»Des isch de Kai-Dieter«, stellt mich Fidibus vor. »Er hats nit so mit unserem Dialekt, also schtrengt euch aa.« Er kichert.

Ich gehe auf die Anwesenden zu und schüttle reihum Hände. Der erste Typ hockt mit breitem Gesäß und mageren Beinchen etwas hölzern auf der Eckbank vor den Fenstern. Trägt der etwa eine Fellhose? Seine braune Mähne wirkt borstig, genau wie sein ausgeprägter Backenbart.

Neben ihm sitzt ein blonder Engel. Haare, die wie ein Sonnenstrahl vom Scheitel bis unter die Tischplatte leuchten. Sie heben sich kaum vom zarten Gesicht ab, so blass ist die Haut der Frau. Ihre Augen scheinen mehr als doppelt so alt zu sein, wie ihre jugendliche Erscheinung. Sie saugen mich geradezu an, scheinen mich in eine andere Welt entführen zu wollen.

Fidibus räuspert sich. Ich lasse zögernd meine Finger aus ihrer Hand gleiten und reiche sie einer Gestalt, die nur aus Haaren und Bart zu bestehen scheint. Graue Zotteln gehen nahtlos in eine graue Filzjacke über. Die Fingernägel des Mannes sind spitz und krallen sich bei der Begrüßung in meine Haut. Er wirkt verschlossen und verkrampft, was vielleicht an seinem krummen Rücken liegen mag.

Mein Gastgeber setzt sich ans Kopfende und winkt mich auf den Stuhl neben sich. Bevor ich mich setze, werfe ich einen Blick in die Stube. Sie sieht aus, wie aus dem vorletzten Jahrhundert: niedrige Decke, dunkles Holz, kleine Fenster und an der Wand die obligatorische Kuckucksuhr. Ihr Pendel schwingt geräuschvoll hin und her. Tick, tack, tick, tack.

Ich merke, wie mich die Gruppe ansieht, und setze mich. Nach dem langen Tag und den drei Schnäpsen bin ich etwas benommen. Die Tischgesellschaft wirkt eigenartig, so gar nicht, wie ich mir Schwarzwälder vorstelle, sondern eher, wie die Figuren aus einem Märchenbuch. Heimlich gebe ich ihnen Spitznamen und lausche ihren Gesprächen zu.

Der Faun erzählt dem Werwolf von einer Kaninchenplage. Die Elfe unterhält sich mit dem Zwerg über *die andere Seite*. Sie meint bestimmt das Tal jenseits des Hügels, den wir durchquert haben. Es hört sich so an, als spräche sie von einer fremden Welt.

Hinter mir öffnet sich die andere Tür und eine Frau, nicht größer als Fidibus, trägt ein volles Tablett herein.

»Ah, ein Gascht.« Sie lächelt mich so herzlich an, dass sie spontan mein Herz gewinnt. In ihrer Tracht und mit ihren breiten Hüften erfüllt sie genau das Klischee, das ich mit so einem Schwarzwaldhaus verbinde. Der Laib Bauernbrot, die riesige Scheibe Speck und die Schüssel voller geräucherter Bratwürste vervollständigen das Bild.

Ich stehe auf, warte bis sie es abgestellt hat und schüttle ihr die Hand. Dabei muss ich mich etwas bücken. »Kai-Dieter.«

»Sieglinde.« Sie strahlt zu mir herauf.

»De' Moscht isch leer«, murrt der Werwolf.

»I hol no emol«, sagt sie und greift nach dem Krug. »Verdeilet scho mol die Brettli.«

Schon ist sie aus dem Raum und wir verteilen die Sachen, die auf dem Tablett stehen. Jeder nimmt ein Vesperbrett und stellt es vor sich hin. Wie auf ein unsichtbares Zeichen holen alle ihre eigenen Messer hervor und legen sie auf den Tisch. Fidibus sieht zu mir und will etwas sagen, da habe ich bereits mein Opinel gezückt und klappe es auf.

»Ah, ein Franzosenmesser«, sagt der Faun und nickt anerkennend. »Die schlanke Version finde ich zum Veschper ideal. – Ein Zehner?«

Ich nicke.

Schon ist Sieglinde mit einem Krug und einem weiteren Vesperbrett zurückgekehrt, füllt ein Glas und stellt es mir hin. »Wohlsein«, sagt sie. Dann schenkt sie den anderen ein und setzt sich neben mich.

Fidibus klemmt sich derweil den Laib Brot vor die Brust und schneidet für alle Scheiben ab. »Lasst's euch schmecke'.«

Ich nehme mir eine Bratwurst.

»Proscht znächscht mol«, brummt der Werwolf.

Wir prosten ihm zurück und ich koste vorsichtig. Heiliges Kanonenrohr! Mein Inneres zieht sich zusammen. Gelegentlich trinke ich ein Glas Cidre, Äppelwoi finde ich auch okay, aber jetzt muss ich husten.

»Des isch en herber Siech, gell«, sagt der Werwolf und grinst verschlagen.

»Letztes Jahr sind mir ein bisschen zu viel Birnen reingerutscht«, murmelt Fidibus verlegen. »Kommt davon, wenn man am Familienrezept herumdoktert.«

Der Faun reckt sein Glas. »Der wird mit jedem Schluck besser.«

Erneut trinke ich, muss nicht mehr husten und nicke. »Passt gut zum Vesper«, sage ich.

Sieglinde schiebt mir den Speck zu. Keiner der anderen lässt sich etwas anmerken, aber ich weiß, dass sie mich genau beobachten. Jede Kultur hat ihre Rituale – im Schwarzwald ist es der Speck. Mit zitternden Fingern trenne ich ein Stück ab und schneide die dünnsten Scheiben meines Lebens. Aus den Augenwinkeln sehe ich, dass ich die Prüfung bestanden habe. Ist wohl dünn genug geschnitten. Die Tischgespräche gehen weiter.

Die Elfe sieht zu mir. »Du weißt schon, dass Fidibus dich gerettet hat.« Eine Aussage, keine Frage. Fängt sie jetzt auch mit den Gruselgeschichten an? Zugegeben, der Blitzschlag und die unheimliche Umgebung hatten mich für einen Augenblick lang erschreckt.

»Der Wald, durch den du kamst, ist nachts lebensgefährlich. Vor drei Wochen haben sie dort einen Wanderer tot aufgefunden.«

Der Faun fuchtelt mit dem Messer durch die Luft. »Die Kehle durchgebissen, die Augen herausgekratzt.«

»'s war en Schwob«, kommentiert der Werwolf gelassen. Er hebt nicht mal den Kopf und schlingt eine halbe Wurst in sich hinein.

»Schreckliche Dinge«, sagt Sieglinde. »Mir freuet uns jedes Mal, wenn Fidibus einen Menschen mitbringt.« Sie beugt sich zu mir und flüstert beinahe. »Obwohl's verboten ist.«

Trotz aller Versuche, mir Angst einzujagen, wird mir stetig wohliger und die Umgebung beginnt zu verschwimmen. Der Most verstärkt die Wirkung der Schnäpse. Ich fühle mich wie im Märchenland. Ob ich in Wahrheit noch am Aussichtspunkt auf der Bank liege und träume? Die blonde

Schönheit streicht sich eine Strähne aus dem Gesicht, kurz blitzt ein spitzes Ohr durch die Haare. Habe ich das gerade richtig gesehen? Oh, dieser Apfelmost! Und Sieglinde gießt bereits wieder nach. Das ist schon mein drittes Glas und ich spüre immer noch den Durst eines Wandertages.

Der Abend zieht unwirklich an mir vorbei. Sie stellen mir Fragen, ich antworte. Ich stelle ihnen Fragen, manchmal antworten sie, ein anderes Mal lächeln sie nur. Sieglinde räumt den Tisch ab und der Werwolf beginnt zu singen. Obwohl es grauenhaft klingt, lassen sie ihn eine Weile gewähren, dann ruft ihn Fidibus zur Ordnung.

Viele Krüge später krächzt der Kuckuck zwölfmal aus seiner Uhr. Die Runde gähnt der Reihe nach und erhebt sich. Ich stehe ebenfalls auf und drehe mich etwas verloren in der Stube um.

Sieglinde legt eine Decke auf das Sofa unter der Kuckucksuhr und sieht verschämt zu mir hoch. »Es könnte etwas kurz sein, aber die Betten sind alle belegt und auch nicht länger.«

»Kein Problem«, sage ich und fühle mich mit meinen 1,75 m wie ein Riese.

Sie wünscht mir eine gute Nacht und verlässt den Raum.

Der Kuckuck ruft sechsmal. Entweder habe ich ihn in den vergangenen Stunden nicht gehört, oder er hielt Nachtruhe. Ich reibe mir die Schlafkörner aus den Augen und gähne. Jemand klopft zaghaft an die Tür.

»Herein«, sage ich halblaut.

Die Tür knarrt und mein Gastgeber lugt in die Stube. Auf einem Tablett trägt er Kaffee und ein paar Stücke Hefezopf bei sich.

»Wir sollten früh los«, sagt er etwas verlegen. »Wenn es zu viele Menschen hat, bin ich ungern drüben.«

Wir setzen uns an den Tisch und ich probiere einen Schluck. Der Kaffee ist kräftig und aromatisch. Fidibus schiebt mir den Kuchen zu und ich nehme ein Stück.

»Mit dick Butter und dick Honig«, fordert er mich auf.

Ich folge seinem Rat. Mein Magen rebelliert bei so viel Fett, doch es schmeckt ausgezeichnet. Die Morgensonne blinzelt durch die kleinen Fenster und die letzte Nacht erscheint mir auf einmal ziemlich sonderbar.

»Ich will nit drängle«, unterbricht der Zwerg meine Gedanken. »Aber wir sollten machen.« Er isst seinen Kuchen auf, leert die Tasse und verlässt die Stube.

Mir ist nach einem zweiten Stück, allerdings möchte ich nicht unhöflich sein. Wenn sich mein Gastgeber nicht wohlfühlt, sobald zu viele von uns um ihn herum sind, dann will ich ihm das nicht zumuten. Ach, jetzt fange ich auch schon an, mit diesem Quatsch.

Fidibus kehrt mit einer Flasche und mehreren Schnapsgläsern zurück. Er stellt drei Gläser vor mich und schenkt sie randvoll. Er selbst begnügt sich mit einem.

»Es ist früh, aber anders kommst du nicht durch«, sagt er.

Ich blinzle unsicher.

»S'isch diesmohl Zwetschgengeist, kei' Rossler.«

»Nö, lass mal«, murmle ich und gähne.

Unbeirrt hält er seinen Schnaps hoch und wartet, bis ich unwillig ein Glas in die Hand nehme.

»Proscht.«

»Prost.« Ich leere es in einem Zug. Wow! »Dähr isch guud«, sage ich und greife zum Nächsten. He, was läuft hier? Noch benommen von der letzten Nacht trinke ich frühmorgens schon wieder. Werde ich zum Alkoholiker?

Dem zweiten folgt der dritte Schnaps. »Und du?«, frage ich.

»Ich bin so oft drüben, da reicht einer.« Er sieht meinen sehnsüchtigen Blick. »Doo, nimm se mit.« Er drückt mir die Flasche in die Hand.

Überrascht nehme ich sie entgegen. »Danke schön! Und vor allem: Vielen Dank für deine Gastfreundschaft! Ich weiß gar nicht, wie ich dir das vergelten soll.«

Fidibus winkt ab. »Unser Nächster ist jeder Mensch, besonders der, der unsere Hilfe braucht.«

Ich kratze mir die Bartstoppel und grüble. Ist das von Luther? Da steht mein Gastgeber auf und weist mit dem Kinn zur Tür.

Wir laufen hinaus, die Holztreppe hinunter, die Luft ist unangenehm kühl, mein Rucksack ungewohnt schwer. Bei jedem Schritt gluckert der Schnaps in der Seitentasche. Auf der Holzbank ziehen wir unsere Schuhe an und ich bin froh, dass mich meine Mütze vor der morgendlichen Frische schützt.

Der merkwürdige Kater streift über den Hof. Er verzieht das Maul, so als grinse er uns an. Bevor ich ihn genauer studieren kann, verschwindet er hinter einem Holzstapel. Wir stehen auf und laufen los. Kurz nachdem wir das Hofgelände verlassen haben, drehe ich mich noch einmal zurück. Das Schwarzwaldhaus steht am Rande eines Hanges, wie auf einer Postkarte. Zu gerne hätte ich die GPS-Koordinaten gespeichert, bloß dumm, dass mein Smartphone zu Hause neben der Armbanduhr liegt.

Auch ohne Nebel nehme ich die Umgebung nur verschwommen wahr – drei Schnäpse auf ein Stück Kuchen sind doch etwas sehr ambitioniert. Wie lange laufen wir eigentlich schon? Hügel um Hügel denke ich, dass nun der Stollen kommen müsste.

Endlich, da ist der Gang mit dem schwächlich blauen Schimmer. Ich bücke mich, folge Fidibus hinein und streife mit der Hand über die Wand. Es ist ganz normaler Fels, ohne dass Farbe oder gar ein Leuchten an meinen Fingern kleben bleibt. Wieder verliere ich mich in der Zeit. So bizarr es sich anfühlt, kann ich das mit dem Rand der Welt fast glauben. Sähen sich die beiden Welten nur nicht so ähnlich.

Das Ende des Durchgangs zeichnet sich hellgrau vor uns ab. Ich erkenne die ersten Fichten, sie sind ebenfalls grau. Außerhalb des windgeschützten Tunnels fröstelt es mich.

Fidibus bleibt stehen, reicht mir die Hand. »Den Pfad da zurück und dann immer dem jeweils größten Weg nach.«

Beschämt, dass ich seine Gastfreundschaft nicht erwidern kann, senke ich den Kopf und meine Stimme. »Vielen Dank noch mal. Und sag den anderen einen Gruß.«

Er nickt.

Einsam folge ich dem kaum sichtbaren Wildwechsel und stoße irgendwann auf einen Trampelpfad. Schon bald erreiche in die Stelle, an der wir gestern die seltsamen Laute hörten und der Blitz einschlug. Ich fühle mich unbehaglich. Trotzdem verlasse ich den Pfad und betrete, von der Neugier getrieben, das Unterholz. Die Sträucher zerkratzen meine Arme.

Nach wenigen Schritten entdecke ich eine runde schwarze Fläche. In ihrer Mitte sehe ich ein verkohltes Tier, von der Größe eines jungen Wolfes. Es liegt verkrampft auf dem Rücken, seine toten Augen starren mich an. Auf der Stirn trägt es kurze Hörner, aus seiner Schnauze ragen monströse Eckzähne, die spitzen Krallen an den Pfoten sind riesig. In der Asche um den Körper herum zeichnen sich verschmorte Flügel ab.

Ich widerstehe dem Drang, mich zu übergeben, löse mich aus meiner Schockstarre und beginne zu rennen.

Demise

Jasmin Jülicher

Jasmin Jülicher wurde 1990 geboren. Die Idee zum ersten eigenen Roman entstand während ihres Masterstudiums der »Biological Sciences« in einem aus Neugier besuchten Krimi-Seminar.

Sie veröffentlicht Romane im Bereich Fantasy und Steampunk wie die Steampunk-Krimi-Reihe »Der Hüter« und das Steampunk-Märchen »Castle Rose – Das schlafende Schloss«. 2023 stand sie mit ihrem Steampunk-Krimi »Knochen & Dampf« auf der Longlist des Selfpublishing Buchpreises.

Nervig. Heute war einfach alles nur nervig. So wie an eigentlich jedem Tag.

Angestrengt kämpfte Nathan sich durch die Horden von Leuten, die die Straßen bevölkerten. Er würde wieder zu spät kommen.

Wem war er heute nochmal zugeteilt? Johnson? Diesem Geschichts-Junkie? Naja, solange der bezahlte …

Zwei junge Männer rempelten ihn an, drängten ihn einfach zur Seite und gingen weiter. Er sah ihnen hinterher, und einer der beiden warf ihm über die Schulter hinweg einen Blick zu, eine Augenbraue hochgezogen, als wollte er sagen: »Na? Was willst du dagegen machen?«

Nichts. Das Leben war scheiße. Zumindest für diejenigen, die kein Geld hatten, die keine Fabriken besaßen. Die mit der vielen Kohle hockten oben auf dem sogenannten Sonnendeck, dem einzigen Teil dieses Landes, der noch Sonnenstrahlen abbekam. Der Rest der Bevölkerung, so wie er, saß hier unten, Tonnen von Stahl über sich und ohne die Wärme der Sonne auf ihrer Haut. Das Einzige, was hier leuchtete, waren die verdammten Straßenlaternen, alle zwei Meter eine. Ohne sie wäre es stockfinster.

Wie jeder trug auch Nathan eine Uhr am Arm, die beim Scannen nicht nur anzeigte, in welches Quartier er gehörte, sondern zusätzlich als Scheinwerfer diente, wenn mal wieder der Strom ausfiel, was etwa alle zwei Wochen der Fall war.

Zwei Millionen Menschen in Quadrant 24a. Und alle schienen sich zur gleichen Zeit auf den Straßen zu tummeln.

Verärgert kämpfte Nathan gegen den Menschenstrom an und schaffte es schließlich zu einem der Aufzüge, der ihn ins achte Stockwerk brachte. Je weiter oben, desto wichtiger. Es gab insgesamt dreizehn Stockwerke, wobei die Nummer Dreizehn natürlich für die ganz Reichen reserviert war. Für diejenigen, denen die Atomkraftwerke und Stahlfabriken gehörten.

Er selbst wohnte im Erdgeschoss, weiter nach unten ging es nicht mehr.

Im achten Stock war es zwar immer noch voll, aber wesentlich angenehmer als unten auf der Straße. Der Boden war mit einem roten Teppich ausgelegt, der Nathans Schritte dämpfte. Nicht, dass die feinen Herrschaften in ihren Büros noch vom Rest der Bevölkerung gestört wurden. Sicher war das Ding auch noch aus diesem neuen schmutzabweisenden Stoff, den er sich niemals würde leisten können.

Mit einem Seufzen klopfte er an eine der breiten Stahltüren. X22, Johnson.

Nach wenigen Sekunden wurde die Tür geöffnet und ein kleiner untersetzter Mann mit Schweißflecken unter den Achseln winkte ihn herein.

»Nate, richtig?«

»Nathan.«

»Ah, richtig. Du bist mein Hermesier für heute?«

»Ich wurde Ihnen zugeteilt, was soll ich tun?«

Der Mann watschelte hinüber zu seinem Schreibtisch und breitete mehrere Folien aus. Alle waren eng bedruckt, eine jedoch zeigte mehrere Bilder.

»Ich schreibe an diesem Buch über …«

»Bitte nicht schon wieder Shakespeare«, unterbrach ihn Nathan. »Wenn ich mir noch einmal eines seiner Sonette anhören muss, dann …«

»Nein, nein, nicht Shakespeare. Du musst da Vinci für mich suchen.«

»Ähm, ist das nicht verboten? Letztes Mal habe ich ziemlichen Ärger bekommen, als ich für Sie nach Archimedes gesucht habe. Mir wurde der Bau von Waffen vorgeworfen, von verdammten Kanonen oder so etwas.«

»Das tut mir sehr leid, aber diesmal ist es anders. Ich habe den Besuch beim Amt angemeldet.«

Misstrauisch musterte Nathan den Mann. Er erkannte ein falsches Lächeln, wenn er es sah.

»Sie könnten mir den Auftrag auch ein wenig versüßen, wie wäre das?«

Das Lächeln des Mannes verblasste. Er wandte sich um und riss eine Schublade am Schreibtisch auf.

Als er sich wieder umdrehte, hielt er mehrere Geldscheine in der Hand.

»Hier, nimm! Und jetzt geh endlich.«

Grinsend steckte Nathan die Scheine ein.

»Wonach genau soll ich ihn denn fragen?«

»Er hat damals Entwürfe von diesen Panzern gezeichnet … Lass ihn bitte Entwürfe anfertigen, wie solche Panzer heute aussehen würden, mit unserer fortgeschrittenen Technik.«

Oh, scheiße. Das klang verdammt illegal. Nathan wollte nur ungern den Hals dafür hinhalten, wenn es schiefging.

»Aber Sie halten meinen Namen da raus, ja? Aus allem? Ich habe Ihnen nie geholfen.«

Eifrig nickte der dicke Mann und Nathan verließ das Büro mit einem unguten Gefühl.

Das war vermutlich nicht seine beste Entscheidung, aber das Geld ablehnen? Das kam gar nicht infrage. Jeden Tag stand er mit der Frage auf, ob er sich etwas zu essen würde leisten können, jeden Tag hatte er Angst, wie alles weitergehen sollte. Wenn ihm das Geld dann so bereitwillig ins Haus flatterte, musste er zugreifen!

Mit dem Aufzug fuhr er wieder hinunter ins Erdgeschoss, wo er sich auf der Straße bis zur Bahnhaltestelle hindurchkämpfte. Verdammte Menschen! Viel zu viele überall. Daran war die Überbevölkerung schuld!

Es war still in dem großen Gebäude, das wie der Einstieg zur Unterwelt wirkte. Ein riesiger dunkler Schlund.

Er war fast allein hier unten, nur die wenigsten hatten Zugang oder machten sich die Mühe, hierher zu kommen. Es gab nichts zu stehlen, nichts zu essen, und warm war es hier auch nicht. Nathan zog die Jacke enger um seinen Körper. Wenn die da oben doch nur die Heizungen wieder höher stellen würden. Doch nein, Quadrant 24a war zu teuer, sie verbrauchten angeblich zu viel Strom, also mussten sie nun frieren.

Er hockte sich auf eine der harten Metallbänke und vergrub die Hände in den Taschen.

Zwanzig Minuten, dann würde der Zug eintreffen. Dann nochmal fast eine Stunde bis zu Quadrant 8b.

Dort, auf der höchsten Etage des Quadranten, gleich neben den Fabriken der Reichen, war der Eingang zu Demise, der Geisterwelt.

Geister hatte es immer schon gegeben, den meisten Menschen waren sie nur nicht aufgefallen, doch mit zunehmender Überbevölkerung und dem daraus resultierenden Platzmangel war das Geisterproblem offensichtlich geworden. So offensichtlich, dass die Regierungen etwas hatte unternehmen müssen.

Die Konsequenz aus den Unternehmungen war schließlich Demise, eine Kugel von gut zwei Kilometern Durchmesser gewesen. Und sein Land hatte den Kürzeren gezogen – hauptsächlich, weil es so klein und in den Augen der anderen Länder auch unwichtig war –, als es um die Vergabe des Standplatzes gegangen war. Natürlich hatte es Ausgleichszahlungen gegeben, sehr großzügige sogar, aber war etwas bei ihm und den einfachen Menschen angekommen? Nein, dachte er bitter. Das war in die Fabriken gewandert, in die schicken Häuser, in das Sonnendeck.

Kurz nach dem Beschluss des Standortes hatte der Bau von Demise begonnen und ein riesiges runde Mahnmal aus einem hauchdünnen Bronzegemisch hing nun zu jeder Zeit über ihren Köpfen.

In Quadrant 24 herrschte zu jeder Tageszeit Dunkelheit, ebenso wie in den angrenzenden Quadranten. Er hatte gehört, dass es in den Außenbezirken ein paar Quadranten gab, die zu gewissen Tageszeiten Sonne abbekamen, aber dort hatte er keinen Zugang. Und vielleicht war es auch nur ein Gerücht.

Der Zugang zu Demise lag über dem Quadranten 8b, und jeder, der diesen Ort besuchen wollte, brauchte eine Sondergenehmigung.

Normalerweise waren es nur Hermesier, die den kleinen Planeten betreten durften, Boten zwischen der Geisterwelt und der Welt der Menschen.

Endlich kam der Zug mit fast zehn Minuten Verspätung.

Er war fast leer, auf dem Weg zu einem halbwegs sauberen Sitzplatz traf Nathan nur einen anderen Hermesier, einen kleinen pickligen Typen, den er kannte, dessen Namen er sich aber nicht merken konnte.

Als der Zug hielt und er endlich aussteigen konnte, hastete er zum Aufzug im Bahnhof von Quadrant 8b und hämmerte auf den Knopf für das Oberdeck.

Die Fahrt von der untersten Etage bis zum obersten Stockwerk dauerte eine Minute und drei Sekunden, die Zeit hatte er früher einmal gestoppt.

Oben stieg er aus und warf mehr aus Gewohnheit als aus Interesse einen prüfenden Blick nach oben. Dort thronte Demise in der Mitte des Landes, gestützt von gigantischen Säulen, rund und bronzefarben, wie ein Mond, der zu nah an die Erde geraten war.

Das Konstrukt warf zu dieser Tageszeit einen schier endlosen Schatten, der die obersten Etagen der Quadranten drei, vier, fünf, sechs, sieben, acht, neun und zehn mit Dunkelheit überzog, ganz abgesehen von den Quadranten, die in stetiger Dunkelheit leben mussten. Nicht zum ersten Mal fand Nathan es ärgerlich, dass er ein oberstes Stockwerk betreten durfte, nur um dann doch nicht die Sonne zu Gesicht zu bekommen. Wie schön musste es in ihrem Schein sein …

Nathan ging den Weg, den er mittlerweile im Schlaf kannte, zwischen den hohen Fabriken entlang, deren Schlote sich in den Himmel reckten. Zehn Minuten später war er am Ziel: Ein bronzenes Tor wölbte sich über einem kleinen, unscheinbaren Haus. Er öffnete die Tür und fand sich neben zwei Schaltern wieder, an denen bereits drei andere Hermesier anstanden. Er reihte sich vor dem linken Schalter ein und wartete ungeduldig, bis er dem diensthabenden Wachbeamten seinen Ausweis zeigen konnte, der ihn eindeutig als Boten auswies.

Gemeinsam mit den anderen Hermesiern wurde er zu einem Aufzug geführt. Die Türen schlossen sich hinter ihnen und sie fanden sich in völliger Dunkelheit wieder. In diesem Aufzug gab es kein Licht. Der Erhalt von Demise war angeblich so schon teuer genug, das zumindest hatte er auf einem der Plakate in Quadrant 8b gelesen.

Die Fahrt dauerte fünf Minuten und einundzwanzig Sekunden. Fast fünfeinhalb Minuten, die sie in unangenehmer Stille verbrachten, die nur manchmal von einem Husten oder Scharren unterbrochen wurde.

Als sich die Tür endlich wieder öffnete, platzte Nathan förmlich aus dem Aufzug heraus, froh darüber, ihn und die anderen Boten endlich verlassen zu können.

So war er auch der Erste, der sich an dem Schalter anstellte, der die letzte Hürde vor dem Betreten von Demise war.

Ein einzelner Wachbeamter, furchtbar gelangweilt und mit trägen Augen, überprüfte erneut Nathans Erlaubnis und winkte ihn dann durch. Nathan betrat eine Schleuse, die aus purem Kupfer bestand. Die eine Tür schloss sich hinter ihm, die andere öffnete sich wenige Sekunden später, und er übertrat ihre Schwelle. Nun befand er sich in Demise, der Geisterwelt. Auch wenn er diesen Ort bereits so oft besucht hatte, verursachte ihm sein Aufenthalt hier doch jedes Mal eine Gänsehaut.

Er starrte den langen Gang entlang, der sich vor ihm erstreckte, und seufzte. Er musste ins sechzehnte Jahrhundert, das war sechzehn Stockwerke über seinem jetzigen Standpunkt, dem Jahr Null, weit im Inneren des Planeten.

Von Anfang an hatte man sich darauf geeinigt, die Geister nach ihrem Sterbedatum zu sortieren, immer ein Jahrhundert pro Stockwerk. Nach unten hin, unter dem Jahr Null, wurden die Geister jedoch so rar, dass teilweise ein ganzes Jahrtausend in ein einziges Stockwerk gepfercht worden war.

Nach dem heutigen Kenntnisstand war es nicht möglich, einen Geist zu vernichten, man konnte ihn lediglich mit Kupfer in Schach halten. Und um die knapper werdenden Kupfervorräte zu schonen, war man bei Demise auf Bronze ausgewichen, nur die Schwelle bestand auf reinem Kupfer, nur um sicherzugehen. Trotzdem kam es vor, dass Geister verschwanden. Von einer Sekunde auf die andere lösten sie sich einfach in Luft auf. Nathan hatte das erst einmal erlebt, doch er legte keinen Wert auf eine Wiederholung, das war einfach verdammt unheimlich gewesen. Es hinterließen auch nicht alle Menschen ihren Geist nach ihrem Tod. Auch wenn Wissenschaftler seit Jahren unermüdlich daran forschten, gab es bisher keine zufriedenstellende Erklärung für diesen Phänomen.

Nathan hoffte inständig, nach seinem Tod kein Geist zu werden. Der Gedanke, für die Ewigkeit in Demise festzuhängen, war unerträglich.

Außer Atem stieg er die letzten Stufen zu Stockwerk sechzehn hinauf. Anfangs war Demise ein Ort der Verbannung gewesen, ohne Wiederkehr. Dann jedoch hatten einige Leute erkannt, dass sich mit dem Wissen und den Geschichten der Verstorbenen viel Geld machen ließ. Doch ein Investment in eine Infrastruktur wie einen Aufzug in der Metallkugel hatte es nicht gegeben, dazu waren die Auftraggeber zu geizig gewesen, und schließlich funktionierte alles auch so. Und es waren ja auch nur die Hermesier, die sich hier abmühen mussten.

In Stockwerk sechzehn suchte Nathan nach dem richtigen Jahrzehnt. Da war die Tür: 1510-1520. Er öffnete sie vorsichtig, schlüpfte hinein und schlug sie mit einem Ruck wieder zu. Er würde es nicht noch einmal zulassen, dass einer der Geister aus seinem Jahrzehnt entwischte – beim letzten Mal war es eine verdammte Arbeit gewesen, ihn wiederzufinden.

Der Raum war nicht groß, er hatte gerade einmal die Ausmaße einer kleinen Kirche, doch durch das Fehlen von jeglichem Mobiliar hallten seine Schritte von den Wänden wider, als er suchend durch die engen Reihen der Geister streifte.

Das übliche Flüstern ertönte, manchmal auch ein paar halblaute Beschimpfungen, doch davon ließ Nathan sich nicht beirren. Die Geister konnten ihm normalerweise nichts anhaben, auch wenn ihnen nach ihrem Tod eine gewisse körperliche Präsenz geblieben war. Sie konnten zwar Gegenstände aufheben, ihn sogar berühren, doch seitdem alle Hermesier die mit Kupfer überzogenen Uniformen trugen, trauten sie sich nicht mehr, ihnen zu nahe zu kommen. Und Gegenstände gab es hier schon seit zehn Jahren nicht mehr. Damals hatten mitleidige Seelen den armen Verstorbenen Geld und Gegenstände gespendet, was jedoch nur zu einer Katastrophe geführt hatte. Seitdem war absolut tabu, etwas mit nach Demise zu bringen.

Wo zur Hölle war da Vinci? Er sah viele andere bekannte Gesichter, doch das des bärtigen Mannes konnte er nicht entdecken.

Doch, da hinten in der Ecke! Vorsichtig, um keinen der Geister zu berühren, ging er hinüber, wo ein matt-weiß schimmerndes Abbild von Leonardo da Vinci in der Ecke stand.

»Da Vinci«, grüßte Nathan ihn, und der Geist wandte ihm sein Gesicht zu.

»Sei gegrüßt, Nathan.«

Eigentlich war Nathan froh über seinen neuesten Auftrag. Da Vinci war ein Geist von der angenehmen Sorte: nett, höflich, kooperativ und nicht im Geringsten aggressiv. Nicht so furchteinflößend wie beispielsweise H. H. Holmes oder Ed Gein, die er bei anderen Aufträgen ausfindig gemacht hatte.

»Wie kann ich dir heute helfen?«

Er hatte einen starken italienischen Akzent, doch seitdem es Demise gab, bemühten sich auch viele der Geister darum, andere Sprachen zu erlernen. Und da Vinci hatte schnell gelernt.

»Ich wurde geschickt, damit du Zeichnungen und Pläne anfertigst.«

Fragend zog der Geist eine seiner weißen Augenbrauen nach oben.

»Pläne für Kriegsmaschinen. Wie die, die du gezeichnet hast, nur eben für die heutige Zeit.«

»Ich befürchte leider, dass das …«

Nathan unterbrach den Geist.

»Tu es einfach, ich weiß, dass du es kannst.«

Schließlich gab es digitale Bücher in Demise, auf fest installierten Bildschirmen. Lesen schadete nicht, und wenn die Geister noch zu etwas nutze sein sollten …

Da Vinci seufzte, und Nathan reichte ihm mehrere Bögen Papier und einen Stift. Dann wandte er sich ab und betrachtete das weiß schimmernde Getümmel. Wohin er auch blickte, überall standen und saßen Geister. Manche unterhielten sich, andere schienen zu schlafen. Da Geister jedoch keinen Schlaf brauchten, versuchten sie vermutlich nur, in Gedanken ihrem Gefängnis zu entfliehen oder das Gequassel ihrer Mitgefangenen auszublenden.

Es dauerte nur wenige Minuten, bis da Vinci hinter ihm sagte: »Ich bin fertig.«

Nathan nahm die Skizzen und steckte den Stift wieder ein.

»Sehr schön, das ging ja schnell.«

»Ja, die Menschen haben heutzutage ein so großes Potenzial, sich gegenseitig zu vernichten, da ist es einfach, eine tödliche Maschine zu entwerfen.«

Nathan antwortete ihm nicht. Und wenn sie sich gegenseitig vernichteten? Wäre das so schlimm? Sein Leben war sowieso beschissen. Vielleicht wäre es eine Erleichterung. Vorausgesetzt, er käme nicht als Geist zurück, das wäre echt mies.

Er ging zurück zur Tür. Dabei achtete er darauf, keinem der Geister zu nah zu kommen. Eine Berührung war unangenehm. Ein Gefühl, als fasste man in Wackelpudding. Gleichzeitig fest und nachgiebig, ekelhaft.

Es dauerte nicht lange, dann stand er wieder auf dem Flur und machte sich an den Aufstieg. Als er das erste Jahrhundert erreicht hatte, keuchte er heftig. Nur noch nach Hause, dann aufs Sofa legen, mit niemandem mehr reden.

»Gallia est omnis divisa in partes tres …«

Die Stimme, die aus dem Raum ein Stockwerk tiefer drang, kannte er nur allzu gut.

»Halt die Klappe, Cäsar. Hör auf, alle anderen zu nerven.«

»Bist du das, Nathan?«

»Ja, na sicher.« Er hatte keine Lust, hier herumzustehen und mit dem Geist von Julius Cäsar zu quatschen, aber irgendwie schaffte der Römer es immer wieder, ihn zum Stehenbleiben zu überreden.

»Nathan, Cäsar hat einen Vorschlag für dich. Wie wäre es, wenn du einfach mal hereinkommst und Cäsar dir davon erzählt?«

Nathan seufzte. Immer dieses Gerede in der dritten Person.

»Ich habe keine Zeit, ich muss gehen.«

»Es ist ein wirklich guter Vorschlag, es geht um viel Geld.«

Nathan zögerte. Er gab nichts auf die Versprechen von Geistern, und außerdem hatten diejenigen, die die Macht hatten, längst jeden Fleck der Erde ausgeplündert und zugebaut. Es war nichts mehr übrig.

»Geld für dich. Wir können es dir beschaffen.«

Gegen seinen Willen machte das Gerede Nathan neugierig. Der Geist hatte auch bei anderen Besuchen in der Vergangenheit von Macht gesprochen und von Herrschaft, diesmal allerdings klang er anders. Ein wenig aufgeregt vielleicht, und entschlossener als sonst.

Vorsichtig öffnete Nathan die Tür und betrat den Raum. Gleich dahinter stand Cäsar. Er trug einen metallenen Brustharnisch, an dessen Rückseite ein Tuch befestigt war. Mit hochgezogenen Brauen sah er Nathan über seine Hakennase hinweg an.

»Wie ich sehe, bist du doch interessiert.«

Nathan ignorierte seinen Einwurf.

»Was hast du gemeint? Welches Geld?«

Der Geist trat einen Schritt näher. Außer ihm war der Raum relativ leer, zumindest nicht so voll wie die Räume im sechzehnten Stock. Den anderen war anscheinend egal, was Cäsar mit ihm zu besprechen hatte, niemand blickte auch nur in ihre Richtung.

»Das Geld aller. Und Macht. Macht könntest du auch haben.«

Jetzt log er aber, und zwar heftig.

»Das ist doch völliger Quatsch. So eine Zeitverschwendung!«

Nathan wandte sich um und wollte gehen, doch dann sagte Cäsar etwas, das ihn zum Stehenbleiben bewegte.

»Es könnte alles dir gehören, du musst uns nur hier rauslassen.«

Er sollte die Geister freilassen? Im Ernst?

»Ich soll euch rauslassen? Euch alle etwa? Klar, kein Problem, wir spazieren gleich alle gemütlich hier raus.«

Cäsar kam noch näher.

»Es reicht schon, wenn du die Tür offenstehen lässt, weißt du? Öffne alle Türen, und dann lass die Türen der Schleuse offen.«

»Ich dachte, Kupfer schadet euch?«

»Ja, aber wenn du sie offen stehen lassen kannst, ist das kein Problem. Wir müssen die Schwelle nicht berühren. Hinter den Schleusen wird alles ein Kinderspiel.«

»Angenommen, ich tue es … Was genau habt ihr vor?«

»Wir wollen nur wieder zurück auf die Erde. Hier ist es sterbenslangweilig.« Der Geist ließ ein leises Lachen hören. »Wir sind immer noch mächtig, in vielerlei Hinsicht mächtiger als die Menschen da unten.« Er deutete auf den Boden zu seinen Füßen. »Wenn du uns hilfst, werden wir es uns merken, und wir werden dich belohnen. Reichtum, wohin du nur blickst. Die obersten Etagen, nur für dich. Na, wie klingt das?«

Zu schön, um wahr zu sein, wenn Nathan ehrlich war. Doch sein Herzschlag beschleunigte sich bei dem Gedanken. Das war doch verrückt!

»Und, tust du es?«

Wenn Nathan es sich genau überlegte: Was zur Hölle hatte er eigentlich zu verlieren? Diese Chance, die der Geist des verstorbenen Feldherrn ihm bot, war so viel mehr als das, was die Menschen ihm je geboten hatten. Das war doch alles, was er wollte: Eine Chance auf ein richtiges Leben!

»Ich tue es«, antwortete er entschlossen, und sein Herz schlug Kapriolen.

Der Geist klatschte in die Hände.

»Sehr gut! Ich wusste, du bist der Richtige für den Job. Hör zu, du gehst raus und öffnest alle Türen, verstanden? Wenn ein anderer Hermesier dich sieht, mach ihn unschädlich. Wir sammeln uns im Erdgeschoss, dann fährst du runter, verlässt 8b und überlässt alles Weitere uns. Wir melden uns bei dir.«

Nathan hatte ein mulmiges Gefühl bei den Worten, doch jetzt war nicht die richtige Zeit für Bedenken. Das hier war die Möglichkeit, auf die er immer gewartet hatte!

Es hatte lange gedauert und es war anstrengend gewesen, alle Türen zu öffnen, doch nun saß er wieder im Zug, der ihn zurück zum Quadranten 24a brachte. Seinem Zuhause. Er war in Schweiß gebadet, nicht nur aufgrund der körperlichen Anstrengung, auch die Angst, erwischt zu werden, hatte ihm zu schaffen gemacht. Doch bis jetzt war alles glattgelaufen. Die Türen standen offen, die Schleuse hatte er mit Stift und Papieren verklemmt, als der gelangweilte Beamte nicht hingeschaut hatte. Anderen Hermesiern war er nicht begegnet, vermutlich waren sie längst wieder auf dem Weg nach Hause.

Fast ein Jahr war seit dem Tag vergangen, an dem er die mieseste Entscheidung seines Lebens getroffen hatte. Er hatte die Geister freigelassen, und sie waren zurück auf die Erde gekommen. Niemand hatte sie aufhalten können, dazu waren es zu viele, sie waren zu entschlossen, und die Menschheit war nicht vorbereitet. Sie hatte sich zu sehr in der Sicherheit gewiegt, die Demise angeblich bot. Doch die Geister waren nicht aus Langeweile zurückgekehrt, wie Cäsar gesagt hatte, sondern um Rache zu nehmen.

Die Menschen hatten gekämpft, aber es hatte nicht gereicht.

Sie waren alle tot. Das war seine Schuld, nur seine Schuld.

Am Anfang war es ja noch toll gewesen, alleine auf der obersten Etage zu stehen und die Sonnenstrahlen zu genießen, doch die Freude darüber hatte nicht lange angehalten. Überall lagen Leichen, sie begannen zu verwesen. Und noch dazu die neuen Geister … Viele der Verstorbenen waren zurückgekehrt. Sie verfolgten ihn. Beschimpften ihn. Doch sie taten ihm nichts an. Es war offensichtlich, dass seine Strafe ganz anders aussah, als einen schnellen Tod zu sterben.

Er war der letzte lebende Mensch auf Erden. Die Nahrung ging ihm aus, es gab keinen Strom mehr und er konnte mit niemandem reden.

Cäsar hatte zwar recht gehabt: Er hatte nun Geld. Doch es gab nichts mehr, was er davon kaufen konnte.

Müde stieg Nathan in den Aufzug, der zu Demise führte. Hier oben hatte er seine Ruhe. Die Geister konnten ihm durch das Kupfer nicht folgen, wenn er die Türen schloss.

Er betrachtete sein Land aus den zwei Fenstern, die neben dem Aufzug eingelassen waren. Ein totes Land. Ein toter Planet. Seine Schuld.

Er würde hierbleiben. Für immer. Wurde man eigentlich auch ein Geist, wenn man verdurstete? Er wusste es nicht.

Vielleicht. Auch egal, er konnte es nicht ändern. Früher oder später würde es eh geschehen. Die Erde würde nie wieder wie früher werden. Es würde nie wieder andere Menschen geben. Er hatte überall gesucht: Außer ihm war niemand mehr übrig.

Mit einem tiefen Seufzen legte er sich auf den Boden und breitete Arme und Beine aus. Hier würde er warten. Das hier war seine verdammte Strafe.

Tote Stadt

L.P. Daniels

Lars Danielsen wurde vor 46 Jahren im Bergischen Land geboren und entdeckte schon früh seine Leidenschaft für das Schreiben ausgefallener und fantastischer Geschichten. Auf Klassenfahrten unterhielt er seine Schulkameraden bereits mit dem Vorlesen selbstverfasster Kurzgeschichten, meist aus dem Horrorgenre, bevor er, inspiriert durch die Werke von K.H. Scheer, Edmund Hamilton, Phillip K. Dick u. A. sich mehr der Science Fiction zuwandte. Zwei seiner Kurzgeschichten erschienen damals auf den Leserseiten der Perry Rhodan-Romanserie.

Im Dezember 2015 veröffentlichte er schließlich sein erstes Buch »Inmitten der Sterne - Die Sternenarche« als Selfpublisher unter dem Pseudonym **L.P. Daniels**. 2017 erschien schließlich der zweite Band »Spur zwischen den Sternen« der die Geschichte fortführt.

Mit seinem Beitrag »Mine 6« in der ebenfalls 2017 veröffentlichten Horror-Anthologie »Im Abgrund« verknüpfte er seine Leidenschaft für Science Fiction und Horror.

In seiner Freizeit arbeitet er bereits an der Fortsetzung der Reihe, um das selbst geschaffene Sci-Fi-Universum weiter auszubauen.

Zugegeben, es war nicht das Ende der Welt. Doch zumindest war es das Ende *seiner* Welt. Immerhin war er tot. Jedenfalls ging er davon aus. Jeder, der nach einem so schweren Autounfall wieder zu sich kam, sollte dies in einem Bett liegend tun. Und zwar in einem Krankenhaus. Entweder vor Schmerzen stöhnend oder so mit Schmerzmitteln zugedröhnt, dass ihn nach dem Erwachen ein pinkfarbenes Einhorn begrüßte.

Die Tatsache allerdings, dass er, ohne auch nur den geringsten Kratzer, mitten in der Nacht, in der Gosse liegend wieder zu sich gekommen war, deutete zumindest stark darauf hin, dass er entweder halluzinierte oder die irdische Existenz hinter sich gelassen hatte. Wobei er zugeben musste, sich das Jenseits anders vorgestellt zu haben.

Er war in einer schmalen Gasse, in einem kleinen Haufen grauer Müllsäcke liegend, zu sich gekommen. Ohne Schmerzen, ohne auch nur eine sichtbare Verletzung.

Das einzige Licht hatte eine trübe Straßenlaterne gespendet. Deshalb war er auch davon ausgegangen, dass es Nacht war. Würde passen, schließlich war er recht spät von der Arbeit nach Hause gefahren.

Links und rechts von ihm hatten sich die Wände zweier Hochhäuser in den Himmel erhoben. Dunkle, schwere Wolken verdeckten den Blick auf die Sterne.

Das war vor etwa zwei Stunden gewesen. Zumindest vermutete er das, da seine Armbanduhr nicht mehr funktionierte. Sie zeigte permanent 19:46 Uhr sowie das Datum 09.04.2016 an. Das musste der Zeitpunkt seines Unfalls gewesen sein.

Seitdem irrte er durch die nächtlichen Straßen einer fremden Stadt.

Es hatte nicht lange gedauert, bis er bemerkt hatte, dass außer der Tatsache, vollkommen unverletzt zu sein, noch etwas nicht stimmte.

Die Stadt sah aus wie eine Millionenmetropole, aber sie war nicht nur leer, sie war vollkommen tot.

Er war seit seinem Erwachen weder Menschen noch Tieren begegnet. Kein Ungeziefer krabbelte im Rinnstein, kein Vogel flog durch die Nacht. Es gab Straßen, aber nicht ein einziges Auto. Es gab viele mehrstöckige Häuser, einige Wolkenkratzer, Geschäfte, Imbissbuden und Restaurants, doch nirgendwo brannte Licht. Selbst die Leuchtreklamen waren außer Betrieb. Er hätte das vielleicht noch mit einem Stromausfall erklären können, allerdings hätten dann auch die Straßenlaternen davon betroffen sein müssen. Doch diese spendeten ihr trübes Licht und beleuchteten die gespenstische Szenerie.

Anfangs hatte es ihn an diese Endzeitfilme und -serien erinnert. »The Stand« oder »The Walking Dead«, aber da verstopften Autos die Wege, Leichen lagen überall herum oder – schlimmer noch – wankten durch die Straßen. Schaufenster waren zerstört, Geschäfte geplündert.

Doch diese Stadt wirkte nicht so, als wären ihre Bewohner gestorben. Sie wirkte, als hätte es niemals welche gegeben.

Am Schlimmsten jedoch war die Stille. Außer dem Geräusch seiner Schritte war nichts zu hören. Zudem hatte es ihm einen kalten Schauer über den Rücken gejagt, als ihm aufgefallen war, dass sich zwar die Äste der Zierbäume sanft im Wind bewegten, er diesen jedoch weder hören noch spüren konnte.

Allerdings gab es da seit ein paar Minuten noch etwas, das ihn beunruhigte. Obwohl er weder etwas hörte noch sah, hatte er das nagende Gefühl, verfolgt zu werden. Doch jedes Mal, wenn er sich umsah, bot sich ihm nur dasselbe trostlose Bild einer toten Stadt. Dennoch beschleunigte er unbewusst seine Schritte. Das Gefühl, in tödlicher Gefahr zu schweben, wurde übermächtig. Er spürte ganz deutlich, dass er nicht alleine war. *Etwas* schlich sich an ihn heran.

Der Überlebensinstinkt übernahm, und er begann zu rennen. Er hielt sich so nahe wie möglich an der Schaufensterfront, und in ihren Spiegelungen glaubte er *etwas* zu sehen, das ihn jagte.

Die Schaufenster, Türen, Treppen und Seitengassen rasten an ihm vorbei. Er fühlte sein Herz in der Brust hämmern. Seine Beine drohten nachzugeben, doch die absolute Gewissheit, dass er sterben würde, wenn er stehen blieb oder auch nur langsamer wurde, trieb ihn weiter vorwärts.

Plötzlich hörte er schnelle Schritte. Jemand rannte.

»Jan!«

Wie angewurzelt blieb er vor einer engen, vollkommen unbeleuchteten Seitengasse stehen. Jemand hatte ihn gerufen. Leise, aber eindringlich. Bevor er sich darüber weitere Gedanken machen konnte, prallte etwas gegen ihn und warf ihn zur Seite.

»Aus dem Weg, Idiot!« Ein Mann war aus der Gasse gestürmt und hatte ihn umgerannt. Jan versuchte sich gerade wieder aufzurappeln, als ein Zweiter aus vollem Lauf über ihn hinweg sprang.

»Jan, mein Schatz«, hörte er die Stimme erneut, diesmal ganz deutlich. *»Komm zu mir! Hörst du mich? Komm zu mir!«*

»Mia?«, fragte er ungläubig. Es war eindeutig die Stimme seiner Frau. Sie schien irgendwo links von ihm zu kommen.

Ein Schrei lenkte ihn ab. Einer der Männer lag auf dem Boden und *etwas* fiel ihn an. Der Mann schrie und versuchte sich wieder aufzurichten, als *etwas* ein Stück aus seinem Bein riss. Jan hatte das Gefühl, sich übergeben zu müssen. *Etwas* zerriss den Mann vor seinen Augen. Er konnte nicht sagen, was genau er dort sah. Da war etwas, ganz eindeutig. Und gleichzeitig war es doch nicht da.

Er musste hier weg. Egal wohin, nur weg. Gehetzt sah er sich um.

»Komm zu mir, mein Schatz! Ich brauche dich.«

Jan kroch auf allen Vieren in die Richtung, aus der er glaubte, Mias Stimme zu vernehmen. Eine Treppe führte zu einer Kellerbar. Er krabbelte die ersten Stufen hinab, ehe er sich wieder umdrehte, um weiter die grausige Szene zu beobachten, die sich auf der Straße abspielte. Auch der zweite Mann lag jetzt auf dem Boden. Auch er schrie, während *etwas* ihn zerriss. Die Schreie des anderen waren inzwischen verstummt, doch noch immer riss und zerrte *etwas* an ihm. Jan konnte noch immer nicht sagen, was es war, oder ob er wirklich etwas sah. Manchmal sah es so aus, als wären die Schatten über den Männern etwas dunkler. Jan meinte, Klauen und Reißzähne von etwas Gewaltigem aufblitzen zu sehen. Dann waren es auf einmal schemenhafte Tentakel mit den Mäulern von Neunaugen, die sich wiederum in eine wimmelnde Masse aus winzigen konturlosen Schatten mit nadelspitzen Zähnen verwandelten. Doch was immer er auch glaubte zu sehen, es entzog sich ihm wieder, bevor er sich dessen wirklich bewusst werden konnte.

Eine Hand presste sich auf seinen Mund und zog ihn in die Bar hinein. »Keinen Mucks, oder wir sind alle tot!«

Er war viel zu geschockt, um tatsächlich etwas unternehmen zu können. Selbst ohne die Hand, die ihm nach wie vor den Mund zuhielt, hätte er wahrscheinlich keinen Ton von sich gegeben. Jemand schloss die Tür hinter ihm. Leider konnte er kaum etwas erkennen. In der Bar selbst war es noch dunkler als draußen auf der Straße.

Er wurde unsanft zu Boden gedrückt. »Ich werde meine Hand jetzt wegnehmen, wenn du mir versprichst, vollkommen still zu sein.«

Jan nickte, und der Druck verschwand. Er wandte langsam seinen Kopf. Allmählich gewöhnten sich seine Augen an das Dämmerlicht. Er stellte fest, dass es von zwei Notausgangsleuchten stammte.

Ein Kopf schob sich in sein Blickfeld. Es war ein Mann mit dichtem schwarzem Haar und Schnurrbart. Er führte seinen Zeigefinger an die Lippen und gab Jan zu verstehen, weiterhin leise zu sein. Wieder nickte Jan. Er sah sich vorsichtig um. Etwas tiefer im Raum konnte er die Konturen von mindestens drei weiteren Personen erkennen, die sich unter einem Tisch verkrochen hatten. Dazu kam ein Mann, der sich, nur mit einer Badehose bekleidet, neben der Tür an die Wand drückte.

Mehrere Minuten wagte sich niemand zu rühren. Schließlich sah der Mann an der Tür durch eines der kleinen schmutzigen Fenster und entspannte sich sichtlich. »Ich denke, sie sind erst einmal weg.«

Die Schatten unter dem Tisch bewegten sich, und ein Mann sowie zwei Frauen krochen unter ihm hervor. Der Schnurrbartträger richtete sich auf, warf einen Blick in die Runde und kratzte sich am Hinterkopf. »Wir sollten vorerst hierbleiben und ein wenig ruhen. Später machen wir uns wieder auf den Weg.«

Leises Murmeln und ein, zwei nickende Köpfe waren die Antwort.

»Kann mir vielleicht irgendjemand erklären, was hier los ist?«, wollte Jan wissen. »Wo bin ich hier? Wer seid ihr? Was ist das für eine Stadt? Und was zur Hölle hat diese Männer da draußen in Stücke gerissen?« Die letzten Worte hatte er beinahe geschrien, seine Hand deutete zitternd aus dem Kellerfenster.

Der Schnurrbartträger hob beschwichtigend die Hände. »Beruhige dich, du bist unter Freunden.« Er deutete lächelnd auf einen Tisch mit ausreichend Stühlen für die ganze Gruppe. »Wie wäre es, wenn wir uns erst einmal vorstellen?«

Jan ließ seine Hand sinken, seine Knie zitterten. Erst jetzt bemerkte er, wie sehr er unter Anspannung gestanden hatte. Sich zu setzen schien eine gute Idee zu sein. Nickend folgte er der ausgestreckten Hand des Mannes und setzte sich zu den anderen. Der Mann in der Badehose wurde mit Andrejas vorgestellt, ein Kroate Anfang zwanzig mit dunklem, dichtem Haar und dem Körper eines griechischen Gottes. Dann folgten Xaver, ein blonder Mittvierziger aus Österreich, Janet aus Frankreich, Ende zwanzig mit Bobschnitt, und schließlich Jackie. Jackie war vierzehn und kam aus Kalifornien. Zuletzt stellte sich der Schnurrbartträger als Tahir vor. Er schien der Wortführer der Gruppe zu sein.

»Es wäre besser, wenn ihr jetzt versuchen würdet, ein wenig zu schlafen«, riet er der Gruppe, nachdem auch Jan sich kurz vorgestellt hatte. »Ich übernehme die erste Wache und kann dabei versuchen, dir zumindest ein paar Antworten zu geben, Jan.« Ohne auf eine Erwiderung zu warten, nahm er sich einen Barhocker von der Theke und setzte sich an eines der Kellerfenster. Jan folgte ihm.

»Was ist das Letzte, woran du dich erinnerst, bevor du hier erwacht bist?«, eröffnete Tahir das Gespräch.

»Ich hatte einen Unfall«, antwortete Jan langsam. »War müde, vielleicht auch ein wenig zu schnell unterwegs, und plötzlich kam da dieser LKW.« Er stockte. »Bin ich tot? Ist das die Hölle?«

Tahir wandte den Kopf und sah ihn an. »Nein, mein Freund. Die gute Nachricht ist, du bist nicht tot. Keiner von uns ist es.« Er sah wieder aus dem Fenster. »Zumindest noch nicht.«

»Was soll das heißen?«

Tahir nickte in Richtung der anderen, die versucht hatten, es sich auf Tischen und Bänken bequem zu machen.

»Andrejas sprang kopfüber von den Klippen einer kleinen Bucht in die Adria. Xaver versuchte, den K2 zu ersteigen, als sich ein Haken löste. Janet stürzte beim Skilaufen. Jackie befand sich auf der Yacht ihrer Eltern, als diese in einen

Sturm auf hoher See geriet, und ich versuchte, meinen Jungen während eines Erdbebens aus unserem Haus in Sicherheit zu bringen, als es plötzlich über mir zusammenstürzte. Unfälle, Jan. Wir alle sind die Opfer von Unfällen, die uns beinahe töteten.«

»Willst du damit sagen, das hier wäre so eine Art Nahtoderfahrung? Woher willst du wissen, dass wir nicht tot sind?«

Tahir richtete seinen Blick auf die Schlafenden.

»Wir alle sind schon eine Weile hier. Jeder traf im Laufe der Zeit auf andere Menschen, war Teil anderer Gruppen. Und es gibt diese Gerüchte, dass es Wege gibt, Tore, die wieder hier heraus führen. Keiner von uns hat jemals eines dieser Tore gefunden oder erlebt, dass jemand tatsächlich zurückkehren konnte, aber es gibt da diese Geschichten. Und manchmal, im Schlaf, hören wir Stimmen von Menschen, die uns wichtig sind. Wir spüren ihre Anwesenheit. Einen Händedruck, einen Kuss.«

Jan dachte an die Stimme seiner Frau, die er zuvor zu hören geglaubt hatte.

»Ich weiß nicht, wie viel davon der Wahrheit entspricht«, fuhr Tahir fort. »Wichtig ist nur, dass es uns Hoffnung gibt. Es gibt uns ein Ziel, einen Grund durchzuhalten, weiterzumachen und uns nicht aufzugeben.«

Müde lehnte Jan sich nach vorne und sah durch das trübe Fenster in den Nachthimmel. »Also zieht ihr morgen weiter, um nach diesen Ausgängen zu suchen? Wenn es Tag wird?«

Tahir lachte trocken auf. »Mein Freund, hier wird es nie Tag. Das da draußen ist weder Nacht noch Tag. Der Himmel ist immer so. Finster und voller Wolken, die sich keinen Millimeter bewegen.«

Jan stieß sich von der Wand ab und fuhr sich nervös durchs Haar. Sein Blick fiel auf die gut gefüllten Regale hinter der Theke. »Ich brauch ’nen Drink.« Mit wenigen Schritten war er hinter der Theke und griff nach einer Flasche Rum und einem Glas.

»Das wird nicht funktionieren.«

»Was meinst du?«

»Das wirst du schon sehen.«

Der Schraubverschluss fiel leise auf den Tresen. Jan drehte die Flasche auf den Kopf und hielt sie über das Glas. Doch die klare Flüssigkeit blieb in der Flasche. Er kippte sie mehrfach, schüttelte sie. Ohne Erfolg. Schnell griff er nach der nächsten Flasche. Ein angebrochener Whiskey. Auch hier widersetzte sich die Flüssigkeit der Schwerkraft. Jan sah deutlich, wie der Whiskey in der Flasche hin- und herschwappte. Doch was immer er auch versuchte, der Alkohol blieb, wo er war. Bei der dritten und vierten Flasche war es dasselbe. Schließlich ergriff Jan eine Flasche am Hals und schlug sie so hart er konnte gegen den Tresen. Sie zersprang. Ungläubig sah er, wie die Flüssigkeit für einen Sekundenbruchteil die Form der Flasche beibehielt, ehe sie sich grau verfärbte, wie zäher Brei zerfloss, zu wabern begann und sich verflüchtigte, bis nichts mehr übrig war außer einem undefinierbaren Gestank.

»So ist es immer. Egal, ob Flüssigkeit oder Nahrung. Es sieht real aus, solange es in der Verpackung ist. Aber wenn man sie öffnet, verwandelt sich der Inhalt in diese graue, stinkende Pampe und verschwindet dann.«

»Soll das heißen, dass ihr, seit ihr hier seid, weder etwas gegessen noch getrunken habt?«

»Nicht nötig. Seit ich hier bin, verspüre ich weder Hunger noch Durst. Das Einzige, was man hier empfindet, sind Schmerzen, Erschöpfung und Müdigkeit. Deswegen habe ich den anderen gesagt, sie sollen schlafen.«

Tahir klopfte Jan aufmunternd auf die Schulter. »Du siehst auch ganz schön fertig aus. Komm, hau dich 'ne Weile aufs Ohr.«

***

Sie marschierten eine breite Straße entlang. Zu beiden Seiten türmten sich mehrstöckige Häuser in den bedrohlich wirkenden Himmel. Jan hatte sich noch immer nicht an die Leblosigkeit in der Stadt gewöhnt. Das Fehlen jeglicher Geräusche und die andauernde Dunkelheit zehrten an seinen Nerven. Er hatte inzwischen jegliches Zeitgefühl verloren, wusste weder, wie lange er geschlafen hatte, noch wie lange sie jetzt schon unterwegs waren. Er warf einen kurzen Blick auf Jackie, die neben ihm ging und ihm von ihrem Leben in Kalifornien erzählte. Irgendwie hatte das Mädchen es geschafft, sich nicht von der Stadt unterkriegen zu lassen. Sie sprühte geradezu vor Optimismus und Lebensfreude. Mit der unbeugsamen Zuversicht der Jugend war sie sicher, dass sie hier einen Ausweg finden und bald schon wieder bei ihren Familien sein würden.

»Mein Vater hat versprochen, mit mir auf das Konzert zu gehen. Es ist das Konzert des Jahres, wenn nicht des ganzen Jahrzehnts! Kennst du Elvis? Natürlich kennst du ihn. Ich werde ihn live sehen. Es wird auch im TV übertragen, aber mein Vater hat versprochen, dass ich ihn live sehen werde. Live, in Honolulu.«

Jan blieb stehen. Natürlich kannte er Elvis. Er hatte etliche Platten des Kings zu Hause. Echtes Vinyl, keine CDs. Und er wusste, von welchem Konzert Jackie sprach. *Aloha from Hawaii*. Das war 1973 gewesen. Er besaß sogar die DVD des Konzerts.

»Ist etwas?«, wollte Jackie wissen.

Jan warf Tahir einen Blick zu. Der Südländer sah ihn ernst an und schüttelte langsam den Kopf. Jan schluckte schwer und versuchte zu lächeln. »Nichts. Es ist alles OK. Leider werde ich es wohl nur im TV sehen können.«

Jackie lächelte, entgegnete etwas Aufmunterndes, das Jan kaum registrierte, drehte sich um und ging weiter. Er war sich bewusst, dass sie weiterhin mit ihm sprach, doch er hörte nicht mehr zu.

1973. Sie träumte davon, auf ein Konzert zu gehen, das vor mehr als vierzig Jahren stattgefunden hatte.

Dieser Ort raubte ihnen jegliches Zeitgefühl. Jan ballte unbewusst die Fäuste. Er schwor sich, hier herauszukommen, einen der Ausgänge zu finden und wieder in sein altes Leben zurückzukehren, bevor er im Körper eines alten Mannes erwachen würde.

Die Gruppe hatte versucht, ein System zu entwickeln, um eines der Tore zu finden – falls sie denn existierten. Sie versuchten, sich von den Stimmen ihrer Lieben leiten zu lassen. Wie Tahir bereits erklärt hatte, konnten sie diese manchmal wahrnehmen, wenn sie schliefen. Sie träumten von ihnen. Sahen sie manchmal an einem von drei ganz bestimmten Orten stehen, wo sie nach ihnen riefen, weinten und sie anflehten, wieder zurück ins Leben zu kommen:

Das Dach eines gewaltigen Wolkenkratzers, der Eingang zu einer U-Bahn-Station inmitten eines großen Platzes und eine Brücke, die über einen Fluss hinaus aus der Stadt führte.

Das Problem war, dass sie nicht wussten, in welche Richtung sie sich zu wenden hatten. Und wie es schien, erstreckte diese Stadt sich endlos in alle Richtungen. Niemand von ihnen hatte jemals jemanden getroffen, der außerhalb der Stadt gewesen war, oder auch nur ein Ende gesehen hatte.

»*Jan.*«

Mias Stimme. Er versuchte, die Richtung auszumachen. Sein Blick fiel auf ein Bürogebäude auf der anderen Straßenseite. Schätzungsweise 15 oder 20 Stockwerke. Einer plötzlichen Eingebung folgend, lief er los.

»Wo willst du hin?«, rief ihm Tahir hinterher.

»Niemand hat je eines der Tore gesehen? Zumindest das hohe Gebäude müsste sich finden lassen. Ich verschaffe mir einen besseren Überblick.«

»Komm zurück! Das hat keinen Sinn.«

Doch Jan ignorierte ihn, stürmte durch die Drehtür auf den Lift zu und hieb auf die Ruftaste. Nichts tat sich. Jan hielt sich nicht lange mit weiteren Versuchen auf, sondern stürmte zum Treppenhaus. Er stieß die Tür auf und sprintete die Stufen hoch. Schilder an den Türen informierten ihn darüber, in welchem Stockwerk er sich gerade befand. 12. Stock, er rannte weiter.

15. Stock. Jan blieb kurz stehen und sah nach oben. Die Treppen zogen sich noch weiter in die Höhe. Er atmete tief ein, bevor er die nächsten Stufen nahm.

17. Stock. 18., 19. Noch immer führten weitere Stufen nach oben.

20., 21. Er blieb wieder stehen, um erneut einen Blick nach oben zu werfen und seinem Körper eine Pause zu gönnen. Ein weiterer tiefer Atemzug, und weiter ging es.

25. Stock. Jan mobilisierte seine letzten Kraftreserven, wurde noch schneller.

30., 33., 36. Erschöpft blieb er mitten auf den Stufen stehen und stützte sich schwer auf das Geländer. Er sah nach oben. Noch immer führte die Treppe hinauf, ohne dass ein Ende in Sicht war. Kraftlos hieb er gegen die Betonwand, ehe er sich müde auf die Stufen sinken ließ und sein Gesicht in den Händen vergrub.

***

Die Gruppe erwartete ihn, als er das Haus später wieder verließ. Tahir wollte etwas sagen, doch Jan winkte ab. »Schon gut. Ich dachte nur, ich hätte die Stimme meiner Frau gehört. Wie sie mich in die Richtung des Hauses lotste.«

Die anderen warfen sich erstaunte Blicke zu.

»Du hast deine Frau gehört?«, hakte Janet nach.

»Ja, was ist dabei? Tahir meinte, dass ihr alle ab und zu die Stimmen von geliebten Menschen hört oder ihre Anwesenheit spürt.«

»Du verstehst nicht. Wir hören sie nur im Schlaf. Niemals, wenn wir wach sind.«

Jan hob die Hand und signalisierte den anderen, leise zu sein. Jemand sang. Er kannte den Song: *Unchained Melody*. Und er wusste auch, wer ihn sang. Es war Mia, sie sang ihr Lied. Er schloss die Augen und versuchte, eine Richtung auszumachen. Ja, hier war es!

Er lächelte grimmig. »Wir müssen in diese Richtung.« Als er loslief, folgten ihm die anderen ein wenig zögerlich. Während er rannte, klärte er sie auf.

Niemand wusste, warum Jan anders war, warum er als Einziger auch im Wachzustand eine Verbindung zur anderen Welt hatte, aber das war egal. Sie schöpften wieder Hoffnung. Er konnte sie nach Hause führen.

***

Die Stadt schien endlos, und Mias Stimme war nicht permanent zu hören. Jan führte die Gruppe durch die Straßen der toten Stadt. Sie schliefen versteckt in leeren Häusern, immer auf der Hut vor dem substanzlosen Schrecken, dessen Jagdrevier sie war.

Aber Vorsicht alleine reichte nicht aus. Als erstes erwischte es Xaver. *Etwas* zerriss ihn vor ihren Augen, ohne dass sie *es* sahen. Als nächstes traf es Janet. Andrejas starb bei dem Versuch, ihr zu helfen. Hinzu kam, dass Jan Mias Stimme immer seltener wahrnahm. Manchmal vergingen mehrere Schlaf- und Wachperioden, ohne dass er sie hören oder fühlen konnte. Und wenn, dann sprach sie immer weniger zu ihm, sang ihm immer seltener vor. Oft glaubte er, nur ihre Anwesenheit zu spüren.

Wochen schienen auf diese Weise zu vergehen. Jetzt aber sah es so aus, als hätten sie es geschafft.

Tahir, Jackie und Jan kauerten in einer engen Gasse und betrachteten teils sehnsüchtig, teils ungläubig den kreisrunden Platz, der vor ihnen lag. In seiner Mitte befand sich eine überdachte Treppe, die in die Tiefe führte. Sie hatten es gefunden. Wenn die Gerüchte stimmten, hatten sie tatsächlich eines der Tore entdeckt, das sie wieder zurück in ihre Welt, zurück ins Leben bringen würde.

Aber sie waren nicht allein. Jeder von ihnen spürte die Anwesenheit der schemenhaften Jäger.

»Worauf warten wir noch?«, fragte Jackie unruhig.

»Es sind etwa vierzig Meter bis zur Treppe.« Tahir fuhr sich nervös durchs Haar. »Wenn wir einfach loslaufen, sind wir komplett im Freien, ohne jegliche Deckung.«

Jan schüttelte leicht den Kopf. »*Es* oder *sie* finden uns so oder so. Unsere Chancen sinken, je länger wir warten.«

»Also los!« Jackie sprang auf und rannte los.

Tahir fluchte leise, ehe er und Jan dem Mädchen folgten. Sie hatten erst wenige Meter zurückgelegt, als er meinte, im rechten Augenwinkel *etwas* zu sehen. Doch als er seinen Kopf wandte, war der Platz so leer wie zuvor. Stattdessen glaubte er nun, *es* links von sich wahrzunehmen. Ja, da war *etwas*. Und *es* näherte sich unglaublich schnell.

Er rief den anderen eine Warnung zu. Jackie drehte sich im Laufen zu ihm um und stolperte. Sofort änderte dieses *Etwas* die Richtung, hielt nun auf das am Boden liegende Mädchen zu. Tahir dachte nicht lange nach, sondern rannte dem *Etwas* entgegen. Er musste Jackie Zeit verschaffen, *es* ablenken.

Jan sah, wie Tahir nach links ausscherte, und sah *Es*. Er packte Jackie am Arm und zog sie wieder auf die Beine. In diesem Moment hörte er Tahirs Todesschreie.

»Sieh nicht hin!«, wies er Jackie an. »Lauf weiter!«

Sie liefen so schnell sie konnten, sahen nicht zurück. *Etwas* war hinter ihnen, kam immer näher.

Ohne langsamer zu werden, rannten sie die Stufen hinunter. Hinter sich hörten sie das *Etwas*. *Es* klang zornig, rasend. Jan und Jackie blieben stehen und sahen zurück. Das *Etwas* hatte oben an der Treppe angehalten, schien gegen eine Barriere anzukämpfen.

»Es kommt durch!«

Jackie zog an Jans Hand. »Weiter!«

Sie liefen weiter. Einen Gang entlang, eine weitere Treppe. Sie kletterten über ein Drehkreuz, das sich nicht bewegen wollte, und dann sahen sie ihn. Den Zug.

»Wir haben es geschafft!« Jackie klatschte vor Freude in die Hände. Sie stürzte zur nächsten Tür und hieb auf die Öffnungstaste. Vollkommen geräuschlos öffnete sich diese. Das Licht im Abteil sprang an. Jackie lachte. »Licht, Jan! Echtes Licht! Komm schon.«

Auch Jan lächelte, doch als er den nächsten Schritt tat, durchfuhr ihn ein höllischer Schmerz. Sein Körper fühlte sich an, als würde er von glühenden Haken in Stücke gerissen. Er versuchte zu schreien, brachte aber nur ein leises Röcheln hervor.

Jackie schrie. Vor ihren Augen schien Jan zu zerfallen. Seine Haut schälte sich von Händen und Gesicht. Sein Fleisch schien wie Wachs zu zerfließen.

»Jackie!« Jan streckte seine Hand nach ihr aus. »Schließ die Tür. Du musst los. Du musst sofort los!« Die letzten Worte waren nur noch gurgelnde Geräusche aus seiner verheerten Kehle.

Jackie wollte wieder aus dem Zug steigen, ihm helfen. Mit letzter Kraft brachte er ein röchelndes »Nein!« zustande. Sie blieb, wo sie war, und sah zu, wie er vor ihren Augen zerfiel. Es ging jetzt immer schneller. Tränen liefen ihr über das Gesicht.

»Lass mich nicht allein!« Sie weinte hemmungslos und flüsterte immer wieder seinen Namen, selbst als von ihm nichts mehr übrig war.

Sie wusste nicht, wie lange sie dort gestanden hatte, in der offenen Tür, immer wieder seinen Namen flüsternd, unfähig zu verstehen, was mit ihm geschehen war. Ein Gefühl riss sie aus ihrem Kummer. *Etwas* kam, hatte die Barriere durchbrochen. Sie schlug die Hand auf die Taste neben der Tür. Sofort schloss diese sich vollkommen geräuschlos. Langsam, dann immer schneller werdend, setzte sich der unterirdische Zug in Bewegung.

***

Mia hatte das Zimmer verlassen. Sie stand auf dem Flur im Krankenhaus und lehnte sich mit dem Rücken an die Wand, die Hände vor ihr Gesicht geschlagen. Sie wollte nicht dabei sein, wenn der Arzt die Maschinen abschaltete.

Drei Jahre hatte sie gehofft, gebetet und gefleht. Von Anfang an hatte nicht viel Hoffnung bestanden, dass Jan jemals wieder aus dem Koma erwachen würde. Es war die schwerste Entscheidung ihres Lebens gewesen, doch schließlich hatte sie sich dazu durchringen können, ihn gehen zu lassen.

»Jetzt hast du endlich deinen Frieden.« Leise sang sie *Unchained Melody*, während sie an der Wand zu Boden glitt und Tränen ihr Gesicht bedeckten.

***

In Zimmer 376 des Kaiser Foundation Hospitals, Oakland, Kalifornien, erwachte Jackie Rose Mitchell nach mehr als vierzig Jahren aus ihrem Koma.

Geisterlicht

Silke Alagöz

Silke Alagöz, Jahrgang 1982, hat eine Ausbildung zur Lektorin und Drehbuchautorin absolviert. Die ehemalige Verlegerin ist Autorin mehrerer Fantasy-Romane und eines Kinderbuchs. Als (Mit-)Herausgeberin von Anthologien ist sie in den Verlagen Torsten Low, Saphir im Stahl und Arcanum Fantasy vertreten und hat zudem zahlreiche Kurzgeschichten veröffentlicht. Nachdem sie sich zuletzt auf das Verfassen von Audiodeskriptionen für Kino- und TV-Filme konzentriert hat, ist sie wieder zum Romanschreiben zurückgekehrt.

Der Wald lag im Dämmerlicht, als ich vor einer Treppe aus Baumstämmen und gestampfter Erde anhielt, die zu einer stillen Lichtung hinunterführte. Ich vermochte nicht zu sagen, wie lange ich kopflos durch den Wald gelaufen war, immer steil bergauf und weiter in den Abend hinein. Zwar war der Weg holperig und unwegsam gewesen, doch der Schockzustand, in dem ich mich befand, hatte Schmerz und Anstrengung einfach beiseite gefegt, als sei ich narkotisiert worden und dabei gleichzeitig wach geblieben.

Ich wusste nicht, wie spät es war und wo ich mich befand, doch das spielte letztendlich keine Rolle; nicht nach all dem, was zuvor geschehen war. Nun stand ich hier und wusste weder ein noch aus – ich, die zweifach Betrogene. Die Dumme in diesem verdammten Spiel, das sich *Schicksal* nannte ...

Es grenzte an ein Wunder, dass ich lebend aus dem Wrack meines Polos herausgekommen war – und das sogar unverletzt. *Wie* ich es geschafft hatte, mich aus dem auf der Seite liegenden Wagen zu befreien, daran konnte ich mich beim besten Willen nicht mehr erinnern. Ich erinnerte mich nur noch an den Adrenalinstoß, der mir beim Anblick meines zerdrückten Autos in einem Bachbett durch den Körper geschossen war. Es war reif für den Schrottplatz!

Und all das nur, weil ich auf übelste Weise verraten worden war. Weil ich in meiner Verzweiflung viel zu schnell gefahren war und in einer scharfen Kurve die Kontrolle verloren hatte; mein Wagen hatte sich bei voller Geschwindigkeit überschlagen und war eine Böschung hinuntergerollt.

Ich durfte gar nicht daran denken, was in so kurzer Zeit alles geschehen war. Mit dem kaputten Auto hätte ich klarkommen können. Doch allein der Gedanke daran, dass die beiden Menschen, die ich von allen am meisten geliebt, denen ich blind vertraut hatte, mich so sehr verletzt hatten, drohte mich immer wieder aufs Neue zu überwältigen.

Resigniert schleppte ich mich die Stufen hinunter, wobei ich mich an dem grob bearbeiteten Holzgeländer festhielt, um nicht zu stolpern und kopfüber die Treppe hinunterzustürzen.

Unten angekommen, blieb ich erst einmal einen Moment lang stehen.

Durchatmen!, beschwor ich mich selbst. *Du hattest einen Autounfall! Vielleicht hast du dich doch verletzt und spürst den Schmerz nur noch nicht. Du musst zur Ruhe kommen!*

Vielleicht war es die kühle Waldluft, die Wirkung zeigte, der Duft nach Laub und feuchter Erde. Denn nach einiger Zeit bemerkte ich, dass ich ruhiger wurde und somit Gelegenheit hatte, mich einmal genauer umzusehen.

Erstaunt zog ich die Augenbrauen in die Höhe. Wo war ich hier, bitte, gelandet? Das Bild, das sich vor mir auftat, schien geradezu einem Märchenbuch entsprungen zu sein. Der unebene Boden war von einer Schicht aus dicken Moospolstern überzogen, mit zartem grünem Gras und einzelnen Farnen. Einige Tannen, Birken und andere Laubbäume verteilten sich über die Lichtung, in deren Mitte ein Holztisch und zwei Bänke standen. Ein verwittertes Holzgeländer umsäumte diesen magischen Ort, der wie ein Feentanzplatz auf mich wirkte. Hinter dem Geländer taten sich zerklüftete Steilwände aus grauem Fels auf, über deren Rändern einige Bäume überhingen, so als wollten sie von oben auf den Platz hinabsehen. Am Fuß der Steilwände war alles übersät mit Geröll, struppigen Wildpflanzen und Haselnusssträuchern, was der andächtigen Stimmung jedoch keinen Abbruch tat.

»Was ist das für ein Ort?«, murmelte ich und machte einige Schritte auf die Lichtung hinaus.

Womöglich war dies der Birfinck – ein altes Kupferbergwerk, von dem ich früher einmal gehört hatte.

Von irgendwoher vernahm ich das leise Murmeln von Wasser, doch einen Bach konnte ich nirgends entdecken. Das verhaltene Rauschen der Baumwipfel machte die Idylle perfekt. Als hätte ich die Grenze zu einer anderen Welt überschritten, in der ich all das Schlechte, das mir widerfahren war, vergessen konnte.

Wenn das doch nur so einfach wäre ...

Mir wurde elend bei dem Gedanken, bald wieder nach Hause gehen und mich meinen Problemen stellen zu müssen. Am liebsten wäre ich für immer hiergeblieben und hätte alles hinter mir gelassen.

Neugierig schritt ich auf zwei Höhlungen in der hinteren Steilwand zu und spähte über das wilde Durcheinander aus Brennnesseln, Farnen und anderem Gestrüpp hinweg.

Ein innerer Frieden erfüllte mich mit einem Mal, als es in der linken der beiden Höhlungen leicht zu glimmen begann und Sekunden später etwas daraus auftauchte, das aussah wie ein in der Luft schwebendes, geisterhaftes Kerzenlicht von der Größe einer Faust. In seinem runden Innern leuchtete es weiß, doch die Flämmchen, die es umzüngelten, waren von einem hellen Blau.

Ein Seufzen entfuhr mir, denn ich spürte einen tiefen Trost in mir, welcher von dem sonderbaren Licht ausging und wie Balsam für meine wunde Seele war. Ich wollte näher zu ihm hingehen, es genauer betrachten – doch sobald ich den ersten Schritt in seine Richtung trat, flackerte das Licht und schwebte davon.

»Nein! Bleib doch hier!«, rief ich ihm nach und rannte los. Ich wollte dieses wundervolle Licht auf keinen Fall aus den Augen verlieren, so lange wie möglich von seiner trostspendenden Nähe zehren. Ich *durfte* es nicht ziehen lassen!

So schnell ich konnte, stieg ich den kleinen Erdwall hinter dem Holzgeländer hinauf und bahnte mir einen Weg durch das Gewirr aus hüfthohem Gestrüpp. Ich konnte gerade noch sehen, wie das Licht in der Höhle verschwand, aus der es gekommen war, und beeilte mich, ihm zu folgen. Die hohen Brennnesseln, die beim Laufen gegen meine nackten Unterarme peitschten, spürte ich in meiner Aufregung nicht einmal.

Endlich war ich am Eingang des alten Stollens angelangt und begab mich ohne zu zögern hinein. Mit ausgestreckten Armen tastete ich mich durch die Dunkelheit voran, wodurch ein beklemmendes Gefühl in mir aufstieg. Kalte Luft schlug mir entgegen, welche nach nassem Gestein und modriger Erde roch.

Dann erblickte ich wieder das Licht vor mir, dessen blaue Flamme die Stollenwände beleuchtete. Erleichterung durchflutete mich. Immer tiefer folgte ich ihm in das Innere des Berges hinein.

Ich fühlte mich wie benebelt, wollte nur noch in der Nähe dieses Lichtes sein – und bemerkte den auf dem Boden liegenden Holzbalken erst, als ich über ihn stolperte und auf dem wasserbedeckten Höhlenboden landete.

Als ich mich aufsetzte und den Rücken gegen die kalte Felswand drückte, wurde mir bewusst, in welch großer Gefahr ich mich gerade befand. Ich erinnerte mich daran, einmal Geschichten von einer bergmännischen Katastrophe gehört zu haben, die im Birfinck stattgefunden haben sollte.

Bevor die Angst mich überwältigen konnte, nahm ich aus dem Augenwinkel erneut das Licht wahr. Es beleuchtete einen flachen Gegenstand, der auf dem Boden lag und nicht hierhergehörte. Er lag nur eine Armlänge von mir entfernt mitten auf dem Gang, der nur wenige Meter weiter in einer Wand aus Geröll und zertrümmertem Gebälk endete. Ich streckte den Arm aus und nahm den ungewöhnlichen Fund an mich.

Es handelte sich um ein goldenes, wertvoll aussehendes Medaillon, das sich aufklappen ließ. In seinem Innern befand sich das verwitterte Abbild einer Frau, deren Gesicht kaum noch zu erkennen war. Es musste schon sehr lange hier liegen.

Ein Gedanke schoss mir durch den Kopf, der so ungeheuerlich war, dass er heißkalte Schauerwellen durch meinen Körper jagte. *Oh Gott! Wenn hier jemand verschüttet worden war?!* Ich blickte das Medaillon mit einer Mischung aus Furcht und Melancholie an und dachte: *Das scheint mir nach dem tragischen Ende einer Liebesgeschichte auszusehen ... Genauso wie bei mir.*

Ohne dass ich es wollte, drängte sich das Bild eines Mannes und einer Frau in meine Gedanken, halbnackt und mit erschrockenen Gesichtern, die Hand des Mannes noch immer auf der entblößten Brust der Frau. Ein gequälter Seufzer entrang sich mir, und mein Herz füllte sich mit Pein. Ich schrie aus Leibeskräften.

Ein dumpfes Grollen war die Antwort, dann folgte ein Bröckeln und Krachen. Starr vor Schreck blickte ich in die Richtung, aus der ich gekommen war, und klammerte mich in panischer Angst an das Medaillon. Ich wollte aufspringen und davonlaufen, doch es war zu spät: Das Grollen nahm zu, und auf einmal stürzte vor meinen Augen die Decke ein und verschüttete den einzigen Ausweg, den es in diesem Stollen gab.

Erst als das Krachen und Dröhnen sich gelegt hatten und wieder Stille eingekehrt war, gelang es mir, mich aus meiner Starre zu befreien und zu dem blockierten Ausgang zu gehen. Lange blickte ich einfach nur auf die Unmengen an Geröll und sackte kraftlos in mich zusammen. Es dauerte eine Weile, bis mir dämmerte, welches Schicksal mich hier früher oder später ereilen würde – und dass niemand meine Leiche je finden würde.

Ich war gefangen, für immer. Und es bestand keine Hoffnung auf Rettung!

Ich war kurz davor, durchzudrehen, als ich eine tiefe, warme Stimme hinter mir hörte, die zu mir sagte: »Bleib ruhig, alles wird gut … Du hast heute schon genug Schlimmes hinter dir.«

Blitzartig sprang ich auf, drehte mich um und entdeckte das Licht, das nur wenige Schritte vor mir in der Luft schwebte.

»Wer bist du?«, flüsterte ich gleichsam fasziniert wie zweifelnd.

Ich unterhielt mich mit einer Lichtkugel – und fand das nicht einmal seltsam! Eine leise Stimme in meinem Kopf zog in Betracht, dass ich bei dem Autounfall vielleicht doch einen Schlag gegen den Kopf abbekommen haben könnte.

Das Licht schien meine Gedanken zu erahnen, denn es meinte: »Du bist bestimmt noch nicht vielen Irrlichtern begegnet?«

Ich schüttelte den Kopf. »Ich wusste nicht mal, dass es so etwas wirklich gibt.«

»Und du hast gar keine Angst?«

Erneut schüttelte ich den Kopf, und ein ironisches Lächeln legte sich auf meine Lippen. »Nach all dem, was heute passiert ist, brauche ich mich nun wirklich vor nichts mehr zu fürchten.« Mir kamen die Tränen, ohne dass ich etwas dagegen tun konnte.

»Ich habe in deinen Gedanken gesehen, was dir widerfahren ist. Wer sind die Elenden, die dir das angetan haben?«

Ich sah das Irrlicht mit tränenverschleiertem Blick an. »Mein Verlobter … Er hat mich einfach so … *betrogen* – mit meiner eigenen Schwester! Ich habe sie beide so sehr geliebt und ihnen blind vertraut … Wieso haben sie mir das nur angetan?« Ein tiefer Schmerz durchzog meine Brust. »Ich habe die beiden heute Abend dabei erwischt, wie sie sich gegenseitig ausgezogen haben. Sie haben noch versucht, mich für dumm zu erklären und alles abgestritten! Ich bin nur noch ins Auto gesprungen und losgefahren, und dann ... dann hatte ich diesen Unfall und bin hier bei dir gelandet ... Es tut so unglaublich weh.« Ich deutete mit der Hand auf mein Herz.

»Die Liebe schmerzt, ich weiß«, flüsterte das Irrlicht und schwebte ein wenig näher an mich heran, so als wollte es mir mit seiner Nähe Trost spenden. »Ich war auch einst ein Mensch aus Fleisch und Blut und hatte mein Herz an ein Mädchen verloren.«

Einen Augenblick lang schwieg das Irrlicht. Dann leuchtete es heller als zuvor, und innerhalb von Sekunden saß ein junger Mann vor mir, der von einem sanften blauen Lichtschein umgeben war. Er hatte halblanges kastanienbraunes Haar, braune Augen und ein freundliches Lächeln, das jedoch von Trauer getrübt schien.

Zärtlich ergriff er das Medaillon, das ich noch immer fest mit der Hand umschlossen hielt. »Das ist sie. Meine Elisabeth ... Es hätte alles so schön sein können! Aber ich als einfacher Bergmann war nicht gut genug für sie. Nicht in den Augen ihres Vaters. Egal, wie viel Geld ich im Bergwerk verdiente. Deshalb verheiratete er meine Elisabeth mit einem reichen Bauern.«

Ich sah ihn mitfühlend an. Gespannt lauschte ich seinen Worten, wobei ich mich aus irgendeinem unerfindlichen Grund zu ihm hingezogen fühlte.

»Am Tag von Elisabeths Hochzeit – es war ein eiskalter dritter Advent – floh ich tief in das Bergwerk, in dem ich arbeitete. Keiner war dort, denn es war Sonntag und alle Dorfbewohner waren auf der Hochzeit. Doch dann«, ihm stockte der Atem, »war da dieses Grollen, überall. Der Berg, er bebte! Die Steine, die Balken, alles löste sich, stürzte von der Decke! Ich versuchte mich zu befreien, aber …« Seine Stimme versagte.

Ein eisiger Schauer rann mir über den Rücken. Ich sah ihn förmlich vor mir liegen, zermalmt unter Felsgestein.

»Das ist jetzt mehr als vierhundert Jahre her, und ich bin immer noch hier … Die Leute redeten damals von Glück, dass bei der Katastrophe keiner ums Leben kam, weil sich ihres Wissens niemand im Bergwerk befunden hatte … Sie hatten ja keine Ahnung!«

Nachdem er geendet hatte, verspürte ich das plötzliche Bedürfnis, meine Hände auf die seinen zu legen, und obwohl sein Leib von feinstofflicher Natur war, konnte ich ihn doch so fühlen, als sei er noch am Leben. Seine Hände waren unerwartet warm und gaben mir den Halt, den ich jetzt so dringend brauchte.

»Ich heiße übrigens Emily, und du?«, fragte ich ihn – als ob das jetzt noch eine Rolle spielen würde.

»Matthias. Ich heiße Matthias«, antwortete er und erwiderte meinen Händedruck mit einem warmen Lächeln, das mir unerwarteten Trost in meiner aussichtslosen Lage schenkte.

Wir saßen noch lange beieinander. Ich konnte nicht sagen, wie lange. Die Todesangst war einer zeitlosen Erfüllung gewichen, die mich zu dem Gedanken verleitete, für immer hierbleiben zu wollen und alles, was vorher war, einfach zu vergessen.

Irgendwann umfasste ich dann erneut Matthias' Hände mit den meinen und fragte: »Sterbe ich jetzt hier bei dir?«

Ein geheimnisvolles Lächeln ließ seine Augen erstrahlen, was nicht so recht in diese Situation passen wollte. »Es ist für mich ein großes Glück, dich getroffen zu haben. Du bist sehr hübsch, und du hast ein gutes Herz. Auf jemanden wie dich habe ich so lange gewartet ... Wenn du willst, kannst du für immer an meiner Seite bleiben!«

Mit großen Augen sah ich Matthias an. »Aber ... ist es dafür nicht zu spät? Ich bin verschüttet und kein Irrlicht wie du! Mir bleibt keine Zeit!« Traurig senkte ich den Blick.

Matthias beugte sich zu mir herüber, strich zärtlich über meine Wange und brachte mich dazu, ihn erneut anzublicken.

»Emily.« Er sah mir tief in die Augen und zögerte einen Moment lang. »Nun denk doch einmal ganz fest an den Ort, an dem du verunglückt bist.«

Verständnislos blickte ich Matthias an.

Doch dann kamen die Gedanken an meinen zerstörten Polo wie von selbst, ganz plötzlich und unerwartet, und ich erschrak, als eine sehr lebhafte Szene vor meinem inneren Auge abzulaufen begann.

Ich sah eine Handvoll Polizisten und Rettungskräfte, die sich um das auf der Seite liegende Wrack meines Autos scharten. Ich hörte aufgeregte Stimmen und stellte verwundert fest, dass auch mein Verlobter und meine Schwester anwesend waren; dass diese mit versteinertem Blick auf den Wagen schauten, aus welchem ein lebloser Körper geborgen und neben dem Bach niedergelegt wurde ... Und ich hörte einen Polizisten sagen, dass hier jede Hilfe zu spät käme.

Mit einem mulmigen Gefühl sah ich mir die Gestalt auf dem Boden etwas näher an – und erkannte, dass *ich selbst* es war, die dort am Bachufer lag! Mein Gesicht war blutverkrustet und verzerrt, ein Teil meiner Gliedmaßen unnatürlich verrenkt.

Ich wollte vor Schreck aufschreien, als Matthias mich auch schon aus der Vision zurückholte, indem er mir liebevoll übers Haar strich. Er hatte mittlerweile einen Arm um meine Schultern gelegt. »Verstehst du, was ich dir sagen will?«, flüsterte er und sah mir direkt in die Augen.

Ich blickte ihn wie erstarrt an, während die Erkenntnis langsam in mein Bewusstsein sickerte. »Ich ... ich bin bei dem Unfall ...«

»Ja, so ist es.« Matthias lächelte sanft. »Und weil du das in deiner Verwirrung zunächst nicht bemerkt hast, befindest du dich nun gerade in einer Art Zwischenstation. Am Rand der Welt, sozusagen. Zwischen der Welt der Lebenden und dem, was sich die *Anderswelt* nennt.«

Ich schüttelte immer wieder ungläubig den Kopf. »*Das* war also der wirkliche Grund dafür, warum ich die ganze Zeit keine Schmerzen hatte.«

Matthias nickte. »Nur Tote sind in der Lage, Irrlichter wahrzunehmen. *Echte* Irrlichter, die nichts mit Einbildung oder brennenden Sumpfgasen zu tun haben.«

Ich konnte es nicht glauben: Ich war tot, ein *Geist!*

Aber ich war nicht allein. Wir könnten zusammenbleiben, bis in alle Ewigkeit ...

»Natürlich können wir das«, lächelte Matthias, der erneut meine Gedanken gelesen hatte. »Es ist ganz einfach, die Zwischenwelt zu verlassen und ein Irrlicht zu werden. Vertrau mir!«

Nach diesen Worten beugte er sich langsam zu mir herüber. Und als er mich daraufhin fest umarmte, fühlte ich mich mit einem Mal derart von Licht und Wärme durchdrungen, dass es mir vorkam, als würde ich aus meinem Innern heraus erstrahlen und alle Lasten dieser Welt von mir stoßen. Fels und Erde waren plötzlich kein Hindernis mehr für mich.

Ich erhob mich hell und leuchtend in die Luft, um mit Matthias gemeinsam den Stollen zu verlassen und zu dem Feentanzplatz zu schweben, der nun uns beiden gehörte.

Und als über den Wipfeln der Bäume die Sonne aufging, verschmolzen wir mit dem Licht des neuen Tages ...

Bei Muspels Söhnen

Mark Bredemeyer

Mark Bredemeyer, geboren 1971 in Bremen, wuchs in Weyhe auf, wo er auch heute wieder lebt. Nach seinem Abitur studierte er Wirtschaftswissenschaften an der Universität Bremen, um dann für eine internationale Unternehmensberatung als IT-Berater tätig zu werden. Nach dem Verfassen mehrerer Kurzgeschichten wagte der vierfache Vater sich ab 2005 an ein größeres Thema: Seine Leidenschaft für germanische Geschichte und Mythologie sollte in einen historisch-phantastischen Roman – Runenzeit – einfließen. Der anfängliche Erfolg beflügelte seine Passion für das Schreiben derart, dass schnell weitere Teile folgten. Doch auch aktuelle Themen liegen ihm. Mit Grüne Guerilla Fraktion veröffentlichte Bredemeyer 2014 einen Öko-Thriller, der sich kritisch mit den Themen Fracking, Naturzerstörung und der Profitgier übermächtiger Konzerne auseinandersetzt.

Dicke, schwere Schneeflocken wirbelten durch die eisige Luft und benetzten seine ängstlich aufgerissenen Augen. Sein keuchender Atem und trampelnder Schritt klangen gedämpft hier oben im nebligen Fichtenwald am Hang des alten Vulkans. Aus einiger Entfernung drangen Sperrfeuer der 5. Panzerarmee, Explosionen von Mörsergranaten und das dumpfe Knattern der Maschinengewehre von der nahen Westfront zu ihm hoch. Am frühen Morgen hatte es Angriffe der gefürchteten amerikanischen Jagdbomber gegeben, sodass er und zahllose Kameraden gezwungen waren, sich tief in die Gräben zu ducken. Er hatte überlebt, wieder einmal. Aber wie lange würde er dem Tod noch von der Schippe springen können?

Tag um Tag zermürbende Kämpfe in dieser gewaltigen, vielleicht letzten Offensive der Wehrmacht, die in Wahrheit nur ein schleichender Rückzug, ein verzweifeltes Aufbäumen eines gestrauchelten Riesen war. Der Krieg war längst verloren. Jeder wusste das. Die alliierten Streitkräfte bemühten sich mit aller Kraft, den wahnwitzigen Widerstand der deutschen Heeresführung zu brechen. Trotz jeglicher Aussichtslosigkeit gab diese dennoch nicht klein bei. Ganz im Gegenteil: Sie sprach von der *großen Bewährungsstunde des Volkes.* In seinen und den Ohren so vieler anderer klangen die Durchhalteparolen nur noch wie Hohn und Spott. Erst heute Morgen hatte von Lützow, Oberleutnant im 47. Panzerkorps, sieben Kameraden seiner Kompanie wegen Wehrkraftzersetzung und Desertion erschießen lassen.

Der ihn umgebende Wahnsinn war unerträglich. Er konnte nicht mehr. Wollte dem Irrsinn nur noch entfliehen. Die weitläufigen Wälder der Vulkaneifel schienen allzu verlockend und voller Verheißung von Freiheit nur auf ihn zu warten. Die Welt, wie er sie mit seinen neunzehn Jahren aus Kindheitstagen kannte, ging in diesem eisigen Winter 1944 zu Ende. Doch er wollte nicht mit ihr untergehen.

Wollte sein junges Leben nicht für die größenwahnsinnigen Träume des Führers im fernen Berlin wegwerfen und hier an der frostklirrenden, nebligen Westfront verrecken, wie so viele andere vor ihm. Es reichte.

Hundegebell hallte plötzlich drohend durch die dicht aneinanderstehenden Fichten.

Verflucht! Sie waren schon hinter ihm her. Hätte er nicht ein einziges Mal Glück haben können, nur dieses eine Mal? Nein, natürlich nicht. Die Welt ging zugrunde – und er alsbald mit ihr.

Hastig blickte er sich um. Niemand zu sehen, nur die stummen, trotzig wirkenden Stämme der emporragenden Fichtenbäume.

Noch erblickte er seine Häscher nicht, doch das Trampeln ihrer schweren Stiefel war jetzt in der gedämpften Stille und Friedfertigkeit des Waldes deutlich zu hören. Wenn sie die Hunde erst losließen, war er verloren.

Panik stieg in ihm auf.

Er musste höher steigen. Zum Gipfel. Dort konnte er nach einem geeigneten Versteck Ausschau halten.

Fieberhaft hetzte er voran. Sprang über umgestürzte Bäume, moosige Steine, wich dichtem Gebüsch aus, stolperte, schlingerte, raffte sich immer wieder auf und eilte weiter. Kurz glaubte er, die Hunde nun aus größerer Entfernung zu hören. Ein kleiner Hoffnungsschimmer stieg in ihm auf.

Oben angekommen, starrte er entgeistert auf die schneebedeckte, von Felsgestein durchsetzte runde Fläche, die etwa zehn oder zwölf Meter unter ihm lag. Ein Vulkankrater! Dürres, winterliches Gestrüpp ragte aus den Felsspalten der verschneiten Abhänge. Deckung suchte er hier vergeblich.

Rufe erklangen, so klar, deutlich und nah, dass sie ihn wie Boxhiebe trafen. Seine Verfolger hatten sich offenbar aufgeteilt, um ihn in die Zange zu nehmen. Sie wollten ihn unbedingt fangen. Jeder entwischte Deserteur galt als leuchtendes Beispiel für viele weitere verzweifelte Soldaten, die ihr Glück lieber in der Fahnenflucht als auf dem Schlachtfeld der Ardennenoffensive suchten. Das musste die Heeresführung natürlich um jeden Preis verhindern.

Ihm blieb nichts anderes übrig, als es trotz aller Widrigkeiten dennoch zu wagen.

Eilig stieg er die rutschigen Steine herab, krallte sich ängstlich in die rauen Felsen, griff nach jedem Halt, der sich ihm bot. Auf der gegenüberliegenden Kraterseite, etwa einhundert Meter entfernt, tauchten im Nebel schemenhaft zwei vermummte Gestalten mit Schäferhunden auf. Die schwarzen Mäntel wiesen sie als die allseits gefürchteten Schergen der Panzer-SS aus.

Natürlich entdeckten sie ihn sofort!

»Da ist die Sau!«, rief einer von ihnen.

»Fritz Hollerbeck!«, brüllte der andere und zerrte ein Gewehr von seinem Rücken. »Bleib, wo du bist, oder ich schieße!«

Die Hunde bellten wie rasend. Er saß in der Falle! Sie würden ihn auslöschen, entweder gleich hier und jetzt oder im Lager, vor den Augen der eigenen Kameraden.

Er fiel auf die Knie und reckte die Arme gen Himmel. Er war verloren. Der Tod streckte seine dürren, gierigen Klauen nun auch nach ihm aus, und er konnte nichts mehr dagegen tun. Schon sah er sein viel zu kurzes Leben vor seinem inneren Auge ablaufen – die längst verstorbenen Eltern und Großeltern, die Schwester und drei Brüder, Fleck, den kleinen Hund, der ihn durch die Kindheit begleitet hatte.

»Wenn es dich, Gott, irgendwo hier draußen gibt«, flehte er, »dann stehe mir jetzt bitte, bitte bei!«

Plötzlich erfüllte ein unangenehmes, Mark und Bein durchdringendes Knistern den flachen Krater. Gezackte Risse zogen sich durch die geschlossene Schneedecke. Die

Luft begann zu flimmern, so als sonderte der Berg eine große Hitze ab. Dünner Qualm stieg wie der Atem eines schlummernden Drachens aus den Brüchen empor. Penetranter, schwefliger Gestank breitete sich aus.

Was war das?

Hollerbeck sprang auf. Hatte Gott sein Gebet tatsächlich erhört, oder drohte dieser uralte Vulkan genau jetzt wieder zum Leben zu erwachen? Unsicher trat er einige Schritte zurück und klammerte sich an einen Felsblock, als der Boden unter ihm sachte zu vibrieren anfing.

Seine Verfolger auf der anderen Seite hielten ebenso erschrocken inne. Die Hunde jaulten verstört, legten die Ohren an und zogen ängstlich die Schwänze ein. Direkt über ihm traf in diesem Augenblick der zweite Verfolgertrupp ein, doch auch dessen Aufmerksamkeit galt dem unerwarteten Brodeln der Erde.

Hollerbeck wandte sich der Kratermitte zu, von wo das Beben auszustrahlen schien. Die Luft dort flackerte und flimmerte immer heftiger, so als würde sie kochen. Ein gewaltiger Ruck ging durch den Berg. Aus dem Flimmern schälte sich eine Art verzerrtes Bild. Wie eine Fata Morgana im Hitzeflirren einer Wüste erblickte er die Konturen einer riesigen Mauer vor einem rot-orange glühenden Himmel, grobschlächtige, umhereilende Gestalten sowie Feuer. Viel Feuer.

Jesus, Maria und Joseph!, betete er leise. Was, in Gottes Namen, sah sein todgeweihtes Auge dort?

Gebannt erhob er sich. Ohne einen einzigen weiteren Gedanken daran zu verschwenden, rannte er auf das Flirren zu. Seine Verfolger riefen etwas, doch ihre Worte gingen in dem Brausen unter, das zunahm, je näher er dem Flimmern kam. Schüsse krachten. Die Kugeln verfehlten ihn, wenn auch nur knapp.

Eine albtraumhafte Gestalt trat plötzlich vor das Panorama der Mauer mit dem glühenden Himmel darüber. Sie schwang ein Schwert aus Feuer und schien ihn direkt anzublicken.

Er wollte innehalten, erschrocken zurückweichen – doch dafür war es bereits zu spät. Die brennende Luft hatte eine Art Sog entfaltet und ließ ihn nicht mehr los. Zusammen mit kleinerem Geröll und schnell schmelzendem Schnee verschlang er ihn.

Er schrie und strampelte. Vergeblich. Es schien, als fiele er in unendliche Tiefen. In Wirklichkeit sah er jedoch deutlich, wie die Szenerie des Vulkankraters mit dem bleigrauen, schneespeienden Himmel darüber abgelöst wurde von jenem glühenden Firmament, das er kurzzeitig in dem Flirren erblickt hatte. Eine blutrote Sonne, schwarze Wolken. Eine Welt aus Stein und Feuer. Heiße Luft schlug ihm entgegen.

Unsanft fiel er zu Boden und kämpfte kurz gegen seine sich verflüchtigende Besinnung. Der Untergrund bebte immer noch. Und wie! Ungläubig sah er sich um. Über ihm ragte ein haushoher metallener Rundbogen empor, in dessen Innenseiten sich kleine Löcher befanden, die in regelmäßigen Abständen grünliche Flammenstöße ausspuckten. Dieser Bogen stand inmitten einer Art Festungsanlage, die von einer gigantischen Mauer mit einem Wehrgang umgeben war. In weiter Ferne zeichnete sich der gezackte Umriss einer Bergkette ab. Aus qualmenden Vulkanschloten stieg schwärzlicher Rauch in den feurigen Himmel, aus anderen ergossen sich Rinnsale von Lava.

Heerscharen von Gestalten wimmelten vor dieser Mauer, die an zahlreichen Stellen lichterloh brannte, aber …

Was, in Dreiteufelsnamen, ist das?

Sein Entsetzen war kaum in Worte zu fassen.

Solche Wesen hatte er nie zuvor erblickt! Das Gesicht, das er vor wenigen Augenblicken kurz gesehen hatte, gehörte zu einer dieser menschenähnlichen, riesenhaften Kreaturen. Ihre Größe schätzte er auf das Dreifache seiner eigenen, sie waren grobschlächtig und muskelbepackt, bedeckt von einer gräulichen, steinern wirkenden Haut. Darüber trugen sie schwarz schimmernde Rüstungen. Ihre kleinen, tiefliegenden Augen leuchteten feurig, soweit er das aus der Entfernung heraus erkennen konnte, und in den verzerrten Mäulern saßen breite faulige Zähne.

Jenes Geschöpf mit dem Feuerschwert, das ihn vorhin durch das Hitzeflirren angestarrt zu haben schien, eilte nun zu der Mauer hinüber. Denn dort wurde gekämpft! Und wie!

Der Donnerhall gewaltiger Explosionen erschütterte den Boden. Das Getrampel dieser Albtraumwesen tat sein Übriges, um ihn brutal durchzuschütteln. Wo war er hier bloß hingeraten? Dies konnte nur der Vorhof der Hölle oder die Hölle selbst sein.

War er etwa tot?

Ungefähr zwanzig Meter entfernt von ihm ragte das eine Ende des Rundbogens aus dem Felsboden. Es war an einen großen Metallsockel geschraubt und bot die einzige Deckung in seiner unmittelbaren Nähe. Hastig kroch er auf allen vieren hinüber, während sein ungläubiger Blick immer wieder umherschweifte und die Umgebung absuchte. Er kam sich so winzig, so verletzlich vor. Zum Glück bemerkte ihn niemand. Er keuchte schwer, obwohl die Anstrengung nur gering gewesen war. Die Luft schien dünn zu sein und viel zu heiß für seine Lungen. Dennoch konnte er atmen – wenn auch nur mühsam.

Endlich erreichte er das Bogenende und wollte sich schon dagegen lehnen, als er im letzten Moment die Hitze bemerkte, die von ihm ausstrahlte.

Erneut sah er sich um und zählte dabei intuitiv die Riesen. Es mussten Hunderte sein. Einige der Feuerriesen brüllten Befehle in einer grollend klingenden Sprache. Eine neuerliche Salve von Geschossen zerfetzte einen ihrer Anführer und ein paar der ihn umgebenden Kreaturen. Steinbrocken und eine lavaartige Masse, die ihr Fleisch oder Blut sein mochten, flogen umher.

Hollerbeck zog entsetzt den Kopf ein. Er musste raus aus dieser ... dieser Festung oder was immer es war. Ganz offensichtlich war sie um diesen Rundbogen herum gebaut worden, durch den er hierher gelangt war. Aber wo war er? In was war er hier nur hineingeraten? Blieb er unter diesem Bogen, bestand vielleicht die Gefahr, dass dieser sich wieder aktivierte und ihn dorthin zurückschickte, wo er hergekommen war. Die SS-Schergen würden ihn mit Freuden erschießen. Diesen Triumph wollte er ihnen nicht gönnen.

Heftige Explosionen rissen einen gewaltigen Spalt in die Festungsmauer. Angreifer stürmten sogleich hindurch, viel kleiner als die steinigen Verteidiger, dafür umso zahlreicher. Er brauchte einen Moment, bis er erkannte, was sie waren: Menschen wie er! Die meisten trugen schwere Rüstungen und Waffen, Helme sowie längliche Rohre, die ihn an Panzerfäuste erinnerten. Daraus sandten sie Salve um Salve in die Reihen der Feuerriesen. Die Getroffenen zerbarsten in derselben Art und Weise wie zuvor ihr Anführer.

Nun hörte er ihr kehliges Kriegsgebrüll, zwar in einer Sprache, die er nicht verstand, doch er ahnte sofort, dass sie seine einzige Hoffnung waren.

Der Kampf tobte heftig. Mit ihren Feuerschwertern verteidigten sich die steinernen Kolosse gegen das heranbrandende Menschenheer, das ihnen jedoch schwer zu schaffen machte. Ihre kraftvollen Hiebe pulverisierten die menschlichen Angreifer trotz ihrer Rüstungen und ließen sie in glühenden Dampfwolken vergehen. Schwer hing der Geruch verbrannten Fleisches in der Luft.

Von der gegenüberliegenden Mauer eilte Verstärkung herbei. Einige Hundert Feuerriesen, angeführt von einem wahren Ungetüm aus schwarz glänzendem Lavagestein, rumpelte nur einen Steinwurf entfernt an ihm vorbei. Seine tödliche Feuerpeitsche zischte bedrohlich.

Hollerbeck duckte sich tief in den Schatten des Bogenendes, um nicht entdeckt zu werden.

Aus den Reihen der Menschen ragte eine Handvoll übernatürlich hochgewachsener Individuen empor – kleiner als die Riesen, doch ebenfalls von beeindruckender Gestalt. Zwei von ihnen stellten sich dem Feuerpeitschenschwinger sogleich in den Weg. Der eine führte einen riesigen Kriegshammer mit sich, dessen Kopf so groß wie ein Tisch sein mochte. Der andere, bewaffnet mit dem panzerfaustartigen Gerät, stampfte mehrmals fest mit seinen gewaltigen metallenen Stiefeln auf den Boden. Schockwellen breiteten sich wie ein Erdbeben in Richtung des Peitschenschwingers aus.

Der strauchelte prompt auf dem bebenden Felsgrund. Hammerträger nutzte den Moment der Unachtsamkeit, hob die Waffe und schleuderte sie mit übermenschlicher Kraft und Geschwindigkeit.

Krachend schlug der Hammer Peitschenschwinger gegen den Schädel und ließ ihn zusammenbrechen. Der Kriegshammer jedoch fand auf unerklärliche Weise seinen Weg zurück in die Faust des Schleuderers. Unterdessen stürzten sich immer mehr der menschlichen Angreifer auf die steinernen Wesen. Diese wehrten sich zwar erbittert, wurden aber Meter um Meter von der schieren Masse der Heranstürmenden zurückgedrängt.

Stiefelstampfer zielte nun mit der Panzerfaust auf den sich wieder aufrappelnden Gegner und wollte wohl gerade abdrücken, als ein Feuerschwert dicht an seinem Kopf vorbeirauschte und ihm auf die Schulter schmetterte.

Hollerbeck konnte den Schmerz in dessen Gesicht erkennen, und für einen kurzen Moment trafen sich ihre Blicke. Stiefelstampfer hatte ihn entdeckt! Seine Augen weiteten sich für die Dauer eines Wimpernschlages erstaunt, bevor er zusammenfuhr und sich rechtzeitig wegduckte, um einem weiteren Schlag zu entgehen.

Peitschenschwinger – immer noch schwer von dem Hammerschlag getroffen – wurde nun von den Seinen schützend umringt. Er keuchte und schien sich auf den Knien abstützen zu müssen.

Hammerträger wandte kurz seinen Blick von Peitschenschwinger ab, wies auf den Rundbogen, in dessen Schutz Hollerbeck kauerte, und rief ein paar Wörter, die wie Donnerschläge hallten. Sofort hockten sich mehrere Dutzend der Panzerfaustträger auf den Boden und zielten in seine Richtung. Hinter ihnen teilten sich die Truppen und ließen eine Geschützmannschaft samt einer noch größeren, äußerst gefährlich aussehenden Waffe durch. Vielleicht so etwas wie ein mobiler Raketenwerfer.

Offenbar wollten sie den Rundbogen zerstören!

Erneute Panik flammte in Hollerbeck auf. Wohin sollte er fliehen? Überall liefen die Feuerriesen herum. Sie würden ihn zerquetschen und das wahrscheinlich nicht einmal bemerken!

Da hob Stiefelstampfer den Arm und rief Hammerträger etwas zu.

Zeitgleich griff Peitschenschwinger mit neuem Schwung an. Gemeinsam mit seinen Feuerriesen nahm er Anlauf – ganz offensichtlich hatte er die Flanke von Hammerträger und Stiefelstampfer im Visier.

Zornig brüllend schwang Hammerträger seine furchtbare Waffe erneut. Während er sie immer schneller über seinem Kopf kreisen ließ, schien sie ein schrilles Kriegsgeheul zu verursachen, sandte gezackte Blitze aus und brachte den glühenden Himmel zum Grollen. Als er sie losließ, fraß sie eine mörderische Schneise der Zerstörung mitten durch die Angreifer. Auch Peitschenschwinger erwischte der Hammer. Sein rechter Unterarm zuckte und stand nutzlos in schiefem Winkel ab. Stiefelstampfer fackelte nicht lange, zog eine Klinge und stieß sie in Peitschenschwingers aufgerissenes Maul.

Im nächsten Augenblick feuerten die Panzerfaustträger ihre Geschosse auf den Rundbogen ab. Glücklicherweise auf das Hollerbeck gegenüberliegende Ende. Die Wucht der Detonationen schleuderte ihn mehrere Meter zurück, sodass er nun völlig ohne Deckung und halb betäubt auf dem Rücken lag.

Das Metall des Rundbogens knirschte und quietschte bedenklich, hielt aber dennoch stand.

Erneut befahl Stiefelstampfer, das Feuer einzustellen, und bahnte sich nun einen Weg zu dem einsam und verlassen wirkenden Menschlein in der Mitte des Festungsplatzes.

Hollerbeck wollte zurückweichen, als er den übermenschlichen Krieger mit forschen Schritten auf sich zukommen sah. Doch wohin? Zitternd blieb er liegen.

Zu seiner Überraschung strahlten Stiefelstampfers Augen jedoch Freundlichkeit und Güte aus, keine Feindseligkeit. Dicht vor ihm musterte er Hollerbeck einen Augenblick lang, während hinter ihnen die Schlacht weiter tobte.

»Wer bist du?«, fragte er auf Deutsch.

Hollerbeck versuchte, sich zu beruhigen. »Ich ... mein Name ist Friedrich Ho…, Hollerbeck. Wo bin ich hier? Was …, was ist das?«

Er machte eine weitläufige Armbewegung.

Stiefelstampfer runzelte die Stirn. »Hollerbeck? So, so. Dies ist kein guter Ort für einen Menschen. Wie bist du hierhergelangt?«

»Ich …, ich ... Etwas hat mich angezogen. Ein Sog. In einem verschütteten Vulkankrater irgendwo in der Eifel. Ich war mit einer Einheit des 47. Panzerkorps der deutschen Wehrmacht auf dem Weg in die Ardennen, an die Westfront. Da bin ich geflohen. Und plötzlich war ich hier. Wo bin ich?«

Stiefelstampfer, der bislang leicht vornübergebeugt dagestanden hatte, richtete sich nun zu voller Größe auf und rückte dabei seinen silbern glänzenden Helm zurecht. Er schaute kurz über seine Schulter und vergewisserte sich, dass die Schlacht sich weiterhin in seinem Sinne entwickelte. Die Feuerriesen waren mittlerweile deutlich geschlagen und flohen, während immer mehr der Menschenkrieger durch die Breschen der Verteidigungsanlage strömten.

»Du bist auf Muspelheim, einem Mond des Planeten Harriet im Copernicus-Doppelsternsystem, etwa 41 Lichtjahre entfernt von der Erde. Das da«, er deutete auf den Rundbogen, »hat dich hergebracht. Es erzeugt eine Art Abkürzung in der Raumzeit. Mit anderen Worten: Es öffnet ein Tor zwischen Welten, in diesem Fall zwischen Muspelheim und Midgard, dir besser bekannt als Erde. Surturs Armee, die Söhne Muspels, können die Wolfszeit kaum erwarten und planen schon seit Langem eine Invasion deiner Heimat.« Stiefelstampfer zuckte die Schultern und grinste. »Sie arbeiten mit allen Kräften an der entsprechenden Technologie und errichten derzeit mehrere solcher Anlagen, überall auf dem Planeten. Doch wir wissen das zu verhindern. Dies ist nur ein vergleichsweise unbedeutender Außenposten, den wir auf dem Weg zu Surturs Hauptstadt einnehmen und dem Boden gleichmachen. Die Wolfszeit,

Ragnarök, Weltendämmerung – nenn es, wie du willst –, ist noch nicht gekommen, also keine Sorge. Du hast Riesenglück, dass wir dich hier gefunden haben. Grisdur, der Feuerpeitschenschwinger, hätte dich lebendig verspeist, wenn er dich in seine felsigen Finger gekriegt hätte.«

Hollerbeck schüttelte verständnislos den Kopf. *Lichtjahre? Wolfszeit? Midgard?* Letzteren Begriff kannte er natürlich – dennoch, wovon sprach dieser Kerl bloß? Er zweifelte ernsthaft an seinem Verstand.

»Und du?«, keuchte er. »Wer …, wer bist du?«

»Widar.«

Mit einem beiläufigen Schwertstreich trennte er einem vorbeieilenden Feuerriesen einen Unterschenkel ab und stieß dem Stolpernden anschließend die Klinge in den Nacken.

»Widar von Asgard, Sohn des Wodan. Ich habe in verschiedenen Zeiten unter den Menschen in Midgard gelebt, deswegen kenne ich deine Sprache. Hör zu, Friedrich Hollerbeck. Du bist hier in etwas hineingeraten, das nicht für die Augen eines einfachen Sterblichen bestimmt ist. Du kannst nicht zurück. Nie mehr.«

Hollerbeck starrte Widar ausdruckslos an. Er war sich nun sicher, in einem Albtraum gefangen zu sein.

»Du schließt dich den Verletzten an und kehrst mit ihnen zu einem der Schiffe des Trosses zurück. Die nehmen dich mit zur Walhalla. Du bist Soldat der Wehrmacht, sagtest du?«

Hollerbeck nickte. Er überlegte kurz, ob er erwähnen sollte, dass er lediglich ein desertierter Panzergrenadier war, entschied sich dann aber dagegen. *Walhalla? Wodans Halle der gefallenen Krieger?* Es wurde immer verrückter.

»Gut. Wir machen einen echten Einherier aus dir. Ich weise dich einem Bataillon der Rekruten zu. Für dich beginnt ab sofort ein neues Leben. Du wirst nie wieder auf die Erde können. Dafür lernst du andere Welten kennen. Wenn du dich gut schlägst, winken dir viel Ruhm und Ehre. Außerdem die Gewissheit, dich am Kampf gegen den Untergang Midgards beteiligt zu haben. Und du bist nicht der einzige Hollerbeck in der Walhalla«, fügte er geheimnisvoll hinzu.

Nicht der Einzige? In Hollerbecks Kopf drehte sich nun alles.

»Nie wieder auf die Erde?«, stammelte er. »Aber, aber ...«

Widar winkte unwirsch ab. »Finde dich damit ab – oder stirb hier.«

Wie betäubt nickte Hollerbeck. »In ..., in Ordnung.« Wenigstens entkam er den Nazis.

»Aus welchem Jahr kommst du? Hast du Kinder? Oder Brüder mit Kindern?«

»Ich ... Also ... Gerade erst war Weihnachten. 1944. Geboren wurde ich 1925 in ...«

»Ja, ja«, winkte Widar ab und sah erneut über die Schulter, wo der Raketenwerfer nun vollständig aufgebaut war und auf den Rundbogen zielte. »Hast du Kinder? Oder Geschwister?«

»Ne..., nein. Aber einer meiner Brüder hat einen kleinen Sohn. Walter. Warum?«

»Walter?« Widars Gesicht verzog sich zu einem breiten Grinsen. Offenbar erfreute ihn diese Information. »Ich weiß so einiges über euch Hollerbecks. Zum Beispiel, dass dieser Walter zwei Söhne haben wird: Lothar und Armin, der wiederum einen Sohn namens Leon haben wird. Die beiden sind zu Großem auserkoren, denn deine Sippe ist etwas ganz Besonderes, Friedrich Hollerbeck. Das Schicksal selbst hat sowohl die Vergangenheit als auch die Zukunft in eure Hände gelegt. Es sind Hollerbecks von deinem Blute, die durch die Jahrtausende reisen, um das Römische Imperium zu besiegen und die Wolfszeit auf Midgard aufzuhalten. Aber das ist eine andere Geschichte, und du wirst noch früh genug davon erfahren. Glaub mir, früh genug. Vielleicht bist du ja der Nächste aus eurem Clan, der uns wertvolle Zeit erkämpft. Wo wir hingehen, wirst du einige von ihnen treffen. Das Schicksal nimmt schon die merkwürdigsten Wege. Unglaublich.«

»Das alles ist …, ist tatsächlich kaum zu glauben«, antwortete Hollerbeck kopfschüttelnd. »Ich bin mir nicht sicher, ob ich das alles nicht nur träume.«

»Nein!«, entgegnete Widar. »Ganz sicher nicht.«

Der gepanzerte Riese reichte ihm die Hand, zog ihn auf die Füße und klopfte ihm krachend auf die Schulter. »Fühlt sich das etwa wie ein Traum an?«

Hollerbeck schnappte nach Luft und stolperte ein paar Schritte nach vorn.

»Komm jetzt! Wir haben nicht ewig …«

»Warte!«, unterbrach Hollerbeck den Gott. »Wieso ich? Wieso in diesem Vulkankrater? Wieso genau in dem Augenblick, als …«

»Als die SS-Männer dich erledigen wollten?« Widar zuckte die Schultern. »Ganz ehrlich? Ich weiß es nicht. Mein Vater könnte dahinter stecken. Oder auch Surtur. Seine Spione sind in allen neun Welten aktiv. Vielleicht wollten sie dich entführen und hatten alles genauso geplant, dich zur Flucht getrieben, was weiß ich. Jetzt bist du hier, und nur das zählt.«

Hollerbeck öffnete erneut den Mund, wollte sich mit der Antwort nicht zufriedengeben.

Kopfschüttelnd packte Widar ihn am Arm und zog ihn hinter sich her.

»Wir haben keine Zeit mehr. Das Heer muss weiterziehen, bevor sich neuer Widerstand der Söhne Muspels bildet. Vielleicht weiß Loki schon von unserem Angriff und schickt Unterstützung für Surtur.«

Hollerbeck versuchte, sich zu beeilen, doch mit den weit ausholenden Schritten des Riesen konnte er unmöglich mithalten. Also rannte er.

»Das Weltentor wird jeden Moment zerstört.«

Im nächsten Augenblick krachte es gewaltig. Felsbrocken und Metallteile wurden in alle Richtungen geschleudert, trafen jedoch nur die fliehenden Feuerriesen. Weitere Geschosse fanden ihren Weg direkt in Höhleneingänge im Hang. Der ganze Berg bebte.

Auf ihrem Weg brüllte Widar immer wieder Anweisungen. Schnell hatten sie das Innere der Festung verlassen.

Was Hollerbeck draußen sah, verschlug ihm den Atem. Eine gigantische Armee von Hunderttausenden lagerte in der Schlucht weiter unten. Unzählige schwebende Objekte, wie er sie noch nie zuvor erblickt hatte, hingen in der Luft. Einige von ihnen bewegten sich. Wie Flugzeuge, nur viel eleganter ...

»Hardeknud!«, brüllte Widar. Ein mit einem blutbefleckten Kittel bekleideter, rotbärtiger Hüne kam heran.

Widar wandte sich an Hollerbeck. »Er ist das, was du einen Sanitäter nennen würdest. Bei ihm bleibst du. Ist sehr erfahren. Gehörte zum Wikingerheer von Rollo und fiel im Winter 885 bei der Belagerung von Paris.«

Hollerbecks Unterkiefer klappte vor Staunen herab.

»Du tust genau das, was er dir sagt, verstanden?«

Hollerbeck nickte. Seine Angst war urplötzlich verflogen und einer gespannten Aufregung gewichen. Freilich schien es, als wäre er von einem Krieg in den nächsten geraten. Nur dass dieser hier noch größer, noch gewaltiger war – und er offenbar auf der Seite der Guten stand. Er hatte zwar keinen blassen Schimmer, was diese Leute hier trieben, aber es war allemal besser, als völlig sinnlos von den SS-Schergen sterbend im Schnee zurückgelassen zu werden. Also folgte er Hardeknud, dem Wikinger. Dem *toten* Wikinger, der allerdings alles andere als tot wirkte. Und außerdem gab es hier irgendwo noch weitere Hollerbecks.

Wenn das mal kein gutes Zeichen war.

Morphiumrausch

Tina Ariam

Tina Ariam lebt in einem kleinen pannonischen Dorf im Osten Österreichs. Sie liebt es, die Phantastik mit einer Prise Technik zu verbinden, mit Luftschiffen zu fliegen, Göttern zu trotzen, das Wunderbare zu finden und ab und zu ein bisschen Liebe in ihre Geschichten mit einzustreuen. Ende November 2023 erschien ihr Debüt »Die Moritat der Organspenderin« im Wreaders Verlag.

Das Tor öffnete sich pünktlich und wie jedes Mal, wenn die Farben am Himmel zu tanzen begannen, führte Knut die Nadel in seinen Arm, injizierte die Flüssigkeit in seine Blutbahn und atmete ruhig, während er mit seinen Augen das Spektakel am Himmel beobachtete.

Ein warmes Gefühl breitete sich in seinem Bauch aus und ließ ihn für einen Moment die Kälte vergessen, die bereits seit Tagen an ihm und den anderen zehrte. Der Wintereinbruch war nahe und würde diese provisorische Hütte wohl bald in ein Eisgrab verwandeln. Seine Augenlider wurden schwer und seine Lippen bogen sich zu einem sanften Lächeln nach oben, während die Kälte aus seinen Gliedern wich und der Wärme Platz machte.

Knut legte den Kopf zurück an die Wand, genoss den Anblick der tanzenden Farben und war im Moment froh, dass Nils und Herr Andreé nicht ebenfalls beschlossen hatten, sich an dem Morphium zu bedienen. So blieb alles, was sie für die Expedition eingepackt hatten, für ihn allein. Das Morphium half ihm, zu vergessen, abzuschalten und die grausame Wirklichkeit, die hinter der Tür der Hütte auf sie wartete, zu ignorieren. Es hielt ihn warm, während draußen bereits so viel Schnee lag, dass ein Weiterkommen beinahe unmöglich wäre.

Sollten sie tatsächlich dazu verdammt sein, den Winter hier, auf dieser kleinen, vollkommen mit Schnee und Eis bedeckten Insel zu verbringen, wäre das ihr Todesurteil.

»Es reicht! Ich gehe!«

Schwerfällig drehte Knut den Kopf zur Seite, sah, wie der Jüngste ihrer Gruppe sich von seinem Schlafsack erhob und damit begann, unruhig auf- und abzuschreiten. Die Augen des Expeditionsleiters klebten förmlich an Nils Strindberg, beobachteten jeden Schritt des jungen Mannes, während dessen Stiefel auf dem Holzboden klackerten.

»Ich kann nicht einfach hier herumsitzen und abwarten, während meine Verlobte zu Hause wahrscheinlich krank vor Sorge ist! Ich muss gehen, und ich werde gehen! Euch steht es frei, mich zu begleiten. Knut? Herr Andreé?«

Knut sah an Nils vorbei, zu dem ältesten Mann in ihrer Runde: Salomon August Andreé. Es war seine Idee gewesen, mit einem Ballon zum Nordpol zu fliegen, und es war auch seine Idee gewesen, Nils Strindberg mitzunehmen. Knut schluckte schwer und zog die Nadel vorsichtig aus seinem Arm. Die Wirkung würde noch eine Weile andauern, und Knut nahm sich vor, jede einzelne Sekunde davon zu genießen.

»Wir werden hier elendig verrecken, wenn wir uns nicht sofort auf den Weg machen. Wir können es noch schaffen, vor Wintereinbruch wieder zu Hause zu sein.«

Herr Andreé schlug so fest mit beiden Händen auf den Holztisch, dass auch Knut zusammenzuckte und die Spritze fallen ließ. Sorgsam hob er sie auf, versuchte, sie an seiner Jacke zu reinigen, ehe er ernüchtert feststellte, dass sie unbrauchbar geworden war.

»Ich kann nicht zulassen, dass diese Expedition scheitert!«, presste Andreé mit zusammengebissenen Zähnen hervor und Knut lief augenblicklich ein Schauer über den Körper, der dieses Mal nicht von der Kälte stammte. Herr Andreé versuchte sich stets im Zaum zu halten, doch im Laufe ihrer Expedition hatten Knut und Nils bereits oft genug festgestellt, dass der Mann nicht gut darin war, seine Wut zu unterdrücken …

»Die Expedition *ist* bereits gescheitert, Herr Andreé!«

»Das ist sie erst, wenn ich es sage!«

… oder rational zu denken.

Andreé hatte sich nun ebenfalls erhoben, stützte sich jedoch mit beiden Händen an der Tischkante ab und starrte Nils wütend an.

Nils hielt seinem Blick stand.

»Die Expedition war bereits gescheitert, als unser Ballon abgestürzt ist. Glauben Sie nicht, dass Knut und ich nicht bemerkt hätten, wie oft Sie uns auf dem Weg hierher in die Irre geführt haben!«

Knut presste die Lippen fest aufeinander, um sich nicht in den Streit einzumischen, auch wenn ihm unzählige Worte auf den Lippen lagen. Bereits kurz nachdem sie den Ballon aufgegeben hatten, hatte Herr Andreé ihnen vorgegaukelt, sie wieder zurück nach Hause bringen zu wollen. Der Fußmarsch wäre zu schaffen gewesen und wäre Andreé der Route zurück gefolgt, wären sie bereits längst zu Hause – Knut in seinem warmen und wohlig weichen Bett und Nils in den Armen seiner Verlobten. Sie hätten diesen Misserfolg gut weggesteckt, doch Knut wusste auch, dass Herr Andreés Leben von dem Missionserfolg abhing. Seine erste Expedition war bereits gescheitert und viele glaubten nicht mehr daran, dass er diese wahnsinnige Idee, mit dem Ballon den Nordpol zu erreichen, tatsächlich in die Tat umsetzen konnte. Es war die letzte Möglichkeit, seinen Namen bei den Menschen in der Heimat wieder reinwaschen zu können. Knut verstand, weshalb Andreé so sehr an dieser Expedition hing, verstand aber auch, warum Nils nach Hause wollte. Auch Knut hatte bereits aufgegeben, noch bevor er sich die erste Dosis Morphium injiziert hatte.

»Noch ist diese Expedition nicht verloren!«, begann Herr Andreé. Die Hoffnung war deutlich in seiner Stimme zu hören und auch das Glitzern war in seine Augen zurückgekehrt, mit dem er Knut damals ebenfalls für dieses waghalsige Unternehmen begeistert hatte. Doch dieses Mal wandte Knut den Blick ab, um nicht erneut von diesem Irrsinn geblendet zu werden. Er blickte wieder durch das kleine Fenster hinauf in den Himmel, zu den tanzenden Farben.

Wie jedes Mal, wenn der Rausch ein wenig voranschritt, glaubte er nicht nur Farben, sondern Personen tanzen zu sehen. Schlanke Körper mit langen Beinen drehten sich im Kreis, während sich die Farben wie ein Kleid um sie legten.

»Wir können den Winter hier verharren, und sobald es wärmer wird, setzen wir unseren Weg in Richtung Norden fort!«

»Das ist wahnsinnig!«

»Es ist möglich, Nils!«

»Das ist es nicht!« Nils' Stimme, die eben noch laut und herrisch gewesen war, war mit einem Mal so leise, dass Knut Probleme damit hatte, ihn zu verstehen. Nils war dabei aufzugeben, was Knut bereits längst getan hatte. Es war unmöglich, mit Herrn Andreé zu sprechen, ihn zur Vernunft zu bringen und ihm die Wahrheit vor Augen zu führen.

»Nun«, begann Nils leise. Den resignierenden Unterton in seiner Stimme konnte wohl selbst Herr Andreé nicht überhören.

»Sie können mich nicht aufhalten, wenn ich gehen will!«

Das war alles, was Nils sagte, ehe er sich auf dem Absatz herumdrehte und zu Knut stapfte. Schnell rollte er seinen Schlafsack zusammen und stopfte ihn voller Wut in die Reisetasche.

»Komm mit mir, Knut! Wir können es bis nach Hause schaffen. Denk doch nur an dein warmes Bett, an das leckere Essen und an die wohligen Sonnenstrahlen auf der Haut!«

»Hör auf, ihm diese Flausen in den Kopf zu setzen!«

Mit einem Satz war Andreé bei Nils, packte ihn am Arm und zerrte ihn grob herum. Knut blinzelte, kam gar nicht dazu zu reagieren, da schlug Herr Andreé dem Jüngsten von ihnen bereits mit der Faust ins Gesicht. Nils fluchte laut, rappelte sich aber sofort auf und schulterte seinen

Rucksack. Andreé versuchte, sich ihm in den Weg zu stellen, doch Nils schob ihn grob zur Seite, sodass der Mann gegen den Tisch stolperte.

»Wage es ja nicht, durch diese Tür zu gehen, Nils! Du bist von dieser Expedition noch nicht entlassen!«, knurrte Andreé. Aus Angst, dass die Situation doch noch eskalieren konnte, rappelte sich Knut vorsichtig auf, stützte sich dabei jedoch an der Wand ab. Das Morphium in seinem Blut sorgte dafür, dass seine Beine ihm nicht gänzlich gehorchten.

»Ich gehe, wann es mir passt!«

Nils stürmte aus der Hütte und Andreé hinterher. Knut folgte den beiden Männern so schnell es ihm möglich war, auch wenn er deutlich langsamer vorankam. Er stolperte über ein hervorstehendes Bodenbrett und konnte seinen Sturz gerade noch rechtzeitig abfangen. Die lauten Stimmen von draußen hallten nach nur wenigen Sekunden wieder zu ihm herüber. Knut vermochte schon nicht mehr zu sagen, wer von den beiden Männern welche Worte brüllte. Das Morphium wirkte immer noch in seinem Blut, trübte seine Sinne und nahm ihm die Kraft, sich zwischen die beiden Männer zu stellen. Schwerfällig schleppte er sich weiter durch die notdürftig eingerichtete Hütte. Sie war gerade noch rechtzeitig fertig geworden. Knut hatte insgeheim damit gerechnet, dass sie sich mit einer provisorischen Eishöhle zufriedengeben mussten.

Die weiße Insel war das rettende Ufer gewesen, nachdem die Männer eine lange Zeit auf der Eisscholle hatten ausharren müssen. Wieder richtigen Boden unter den Füßen zu haben, auch wenn dieser von Schnee und Eis bedeckt war, war ein gutes Gefühl.

»H-Herr Andreé!«

Knut wurde hellhörig, als Nils' Stimme mit einem Mal zu zittern begann. Nur noch wenige Schritte trennten ihn von dem Türrahmen und dem Blick nach draußen, die Knut schnell zurücklegte. Am Türrahmen stützte er sich wieder ab und das Bild, das sich ihm bot, konnte nicht einmal durch die immer noch tanzenden Farben am Himmel beschönigt werden. Nils hatte die Hände erhoben, während Herr Andreé mit der Pistole auf ihn zielte. Seine Hände zitterten so heftig, dass es ihm nicht möglich war, einen guten Schuss abzugeben, was den Mann nur noch gefährlicher machte. Von seiner Wut überrannt, war er unberechenbar.

»Du gehst nicht, Nils!«

»Bitte, Herr Andreé! Ich muss nach Hause! Meine Anna wartet doch auf mich. Ich habe versprochen, sie zu heiraten, sobald ich von der Expedition zurückkomme. Wir wollen Kinder, Herr Andreé! Bitte, lassen Sie mich gehen!«

Doch das Flehen traf bei Andreé nur auf taube Ohren. Er hörte die Worte, doch drangen sie nicht bis an sein Herz. Das hatten sie noch nie.

»Herr Andreé«, versuchte Knut die Aufmerksamkeit auf sich zu lenken, und tatsächlich wandte sich der Expeditionsleiter einen Moment zu ihm um.

»Was?«, fragte er mit scharfer Stimme. »Willst du mich auch hintergehen? Willst du auch dafür sorgen, dass mein Name in den Dreck gezogen wird? Ihr beide seid schuld daran! Ihr habt wahrscheinlich von Anfang an geplant, mich zu sabotieren.«

Der Mann begann mit der Pistole hin- und herzufuchteln und ein kurzer Blick zu Nils machte Knut deutlich, dass auch er wusste, wie gefährlich Andreé in diesem Zustand war.

»Ihr beide seid Verräter!«, brüllte er.

Nils, welcher gerade auf den Mann zutreten wollte, sprang einen Schritt zurück, als Andreé sich wieder zu ihm wandte. Knut verfluchte das Morphium in seinem Blut, verfluchte sich selbst dafür, inzwischen so abhängig von dem Stoff zu sein. Er hätte nur ein paar Minuten länger ausharren müssen, dann hätte er angemessen auf diese Situation reagieren können.

»Ich werde nicht zulassen, dass du gehst, Nils.«

»Gut, ich bleibe!« Nils' Augen huschten immer wieder hilfesuchend zu Knut und dieser wandte den Blick ab vor Scham, ihm in dieser Situation nicht beistehen zu können.

»Lügner!«, brüllte Andreé und richtete seine Pistole, die er inzwischen mit beiden Händen fest umklammert hatte, wieder auf Nils. »Du wirst mich hintergehen, Nils. Du wirst dich davonstehlen, sobald ich eingeschlafen bin. Das kann ich nicht zulassen!«

Noch bevor die Worte gänzlich seinen Mund verlassen hatten, ertönte ein lauter Knall. Knut zuckte zusammen und schloss die Augen, und als er einen dumpfen Ton hörte, ahnte er, was geschehen war. Nils lag am Boden, alle Glieder von sich gestreckt, und das Weiß des Schnees färbte sich dunkelrot. Knut wandte sich ab, als sein Magen gefährlich zu grummeln begann.

»Ich konnte ihn nicht gehen lassen«, murmelte Andreé leise vor sich hin. »Er hätte alles zerstört.«

Das Knirschen des Schnees ließ Knut aufsehen. Taumelnd trat Herr Andreé zu dem Toten und blieb vor ihm stehen, sah mit leeren Augen auf ihn hinab.

»Du hättest alles zerstört, Nils!«

Knut stützte sich weiterhin am Türrahmen ab und beobachtete, wie Herrn Andreés Hände über die Kleidung des Toten wanderten. Er klopfte jede Tasche ab, öffnete sogar die wärmende Jacke und holte schließlich mit einem triumphierenden Schrei ein kleines Notizbuch hervor. Beinahe panisch begann er in diesem zu blättern, murmelte immer wieder unverständliche Worte vor sich hin, während Knut den Blick wieder gen Himmel hob. Er wollte Nils' Tod nicht wahrhaben.

Die tanzenden Farben schienen näherzukommen. Knut legte den Kopf schief und kniff die Augen zusammen, fragte sich innerlich, ob es sich um Entzugserscheinungen oder Nebenwirkungen des Morphiums handeln konnte. Er hatte bisher nie davon gehört, dass sich die Polarlichter bewegten.

»Ich konnte nicht zulassen, dass diese Expedition wegen diesem Idioten scheitert!«

Herr Andreé war dazu übergegangen, einige Seiten aus dem Notizbuch zu reißen. Der Wind trug die Blätter in die Ferne. Niemand sollte von ihrem Scheitern erfahren. Sie hatten ihre Chance vertan, auch wenn Herr Andreé es nicht wahrhaben wollte.

Knut wandte sich wieder Nils' Leichnam zu. Das Bild des toten Körpers im Schnee brannte sich in sein Gedächtnis und lähmte ihn auf eine andere Art und Weise als das Morphium. Andreé hatte inzwischen damit begonnen, Nils sämtliche Kleider vom Leib zu reißen, welche er achtlos auf den Boden warf. Unruhig sah er sich um, ehe sein Blick auf die Steine fiel, die sie gesammelt hatten, um eine Feuerstelle vor der Hütte zu errichten.

»Grab«, murmelte Herr Andreé, während er die Steine zu dem Toten trug. Seine Hände zitterten deutlich und nun schien auch er endlich zu realisieren, was er getan hatte. Nils hatte in ihrer Heimat noch sein ganzes Leben vor sich gehabt und Andreé hatte es ihm geraubt, wegen seines Stolzes!

In diesem Moment fasste Knut den Entschluss, ebenfalls zu gehen. Er aber würde warten, bis Herr Andreé tief und fest schlief, und sich dann erst auf den Weg machen. Knut wandte sich noch einmal gen Himmel, wollte sich selbst schwören, die Finger vom Morphium zu lassen. Vielleicht wäre es besser, wenn er die Spritzen allesamt wegwarf.

»Nach einer letzten Dosis«, flüsterte Knut sich selbst zu und versuchte, das Zögern in seiner Stimme zu ignorieren. Die Farben tanzten nach wie vor am Himmel, als wäre dieses schreckliche Verbrechen unter ihnen nicht geschehen. Langsam wiegten sie sich hin und her, und immer wieder lösten sich kleine Fäden von ihnen, um in der Dunkelheit des Nachthimmels zu vergehen.

Ein Faden jedoch war hartnäckig. Er spannte sich weiter und weiter, weg von den Farben, ehe er sich gänzlich löste, sich zusammenzog und allein am dunklen Himmel zu tanzen begann.

Beinahe menschlich begann die Silhouette zu wirken, als sich vier schmale Fäden in alle Richtungen ausbreiteten. Kurz kam Knut der Gedanke, dass dieses Gebilde aus Licht und Schatten, gänzlich in den kräftigsten Gelb- und Orangetönen, näherkam. Doch das war unmöglich. Knut wusste genug von den Polarlichtern, von Lichtbrechung und Sonneneinstrahlung, um zu wissen, dass das Schauspiel am Himmel nur ein Trugbild war. Nur sein Morphiumrausch war dafür verantwortlich, dass seine Gedanken ihm die seltsamsten Dinge vorspielten und seine Augen sonderbare Gebilde in den Farben zu erkennen glaubten.

Und doch wurde Knut das Gefühl nicht los, dass diese eine Gestalt sich näherte.

»Herr Andreé?«

»Was?«, kam es sofort barsch von dem Mann zurück, während Knut die Augen noch ein wenig fester zusammenkniff. Es musste am Morphium liegen, denn es gab keine rationale Erklärung dafür, weshalb sich weitere Farbgebilde von den Polarlichtern lösten und wie tanzende Menschen zu ihnen herabschwebten.

»Sehen Sie das auch, Herr Andreé?«

Knut hob vorsichtig eine Hand, ohne seinen Blick von dem Spektakel am Himmel zu nehmen. Lediglich aus den

Augenwinkeln sah er, wie Andreé sich umwandte und ebenfalls den Kopf in den Nacken legte.

»Was, um alles in der Welt …«

Er brach ab, doch für Knut war nun klar, dass auch Andreé dieses Spektakel sah. Also lag es nicht am Morphium. Nils hätte sicherlich eine plausible Erklärung für all das gefunden. Er war klug gewesen.

Das gelb-orangene Gebilde hatte inzwischen die weiße Insel erreicht, schwebte anmutig über den Boden und schien immer mehr Ähnlichkeit mit einem Menschen zu bekommen. Knut konnte sogar Finger und Zehen erkennen und für den Bruchteil einer Sekunde glaubte er, Nils gegenüberzustehen, denn auch die Farbengestalt drehte den rechten Fuß bei jedem Schritt in jener Art und Weise ein, wie auch Nils es getan hatte.

»Nils?«

Herr Andreé wich zurück und seine Stimme zitterte so sehr, dass er beinahe nicht fähig gewesen wäre, diesen einfachen Namen auszusprechen.

Die Gestalt kam weiter auf sie zu, doch anstatt Herrn Andreé oder Knut zu nahe zu kommen, trat sie vorsichtig an die Leiche des Mannes heran, dessen Körper sie kopiert hatte. Vorsichtig und ganz langsam streckte sie ihren immer länger werdenden Arm aus, bis sie die Brust des Toten berühren konnte.

Komm!

Das Wort dröhnte in Knuts Ohren und auch Herr Andreé fasste sich an den Kopf. Die Stimme schmerzte, klang hell und dunkel zugleich, als würde sie jede Faser in Knuts Körper einnehmen.

Plötzlich begann Nils zu schreien!

Andreé wich zurück, stolperte über einen Stein und fiel zu Boden, während sich der tote Körper aufbäumte und Nils' Kehle ein Schrei entstieg, der Knut das Blut in den Adern gefrieren ließ. Ein Hauch, so weiß und dünn wie ein einfacher Faden, löste sich von Nils' Brust, stieg zum Himmel auf und begann sich zu winden, als würde er mit den Farben tanzen. Die Gestalt folgte ihm, umschlang den weißen Faden mit den Armen, als wollte sie ihn beschützen, und schon bald waren sie eins geworden. Knut verfolgte das Spektakel, beobachtete, wie die Polarlichter auseinanderschwebten, um Platz zu machen für die gelb-orangene Farbengestalt, die zu ihnen zurückkehrte.

Für den Bruchteil einer Sekunde konnte Knut das sehen, was dahinterlag. Er sah die Dunkelheit und das Licht, sah Sterne in den schönsten Farbkombinationen, spürte auf einmal eine eigentümliche Ruhe in seinen Augen, die sich auf seine Glieder ausweitete, und das vertraute und wohltuende Gefühl von Wärme in seinem Bauch, das bisher nur das Morphium bei ihm hinterlassen hatte.

»Wagt es nicht, mir zu nahe zu kommen!«

Mit einem Ruck wurde Knut aus diesem Schauspiel gerissen. Herr Andreé lag immer noch auf dem Boden, doch ihm gegenüber standen drei dieser Farbgestalten, die nun alle seinen Körper benutzten, um sich selbst eine feste Form zu geben.

»Lasst mich in Ruhe!«, brüllte Andreé weiter. »Ich bin nicht tot!«

Eine der Gestalten streckte die Hand aus und als Herr Andreé sich umdrehte und versuchte wegzukriechen, sprang eine andere über ihn hinweg. Die Hände beider Gestalten legten sich fest um die Schultern des Expeditionsleiters und drückten sein Gesicht tief in den Schnee. Er zappelte, schlug mit den Fäusten um sich, trat aus, doch jede seiner Attacken ging durch die Angreifer hindurch.

Komm!

Die eine Gestalt hob die Hand und legte sie auf den Rücken des Mannes. Nur einen Moment später entkam auch seiner Kehle ein kalter Schrei, welcher jedoch durch den Schnee gedämpft wurde.

Wie schon bei Nils löste sich ein weißer Faden, der gen Himmel schwebte und sofort von der Gestalt umgarnt und umschlungen wurde. Die Polarlichter rückten erneut auseinander, doch dieses Mal ließ sich Knut nicht von diesem Schauspiel einlullen. Er wandte den Blick ab und sah zwei Farbgestalten, die sich langsam, aber sicher näherten.

Mit einem Satz sprang Knut zurück in die Hütte, warf die Tür zu, schob mit zittrigen Händen den Riegel davor und fluchte, als er drei Anläufe dafür brauchte. Während er zurück zu den Schlafsäcken stolperte, warf er den Tisch um, auch wenn er ahnte, dass es die Gestalten nicht aufhalten würde.

Knut ließ sich auf seinen Schlafsack fallen, während sich seine Gedanken überschlugen. Er sah sich um, ehe sein Blick auf den Arztkoffer fiel, in dem er die Morphiumspritzen aufbewahrte.

Vielleicht war alles nur ein Traum, dachte er bei sich. Vielleicht hatte das Morphium seine Sinne so sehr benebelt, dass er Rausch und Wirklichkeit nicht mehr voneinander trennen konnte. Es musste ein Traum sein!

Knut zog den Koffer zu sich heran und öffnete ihn ruckartig. Vielleicht war es tatsächlich nur ein Morphiumrausch, der ihm alles vorgaukelte. Ein Nadelstich könnte ausreichen, um ihn aufschrecken zu lassen, oder aber das Morphium würde ihn noch mehr benebeln und von allem forttragen, was hier geschah. Weg von den beiden Leichen und von der Kälte!

Mit zittrigen Händen griff er nach einer Spritze. Knut hatte es schon so oft getan, dass es inzwischen zur Routine geworden war. Er umfasste die Spritze fest mit seinen Fingern, legte den Daumen an den oberen Teil und drückte ihn ein wenig nach unten, sah zu, wie einige Tropfen der wertvollen Flüssigkeit auf den Boden fielen.

Es klopfte an der Tür.

Ruckartig riss er den Kopf nach oben, während sein restlicher Körper erstarrte. Das Klopfen wurde lauter, drängender, und bald schon war es kein Klopfen mehr, sondern klang nach einem massiven Körper, der sich gegen die Tür stemmte. Sie wollten herein! Schnell drehte er den Kopf, blickte zum Fenster und wusste in diesem Moment, dass auch dieses ihm keine Fluchtmöglichkeit bieten würde. Denn da draußen warteten die tanzenden Farben!

Die Kälte kroch über seine Glieder und zusammen mit der Angst, die sein Herz schnell und laut pochen ließ, ließ sie seinen Körper erzittern. Vor seinem inneren Auge erblickte er Bilder seiner Gefährten. Er sah Nils, der mit weit aufgerissenen Augen und einem Loch im Kopf in den Schnee fiel, sah Herrn Andreés schlaffen Körper, als ihm die Seele entrissen wurde.

Knut umklammerte die Spritze fester. Er verzichtete dieses Mal darauf, die Vene am Arm zu suchen. Dafür hatte er keine Zeit mehr, denn das Schloss an der Tür war kurz davor, nachzugeben. Er entledigte sich seiner Jacke, zog Wollpullover und Unterhemd nach oben und entblößte seinen Bauch. Sofort rannte ihm ein kalter Schauer über den Körper, als seine Haut mit der kalten Luft in Berührung kam.

In dem Moment, in dem die Tür krachend nachgab, rammte sich Knut die Nadel direkt in den Bauch. Er hörte die näherkommenden Schritte, während er sich die Flüssigkeit injizierte, und dachte in einem Moment an die Schritte von Nils, die nie wieder auf dem Holz widerhallen würden.

Wärme breitete sich in seinem Bauch aus und seine Glieder wurden schwer. Er atmete tief ein, als er aus den Augenwinkeln eine Bewegung wahrnahm. Sein Körper sackte in sich zusammen, während Knut an die Farben dachte, die wohl immer noch am Himmel tanzten.

Er hörte Schritte und spürte eine Hand an seiner Brust, welche sich nicht an seiner Kleidung zu stören schien, sondern direkt mit seiner Haut in Berührung kam. Es wurde ihm so wohlig warm, dass Knut ein zufriedenes Seufzen nicht unterdrücken konnte, und sämtliche Angst verflüchtigte sich.

Komm, vernahm er eine leise Stimme und beschloss zu gehorchen, als sich die Wärme der Hand entfernen wollte. Ohne die Augen zu öffnen, erhob er sich, stand auf und ließ die Kälte, die seinen Körper eben noch gänzlich eingenommen hatte, hinter sich. Wie von selbst trat er weiter und selbst, als er die Hütte verließ, konnte die Kälte ihm nichts mehr anhaben.

Draußen vor der Tür öffnete er die Augen. Sofort tanzten die wunderschönsten Farben vor ihm, bewegten sich sanft und geschmeidig, wie ein kühler Lufthauch an einem heißen Sommertag.

Er spürte die wohlige Wärme, die von den Farben ausging. Sehnsüchtig streckte er sich ihnen entgegen, wiegte das, was noch von ihm übriggeblieben war, im Takt der sanften Stimmen, ließ sich von den Farben umschließen und hinauf in den Himmel tragen.

Die Polarlichter wichen auseinander, um Platz für ihn zu machen. Er genoss die Wärme, die wohltuende Umarmung, und nur einen Moment lang dachte er an die Spritze in seinem Bauch, an das Morphium, das sich in seinem Körper ausgebreitet hatte und ihm die Wärme so oft vorgegaukelt hatte. Doch diese hier war echt, fühlte sich so viel angenehmer an, als Sonnenstrahlen es je gekonnt hätten.

Die Farben hießen ihn willkommen, und Knut war bereit, seinen Platz in ihnen einzunehmen.

Dann blickte er auf das, was hinter den Farben verborgen war, sah auf die andere Seite – und alles wurde kalt.

»Extrablatt! Heute, im Jahr 1930, 33 Jahre nach ihrem Verschwinden, wurden die Leichen von Salomon August Andreé und seinen beiden Expeditionsteilnehmern auf der Insel Kvitøya von norwegischen Robbenfängern gefunden!«

Auf der Jagd nach dem verlorenen Pudel

Rebecca Stuerzel

Rebecca Stuerzel entdeckte schon früh ihre Liebe für Geschichten aller Art, egal ob auf Papier oder in Form von bewegten Bildern. So war es nur eine Frage der Zeit, bis der bekennende Fantasy- und Science-Fiction-Fan damit begann, ihre eigenen magischen Welten voller ungewöhnlicher Helden zu erschaffen.

Finn hatte den mit Abstand ödesten Job im ganzen Königreich. Na ja, zumindest kam es ihm an Tagen wie diesem so vor.

Gelangweilt summte der junge Zwerg eine alte Volksweise vor sich hin, während er, auf seine Axt gestützt, Wache hielt und der Musik lauschte, die aus dem Tal zu ihm heraufdrang. Es war, als würde sich jeder andere im Königreich auf der Feier zum 300. Geburtstag der Königin amüsieren. Nur er verbrachte seit sechs Monaten seine Tage damit, durch ein Portal auf eine Backsteinwand zu starren, die so unspektakulär war, dass sich nicht einmal Moos darauf niederlassen wollte. Als er sich auf Wunsch seiner Eltern zum Dienst in der königlichen Garde gemeldet hatte, war er zwar nicht auf große Abenteuer aus gewesen, aber ein bisschen spannender hätte es schon sein dürfen. Das Einzige, das ihn davon abhielt, sich aus purer Langeweile in seine Axt zu stürzen, war das Wissen, dass es zumindest eine Person im Königreich gab, die es noch schlimmer getroffen hatte als ihn.

Wie es der Zufall wollte, erschien eben jene Person in diesem Moment im Eingang der Höhle. »Die Götter hassen mich!«, jammerte Bran und bedachte den winzigen Hund, der wild kläffend um ihn herumsprang und dabei seine Leine immer fester um Brans Beine wickelte, mit einem nicht gerade freundlichen Blick.

Als königlicher Hundesitter hatte man es schon nicht leicht.

»Pip! Wenn du nicht sofort ruhig bist, werfe ich dich dem nächsten Troll zum Fraß vor!«, drohte Bran dem aufgedrehten Tier. Der Hund schien davon jedoch wenig beeindruckt und setzte seine Kläfftirade mit ungebremster Begeisterung fort. »Kannst du mir noch mal erklären, warum ich mir diesen kleinen Springteufel jeden Tag aufs Neue antue?«, fragte Bran seinen Cousin Finn, während er sich fluchend aus der hoffnungslos verhedderten Leine befreite.

»Es könnte damit zu tun haben, dass du in den königlichen Minen Hausverbot hast«, schlug Finn vor.

Bran verdrehte genervt die Augen. »Oh bitte, man kann's auch übertreiben. Da bringt man einen klitzekleinen Stollen zum Einsturz, und schon gilt man als Zwerg non grata und darf seinen Lebensunterhalt damit verdienen, Hundehaufen aufzusammeln.«

»Aber es sind königliche Hundehaufen«, gab Finn zu bedenken.

Bran sah ihn böse an. »Du bist keine Hilfe.«

Genauso wenig wie die Tatsache, dass sich der Grund für Brans schlechte Laune plötzlich losriss und die Flucht in Richtung Portal antrat. Bevor die Zwerge wussten, wie ihnen geschah, war Pips grüner Puschelschwanz längst in der sich kräuselnden Oberfläche des Portals verschwunden.

Entsetzt starrte Bran noch ein paar Augenblicke auf das Portal, durch das sein Schutzbefohlener gerade in eine andere Welt entkommen war, ehe er schließlich anfing zu hyperventilieren. Das Letzte, das Finn jetzt gebrauchen konnte, war, dass Bran ohnmächtig wurde. Also zwang er ihn, sich auf einen der Felsen am Rande des Portals zu setzen und den Kopf zwischen die Beine zu stecken.

»Tief durchatmen«, versuchte er Bran zu beruhigen, während er damit beschäftigt war, seine eigene Panik niederzukämpfen. Was nicht ganz einfach war, wenn man bedachte, dass sie gerade den geliebten Augapfel ihrer Königin verloren hatten. An dieser Stelle sollte wohl erwähnt werden, dass die Königin erst in der vergangenen Woche einen Diener in den Kerker geworfen hatte, weil er ihr lauwarmen Kaffee serviert hatte. Er und Bran waren so was von erledigt!

»Alles wird gut. Wir bekommen das schon wieder hin«, versuchte Finn zu trösten.

Verzweiflung und Unglaube wechselten sich in schneller Folge auf Brans Gesicht ab, als er mit hochrotem Kopf zu Finn aufsah. »Und wie, wenn man mal fragen darf?«

Als Antwort warf Finn einen Blick über die Schulter auf das Portal.

Es dauerte einen Moment, bis es bei Bran *Klick!* machte. Dafür war seine Reaktion umso explosiver. Entsetzt sprang er von seinem Platz auf und starrte Finn an, als wäre ihm gerade ein drittes Auge auf der Stirn gewachsen. »Geht's noch? Es gab gute Gründe dafür, dass König Rodan – mögen die Götter seiner Seele gnädig sein –, entschieden hat, die Grenzen zwischen den Welten dichtzumachen. Menschen sind gefährlich!« Mit jedem Wort wurde er lauter, und auch der schrille Unterton in seiner Stimme nahm in bedenklichem Maße zu. »Das sind blutrünstige Monster, die alles zerstören, das ihnen in den Weg kommt. Außerdem fressen sie Zwerge zum Frühstück!«

Seufzend schüttelte Finn den Kopf. »Du solltest wirklich aufhören, dir immer wieder Tante Petulias Geistergeschichten anzuhören. Das tut dir nicht gut.«

»Ich möchte nicht gefressen werden«, stellte Bran schon deutlich kleinlauter fest.

Finn legte ihm aufmunternd eine Hand auf die Schulter. »Und das wirst du auch nicht. Großes Zwergenehrenwort!«

»Gibt es denn gar keine andere Möglichkeit?«

»Du könntest natürlich auch einfach zur Königin gehen und ihr die ganze Sache erklären.«

Unsicher sah Bran erst in Richtung Portal, bevor sein Blick ebenso unschlüssig zum Ausgang der Höhle wanderte. »Ich schätze, es gibt schlimmere Schicksale, als gefressen zu werden.«

Finn nickte zufrieden, bevor er seine Axt in dem Halfter auf seinem Rücken verstaute. »Das ist die richtige Einstellung.«

Bran wirkte noch immer nicht so recht überzeugt. Ehrlich gesagt, machte er auf Finn sogar den Eindruck, als hätte er sich am liebsten übergeben. Dennoch folgte er Finn nach kurzem Zögern.

Finn streckte vorsichtig die Hand nach der Grenze zwischen den Welten aus, die ihn stets an die Oberfläche des kleinen Teichs hinter seinem Elternhaus erinnerte – sah man einmal davon ab, dass sie im falschen Winkel stand und auf der anderen Seite statt eines Bodens aus blank polierten Steinen eine rote Backsteinwand zu sehen war. Einst hatte es Hunderte solcher Portale zwischen den Welten gegeben, doch inzwischen war es nur noch ein Dutzend, das von der königlichen Garde streng bewacht wurde.

»Möchtest du gerne einen Moment mit dem Portal alleine sein?«, zerstörte Bran den Moment.

Ertappt wirbelte Finn zu ihm herum. »Ich wollte nur -«

»Vergiss es! Wenn wir weiter herumtrödeln, überlege ich es mir womöglich noch einmal anders.« Kurzerhand packte er Finn am Kragen und zog ihn mit sich durch das Portal in eine dunkle Gasse.

Während die Reise zwischen den Welten recht unspektakulär verlief und er dabei keine nennenswerten Empfindungen außer einem leichten Kribbeln auf der Kopfhaut verspürte, hatte Finn bei der Ankunft in der Welt der Menschen das Gefühl, von Sinneseindrücken geradezu erschlagen zu werden. Ein Hieb mit der Keule eines Trolls wäre vermutlich angenehmer gewesen als der bestialische Gestank, der ihm von dem großen Metallbehälter entgegenschlug, neben dem er gelandet war. Aber auch sonst roch die Luft nicht gerade sauber.

Enttäuscht sah sich Bran um. »Bist du sicher, dass wir in der Menschenwelt sind? Das hier sieht nicht viel anders aus als irgendeine Gasse in der Hauptstadt.«

Finn zuckte ebenso ratlos mit den Schultern. »Es gibt nur eine Möglichkeit, das herauszufinden«, stellte er fest und setzte sich in Bewegung. Als er merkte, dass Bran ihm nicht folgte, drehte er sich noch einmal um. »Kommst du? Je eher wir das Schoßtier Ihrer Majestät finden, desto eher können wir wieder nach Hause.«

Resigniert ließ Bran den Kopf hängen. »Ich hasse mein Leben.«

Ihr Weg führte sie aus der Gasse heraus in eine deutlich besser beleuchtete Straße, die deshalb aber auch nicht einladender wirkte. Und natürlich taten die Götter ihnen nicht den Gefallen, sie gleich hier über Pip stolpern zu lassen. Das wäre wohl auch zu einfach gewesen.

»Das hier ist wie die Suche nach einer Perle im Kiesbett«, grummelte Bran, nachdem sie auch hinter dem vierten Müllcontainer nicht fündig geworden waren.

So schnell gab Finn die Hoffnung aber nicht auf. »Keine Sorge, auf seinen kurzen Beinen wird Pip bestimmt nicht weit gekommen sein. Außerdem, wie schwer kann es schon sein, einen Hund in dieser verlassenen Gegend zu finden?«

Wie war das noch gleich mit berühmten letzten Worten?

Wie vom Donner gerührt blieb Finn stehen, als er sah, was sie hinter der nächsten Ecke erwartete. »Ich sollte wirklich lernen, meinen Mund zu halten.«

Beunruhigt eilte Bran an seine Seite, nur um diese Entscheidung sofort zu bereuen. »Da werde ich dir nicht widersprechen.«

Was hätte er auch anderes sagen sollen beim Anblick des Meers aus Lichtern und Menschen, das sich nur wenige Meter von ihnen entfernt erstreckte?

Während die Zwerge ihre Suche nach Pip inmitten all dieser Menschen fortsetzten, blieb Finn immer wieder stehen und bestaunte die ungewöhnlichen Gebäude und die bunten Lichter um sie herum. Sechs Monate hatte er in dem festen Glauben gelebt, dass das Portal, das er bewachen musste, zu einem der langweiligsten Orte der gesamten Menschenwelt führte. Dabei war er nur wenige Meter von all diesen Wundern entfernt gewesen.

Ironischerweise war es eines der weniger bunten Bauwerke, das Finn am meisten in Staunen versetzte. Denn neben hell erleuchteten Palästen, die weiter in den Himmel reichten als selbst das Eisschloss der Königin und so ungewöhnliche Namen wie *Mirage* oder *Bellagio* trugen, kamen sie schließlich auch an einer Pyramide aus schwarzem Glas vorbei, von deren Spitze ein Lichtstrahl hinauf in den sternenlosen Himmel reichte. Während Bran sich immer wieder über alles Mögliche beschwerte – waren es nun die von den motorbetriebenen Kutschen verpestete Luft oder die Scharen von Menschen, die ihn immer wieder anrempelten, weil sie lieber auf die Handspiegel starrten, mit denen sie untereinander zu kommunizieren schienen –, kam Finn aus dem Staunen nicht mehr heraus. Nirgendwo im Land unter den Hügeln gab es einen Ort, der mit diesem vergleichbar war. Selbst der Name, den die Menschen diesem Fleckchen Erde gegeben hatten, klang in seinen Ohren aufregend und exotisch: *Las Vegas*.

Irgendwann führte sie ihre fruchtlose Suche in eine Straße, die noch heller und bunter erstrahlte als der *Strip* mit all seinen Palästen. Sogar im Reich der Feen waren ihm Geschichten zu Ohren gekommen, dass es den Menschen seit Schließung der Grenzen gelungen war, sich die Macht der Blitze zunutze zu machen. Aber nie im Leben hatte sich Finn so etwas wie das vorgestellt. Die Fackeln und Gaslampen, die in seiner Heimat als Lichtquellen dienten, verblassten im Angesicht dieser Pracht geradezu in Bedeutungslosigkeit.

Erschöpft ließen sich Finn und Bran auf einer Bank nieder und gestatteten sich die erste Pause, seit sie vor Stunden durch das Portal getreten waren.

»Der Kerl mit dem komischen Hut da oben muss ein bedeutender Mann sein, wenn sie ihm ein so auffälliges Denkmal gesetzt haben«, stellte Bran fest und deutete auf das blinkende Abbild eines Mannes in spitzen Stiefeln und einem Hut mit breiter Krempe auf dem Kopf, dessen rechter Arm sich immer wieder in derselben Bewegung hob und senkte. »Ob er hier wohl so eine Art Gott ist?«

Ehe Finn dazu kam, seine eigenen Mutmaßungen anzustellen, mischte sich einer der Menschen ein, die in der Nähe der Bank gestanden und über die Witze eines ihrer Gefährten gelacht hatten. »Ihr seid wohl nicht von hier. Das ist doch kein Gott.« Lachend kratzte sich der Mann am Kopf und brachte dabei sein ziemlich unordentliches Haar nur noch mehr durcheinander. »Das ist der Marlboro-Mann, Alter.«

Bran runzelte verwirrt die Stirn und lehnte sich zu Finn hinüber. »Was ist ein Marlboro?«

»Ich habe nicht die leiseste Ahnung«, gab Finn ebenso ratlos zurück.

»Ich wusste gar nicht, dass gerade eine *Herr-der-Ringe*-Convention stattfindet«, meinte der Rotschopf und musterte dabei eingehend Finns Rüstung und die Axt, die noch immer in der Halterung auf seinem Rücken steckte. »Aber ich muss schon sagen, eure Kostüme sind echt cool.«

»Kostüme?«, erwiderten die Zwerge wie aus einem Munde. Ihnen war zwar in den letzten Stunden aufgefallen, dass sie nicht nur auf Grund ihrer Größe, sondern auch wegen ihrer Kleidung aus der Menge herausstachen, aber warum sich ein Mensch als Zwerg verkleiden sollte, war den beiden ein wenig zu hoch. Und was hatte, bitte schön, ein Ring damit zu tun?

»Ihr gebt zwei tolle Zwerge ab.«

»Alles andere würde mir jetzt auch Sorgen machen«, murmelte Finn, während Bran den Menschen misstrauisch musterte.

»Schäm dich, Pete.« Eine Frau gesellte sich zu ihnen und bedachte den Mann mit einem bösen Blick. »Du hast überhaupt kein Taktgefühl. Heutzutage benutzt man nicht mehr den Begriff Zwerg. Das ist politisch nicht korrekt. Man sagt inzwischen kleine Menschen.«

»Aber wir sind doch Zwerge«, wandte Bran ein.

Finn stieß ihm den Ellbogen in die Seite, um seinen Cousin zum Schweigen zu bringen, bevor er sie in noch größere Schwierigkeiten brachte, als sie es sowieso schon waren.

»Einfach lächeln und nicken«, riet er Bran durch seine zusammengebissenen Zähne hindurch. »Denk daran, was Großmutter Ari immer gesagt hat. Im Zweifelsfall sollte man stets so tun, als wüsste man, wovon die anderen reden. Dann lebt man länger.«

»Und dann behauptest du, Tante Petulia wäre eine Zynikerin«, wandte Bran grummelnd ein, was ihn aber nicht davon abhielt, dem Rat seines Cousins zu folgen.

So unauffällig wie möglich entfernten sie sich von dem Menschenpärchen, das die Zwerge völlig vergessen zu haben schien und es stattdessen vorzog, über den Sinn und Unsinn von etwas, das sich *Political Correctness* nannte, zu diskutieren. Menschen waren wirklich ein seltsames Volk. Aber zumindest hatte noch keiner von ihnen versucht, sie zu fressen.

»Wohin jetzt?«, fragte Bran, als das Pärchen endlich außer Sichtweite war.

Unschlüssig sah Finn sich um. »Eine Richtung ist so gut wie die andere. Pip könnte mittlerweile überall sein.«

Der düstere Gesichtsausdruck, den Bran zur Schau trug, sprach Bände darüber, was er von diesen hoffnungsvollen Aussichten hielt.

»Wir werden Pip finden«, versicherte Finn ihm. »Und wenn es das Letzte ist, was wir tun.«

»Dir ist schon klar, dass die Suche nach diesem verdammten Köter tatsächlich das Letzte sein könnte, was wir je tun werden?« Seufzend ließ sich Bran neben Finn auf den Bordstein vor einem der Casinos sinken, aus denen die halbe Stadt zu bestehen schien.

Inzwischen waren sechs Tage vergangen, seit sie dem Hund der Königin in diese Welt gefolgt waren. Sechs Tage ohne die geringste Spur des kleinen Kläffers. Selbst Finns unerschütterlicher Optimismus begann langsam zu bröckeln, auch wenn er einen Teufel tun und dies gegenüber Bran zugeben würde.

Immerhin hatten sie nicht im Freien übernachten müssen. Es war nicht weiter schwer gewesen zu kapieren, wie das Herz von Las Vegas und die Menschen, die es am Schlagen hielten, tickten. Finn mochte vielleicht nicht der klügste Zwerg im Königreich sein, aber hierbei handelte es sich auch nicht gerade um theoretische Magie des siebten Grades. Obwohl er zugeben musste, dass es schon etwas eigenartig war, was bei den Menschen als Unterhaltung durchging. Unterhaltung, für die Menschen tatsächlich bereit waren zu bezahlen.

Die Zwerge hatten sich ein Beispiel an den verschiedenen Straßenkünstlern genommen, die in ihren farbenfrohen

Kostümen oder von Kopf bis Fuß in silberne Farbe getaucht auf den Bürgersteigen Stellung bezogen hatten und so taten, als wären sie Statuen, nur um sich plötzlich zu bewegen, wenn einer der vorbeikommenden Passanten ein Geldstück in die Schalen zu ihren Füßen warf. Wer hätte gedacht, dass ihnen in dieser Welt der Anblick eines axtschwingenden Zwerges genug Geld einbringen würde, um sich einen Unterschlupf für die Nacht und eine warme Mahlzeit leisten zu können. Wer auch immer dieser Herr der Ringe war, von dem alle immer wieder sprachen, er schien sich in diesem Land großer Beliebtheit zu erfreuen.

Leider änderte das nichts an der Tatsache, dass sie ihrem eigentlichen Ziel noch kein Stück näher gekommen waren. Selbst die Flugblätter mit einer Beschreibung des königlichen Hundes und der Telefonnummer des Hotels, in dem sie untergekommen waren, hatte ihnen nicht weitergeholfen – mal abgesehen von dem alten Mann, der sich daraufhin bei ihnen gemeldet und behauptet hatte, gesehen zu haben, wie ein Hund, der auf Pips Beschreibung passte, von einer fliegenden Untertasse entführt worden sei. Finn hatte sich lieber die Frage verkniffen, was von Magie belebtes Geschirr von einem Hund wollte.

»Ich weiß ja nicht, wie es dir geht«, meinte Bran und warf einen müden, aber sehnsüchtigen Blick zu einer Bar auf der anderen Straßenseite, über deren Tür der Umriss einer tanzenden Frau munter vor sich hin blinkte und den Eingang in ein geisterhaftes grünes Licht tauchte, »aber ich könnte jetzt einen Drink gebrauchen.« Er wartete gar nicht erst Finns Antwort ab, sondern stand auf und schlängelte sich durch die Passanten hindurch auf sein neues Ziel zu.

Da die Bar ebenso gut geeignet war, um die Suche nach Pip fortzusetzen, wie alle anderen Orte in Las Vegas, zögerte Finn nur den Bruchteil einer Sekunde, bevor er sich Bran auf dessen neuer Mission anschloss. Denn in einem Punkt hatte sein Cousin auf jeden Fall recht. Ein Drink klang nach einer verdammt guten Idee.

Abgesehen davon, dass an beiden Orten Alkohol ausgeschenkt wurde, hatte das *Stars & Stripes* nicht wirklich viel mit den Schankhäusern in Finns Heimat zu tun. Dabei waren es nicht einmal die offensichtlichen Unterschiede, wie die vielen Menschen um sie herum oder das elektrische Licht, die ihm sofort ins Auge sprangen. Nein, der Unterschied, der ihm am deutlichsten vor Augen führte, dass sie nicht mehr im Land unter den Hügeln waren, war der auffällige Mangel an Zwergen, die bewusstlos unter den Tischen lagen, nachdem sie es entweder mit dem Alkohol übertrieben oder Bekanntschaft mit der Keule eines schlechtgelaunten Trolls gemacht hatten.

»Was darf ich euch bringen, Jungs?«, fragte der Barkeeper, als es Finn und Bran endlich gelungen war, sich durch eine Horde betrunkener Menschen bis zum Bartresen vorzukämpfen und sich dort auf zwei bedrohlich quietschenden Drehhockern niederzulassen.

Bran brauchte nicht lange nachzudenken. »Das Stärkste, was Ihr zu bieten habt.«

Der Barkeeper musterte die Zwerge einen Moment lang skeptisch, so als hätte er seine Zweifel, ob zwei so kleine Personen trinkfest genug für das stärkste Wässerchen in seinem Arsenal waren. Dann zuckte er jedoch mit den Schultern, nahm eine Flasche mit einer durchsichtigen Flüssigkeit aus dem verspiegelten Regal und goss ihnen je einen Fingerbreit ein.

Während Finn den Inhalt seines Glases noch misstrauisch begutachtete, leerte Bran sein eigenes in einem Zug, was ihm einen ordentlichen Hustenanfall einbrachte. »Bei den Göttern, das Zeug ist widerlich!«, brachte er keuchend hervor. Mit einem Gesichtsausdruck, den andere Zwerge aufzusetzen pflegten, wenn sie in die Schlacht zogen, knallte er das Glas direkt vor dem Barkeeper auf den Tresen. »Noch einen bitte.«

Finn wollte ihm bereits vorschlagen, lieber auf Bier umzusteigen, als ein rundlicher Mensch mit einem Bart, der einem Zwerg alle Ehre gemacht hätte, auf die Bühne hinter ihnen trat und die Aufmerksamkeit der Gäste auf sich zog. »Sehr geehrte Damen und Herren! Es ist mir eine große Ehre, Ihnen heute die berüchtigte Honey Blackwater im *Stars & Stripes* präsentieren zu dürfen.«

Unter tosendem Applaus machte er einer Menschenfrau Platz, deren strahlendes Lächeln die ganze Bar zu erleuchten schien. Finn bevorzugte zwar Frauen in seiner Größe, aber selbst er musste zugeben, dass sie mit ihrem herzförmigen Gesicht und den goldenen Locken einen bezaubernden Anblick bot. Bran starrte die Frau hingegen an, als wäre sie das kostbarste Juwel im gesamten Universum. Sein zweiter Drink war mit einem Mal vergessen.

Was für Finn aber viel faszinierender war als die Frau selbst, war das grüne Fellknäuel, das hinter ihr auf die Bühne getrippelt kam und schwanzwedelnd um ihre Beine herumschlich. Pip!

»Bran, siehst du auch, was ich sehe?«

»Ich sehe das schönste Geschöpf, das je zwischen den neun Welten gewandelt ist«, erwiderte sein Cousin, ohne seinen verträumten Blick auch nur für eine Sekunde von der Frau abzuwenden. »Honey, welch göttlicher Name. Eine Frau so süß wie Honig-Met.«

Okay … Aus dieser Richtung war schon mal keine Hilfe zu erwarten.

Und Bran war nicht der Einzige, der völlig hingerissen von der kurvigen Blondine den Rest der Welt vergessen zu haben schien.

Finn wollte sich gerade allein auf die Suche nach einem Weg hinter die Bühne machen, um sich Pip zu schnappen, ehe er ihnen wieder durch die Lappen ging, als ihn die ersten Töne eines Liedes plötzlich innehalten ließen.

»Diejenigen unter Ihnen, die mich bereits kennen, wissen, dass ich meine Shows immer mit einer Ode an meine Heimat beginne«, erklärte Honey, während sie sich bückte, um Pip auf den Arm zu nehmen. »Und aus diesem Grund präsentieren mein neuer Partner und ich Ihnen heute Abend die inoffizielle Nationalhymne von Alabama.«

Natürlich gab es auch im Land unter den Hügeln Musik, doch dort diente sie entweder religiösen Zwecken, wie bei den magischen Ritualen der Elfen, oder wie bei den Zwergen zur Überlieferung großer Schlachten und Heldentaten der Ahnen. Lediglich die Trolle hatten irgendwann den puren Unterhaltungswert von Musik erkannt, auch wenn deren Vorstellung von Musik eher an das Geräusch erinnerte, das entstand, wenn man versuchte, einen Felsen mit einem Baumstamm kaputtzuhauen. Nun ja, Kreativität gehörte nicht wirklich zu den Stärken der Trolle.

Etwas, das man von den Menschen nun wirklich nicht behaupten konnte. Nie im Leben hätte Finn zu träumen gewagt, dass es so viele unterschiedliche Arten von Musik geben konnte. Und jede Einzelne hatte etwas in ihm berührt, das er verloren geglaubt hatte, seit er sich entschlossen hatte, seinen Eltern zuliebe seine Träume von einer Karriere als Barde am Hof der Königin an den Nagel zu hängen.

Aber erst, als die letzten Töne von *Sweet Home Alabama* verklangen und er die begeisterten Gesichter der Menschen und das freudige Schwanzwedeln des Hundes auf der Bühne einen Moment lang auf sich wirken ließ, traf ihn die Erkenntnis wie die Keule eines Trolls mitten ins Gesicht.

»Bran, warum genau wollen wir Pip eigentlich zurückbringen?«

Sein Cousin benötigte einen Moment, bevor Finns Frage richtig zu ihm vordrang, und selbst dann schien er Probleme zu haben, sie zu verstehen. »Ich kann dir nicht ganz folgen.«

»Sind wir mal ehrlich«, meinte Finn. »Selbst wenn wir Pip der Königin unversehrt zurückbringen, landen wir vermutlich trotzdem im Kerker, und das auch nur, wenn wir Glück haben. Warum bleiben wir nicht einfach hier?«

Bran riss die Augen so weit auf, dass sein Cousin schon Angst hatte, sie würden ihm gleich aus den Höhlen springen. »Hast du jetzt völlig den Verstand verloren?«

Finn nahm sich einen Moment, um über Brans Frage nachzudenken, und zuckte schließlich mit den Schultern. »Vielleicht bin ich ja tatsächlich verrückt geworden, keine Ahnung. Ich weiß nur, dass ich nicht mehr zurück will. Mir gefällt es hier. Ich gebe ja zu, dass diese Welt etwas seltsam ist, aber in der vergangenen Woche hatte ich auf der Suche nach Pip mehr Spaß als in den letzten sechs Monaten zusammen. Und du kannst nicht leugnen, dass du dich, seit wir hier sind, deutlich weniger beschwert hast als sonst. Selbst Pip wirkt glücklicher, als ich ihn je am Hof erlebt habe.«

Bran wirkte noch nicht so recht überzeugt, aber zumindest drohte er nicht mehr, in Schnappatmung zu verfallen. »Ich weiß nicht ...«

»Sehen wir den Tatsachen ins Auge«, meinte Finn. »Wir hassen unsere Jobs. Und auch sonst hat das Leben im Land unter den Hügeln nicht viel für zwei so unterdurchschnittliche Zwerge wie uns zu bieten. In dieser Welt könnten wir ein völlig neues Leben beginnen und endlich das tun, was wir schon immer wollten.« Finn machte eine dramatische Pause, fasste Bran am Kinn und drehte den Kopf seines Cousins wieder Richtung Bühne. »Du könntest zum Beispiel der wunderschönen Honey den Hof machen.«

Er konnte förmlich sehen, wie es hinter Brans Stirn arbeitete. »Also, wenn du es so ausdrückst ...«

Das war alles, was Finn hatte hören wollen. »Vermutlich bemerkt sowieso keiner, dass wir weg sind.«

Finns Unkenrufen zum Trotz hatte man im Land unter den Hügeln längst ihr Verschwinden bemerkt. Naja, zumindest das von Pip. Es sollte nicht lange dauern, bis sich die wildesten Theorien darüber, was dem ungleichen Trio zugestoßen sein könnte, im Königreich verbreiteten. Die Kreativste von allen kam – welch Überraschung! –, von Tante Petulia und erzählte davon, wie ihre tapferen Neffen bei der Verteidigung des Königreichs den Heldentod gestorben waren, nachdem sie eine marodierende Horde Menschen, die durch das Portal eingefallen war, zurückgeschlagen hatten. Obwohl die meisten über Petulias blühende Phantasie nur den Kopf schüttelten, meldete sich komischerweise auch niemand freiwillig, um auf der anderen Seite des Portals nach den Vermissten zu suchen.

So kam es, dass niemand im Land unter den Hügeln je die kuriose Geschichte hören sollte, wie aus einer königlichen Wache der kleinste Barde in ganz Las Vegas wurde, und wie es seinem Cousin nach einigen Startschwierigkeiten, die hauptsächlich auf den Namen Pip hörten, schließlich doch noch gelungen war, Honey erfolgreich um ein Date zu bitten.

Der Wald der vergessenen Kinder

Elea Brandt

Elea Brandt, geboren 1989 im nebligen Passau, ist Fantasyautorin und Vollzeitgeek. Als promovierte Psychologin bewundert sie seit jeher die Komplexität der menschlichen Psyche und liebt es, vielfältigen Charakteren Leben einzuhauchen. Inspiriert von vielen Jahren Tisch- und Live-Rollenspiel veröffentlicht sie seit 2017 phantastische Romane und Kurzgeschichten. Sie engagiert sich aktiv für mehr Diversität und Inklusion in der Phantastik und ist seit 2019 Co-Host im Nerdkultur-Podcast »Der nerdige Trashtalk«. Sie lebt mit ihrem Mann, »dem Juristen«, in Nürnberg.

»Jona!« Pauls schrille Stimme verlor sich in der Dunkelheit zwischen den Bäumen. Mit brennender Kehle stolperte er vorwärts und horchte in die Stille. Nichts. Nur ein dumpfes Rauschen in den Baumkronen und ein Wispern im Unterholz.

Er schrie den Namen seines Sohnes ein zweites Mal. Keine Antwort. Verzweiflung krampfte seine Eingeweide zusammen und raubte ihm schier den Atem.

Hätte er den verdammten Anruf doch niemals angenommen! Er hätte Jona nicht aus den Augen lassen dürfen, nicht einmal für fünf Minuten!

Lauras Stimme schnitt wie ein Messer durch seine Gedanken: *Dich interessiert doch nichts, außer deinem Job. Wir sind dir doch völlig egal.*

Energisch ballte Paul die Hand zur Faust. Nein, das war nicht wahr! Er liebte Jona mehr als alles andere, egal, was seine hinterhältige Exfrau sagte. Verdammt noch mal, der Junge war neun Jahre alt, man musste ihn doch für fünf Minuten allein lassen können, ohne dass er verloren ging!

»Jona!«, brüllte er aus vollen Lungen. »Komm raus! Ich hab keine Lust auf Spiele!«

Lauras vorwurfsvolle Miene ging ihm nicht mehr aus dem Kopf. Ausgerechnet im Neuenseer Forst! Hundertmal hatte er ihr erklärt, dass die reißerischen Artikel über verschwundene Kinder nichts weiter waren als ein Versuch, das Sommerloch mit Sensationen zu füllen. Wenn sie erfuhr, dass er trotz ihres Verbots mit Jona an den Spielplatz gefahren war, dass der Junge genau dort verschwunden war … Es schauderte ihn.

Paul machte einen Satz nach vorne und wäre beinahe über eine Wurzel gestolpert. Mit zitternden Fingern zog er das Smartphone aus seiner Hosentasche und schielte auf die

Uhr. Zehn nach sieben. Die Sonne ging bereits unter, und Nebel sickerte zwischen den Buchen und Fichten hindurch. Nicht einmal seine Taschenlampen-App konnte die dunklen Flecken noch erhellen. Er musste zurück zum Spielplatz. Vielleicht war Jona schon lange zurück und wartete auf ihn. Hatte sich nur versteckt und lachte ihn aus, weil er sich solche Sorgen gemacht hatte.

Und wenn nicht?

Nein, daran durfte er nicht denken. Niemals. Nicht daran, dass Jona vielleicht im Dunkeln über einen Baumstumpf gestürzt war und weinend irgendwo im Unterholz lag.

Ein letztes Mal schrie Paul Jonas Namen, so laut, dass seine Lungen rebellierten. Mit donnerndem Herzen lauschte er in den Wald. Er hielt den Atem an. Da! Da war doch … oder hatte er sich verhört? War es nur der Wind gewesen, der durch die Blätter der Bäume strich? Egal. Es kam von dort drüben.

Mühsam bahnte sich Paul einen Weg durch das Dickicht. Brombeerranken verhakten sich in seiner Jeans, Schlamm tränkte seine teuren Sneakers, doch alles, woran er denken konnte, war Jona. Jona, der vielleicht verletzt war. Jona, der panische Angst hatte.

Scheiß auf die verdammten Schuhe!

Er schlitterte einen Abhang hinunter, der über und über mit einem Teppich aus nassen, modrigen Blättern bedeckt war. Kam das Geräusch von dort unten? Verflucht, wieso war es hier so unglaublich dunkel? Paul richtete die Handytaschenlampe in Richtung Finsternis. Er rutschte weiter, stolperte von einem Baum zum nächsten, und hielt dann keuchend inne.

Sein bläuliches LED-Licht spiegelte sich auf der Oberfläche eines Teiches. Vollkommen reglos, wie ein pechschwarzer Glassplitter, lag er vor ihm. Kein Blatt segelte darauf herunter, kein Wasserläufer zog seine Kreise. Es gab nicht eine Welle, nicht eine Unregelmäßigkeit. Nur die dunklen Baumkronen und der dazwischen hervorspitzende, inzwischen tintenblaue Himmel spiegelten sich darin.

Paul lauschte in die Stille. Da war es wieder. Ein leises Wimmern, wie das verzweifelte Weinen eines Kindes. Es musste ganz in der Nähe sein!

»Jona?«, rief Paul aus vollen Lungen. »Jona, hörst du mich? Papa ist hier!«

Abrupt verstummte das Wimmern, wich bedrohlicher Stille.

»Du bekommst keinen Ärger«, fügte Paul hinzu. »Versprochen. Wir holen uns Pizza zum Abendessen, ja? Bitte, Jona, sag w…!«

Ein erschrockener Aufschrei entrang sich seiner Kehle. Fassungslos starrte Paul auf die Oberfläche des Teiches, ließ den Lichtkegel der Taschenlampe darüber huschen.

Kalter Schweiß rann seinen Rücken hinunter. Er musste sich geirrt haben. Seine Fantasie spielte ihm einen Streich. Ohne zu blinzeln fixierte er die Stelle und erbleichte. Es war eine Hand. Eine kleine weiße Kinderhand, deren Finger sich nach der Wasseroberfläche streckten.

Paul stieß einen weiteren Schrei aus. Achtlos warf er Handy und Rucksack beiseite, zog den Anorak aus und sprang mit einem Satz in den Teich. Eiskaltes Wasser presste seine Lungen zusammen und tränkte seine Kleider, die ihn bleischwer nach unten zogen. Er tauchte und riss die Augen auf. Pure Schwärze umfing ihn, als sei er kopfüber in eine Teergrube gesprungen. Sie füllte seine Nase, seine Ohren, seinen Mund.

Doch da war nichts. Keine Spur von dem Kind, das er eben noch so deutlich unter der Oberfläche gesehen hatte.

Seine Hände griffen ins Leere, bekamen nur glitschige Pflanzenreste zu fassen. Er konnte den Grund des Teiches nicht sehen. War das Ding etwa so tief?

Paul stieß nach oben, um Luft zu schnappen, und prallte mit dem Kopf gegen etwas Hartes. Er erstarrte. Das war nicht möglich! Seine Handflächen ertasteten eine Wand, als hätte sich in Sekundenschnelle eine dicke Eisschicht über den Teich gezogen.

Panik stieg in Paul auf. Er schwamm weiter. Es gab kein Loch, keine Risse. Keine Chance aufzutauchen. Die Atemluft wurde knapp, seine Lungen schrien nach Sauerstoff. Er trommelte mit den Fäusten gegen die Wand, gurgelte einen stummen Schrei.

Plötzlich spürte er einen Sog an den Beinen. Unbarmherzig zerrte er Paul in die Tiefe, zog an seinen Hosenbeinen und seinen Schuhen. Keine Chance sich zu wehren. Pauls Kräfte verließen ihn, sein Bewusstsein schwand. Seine Gedanken drehten sich um Jona. Ein letztes Mal übermannte ihn die Angst um seinen Sohn – und auf einmal konnte Paul wieder atmen.

Japsend rang er nach Luft, hustete und spie brackiges Teichwasser aus. Er blinzelte. Was zur Hölle war gerade passiert?

Er saß am Rand des schwarzen Teichs, der ihn eben noch um ein Haar verschlungen hätte, und zitterte am ganzen Leib. Seine Kleidung klebte nass und schwer an seinem Körper, Algen hingen in seinem Haar und er fror erbärmlich.

Verstört sah er sich um. Mit einem Mal wirkte der Wald weit weniger dunkel als zuvor. Diffuses graues Zwielicht erhellte die Lichtung, und Nebelschleier lagen wie ein Teppich über dem Waldboden. Es war totenstill. Kein Vogel zwitscherte, kein Lüftchen wisperte in den Baumkronen, kein Tier wühlte im feuchten Laub.

Paul richtete sich schlotternd auf. Sein Anorak, das Handy und der Rucksack waren weg. Er schluckte. War er tot? Im Teich ertrunken? Eigentlich fühlte er sich recht lebendig.

Er ließ den Blick schweifen. »Jona?« Es war mehr eine gemurmelte Frage als ein echter Ruf. Sein Sohn konnte nicht hier sein. Oder doch?

Paul sah sich eingehend um. Woher war er gekommen? Wo lag der Spielplatz? Es gab nichts, woran er sich orientieren konnte. Keine Sonne, keine Sterne, kein Wind. Nicht einmal Moos an den Bäumen. Selbst die Schneise, die er durch das Unterholz gebrochen haben musste, war fort.

Da! Da waren Fußabdrücke im feuchten Erdreich! Pauls Herz schlug schneller. Eine Spur. Endlich. Er stolperte vorwärts, jeder Schritt in seinen nassen Turnschuhen verursachte ein schmatzendes Geräusch. Das triste Zwielicht half ihm nicht im Mindesten bei der Orientierung. Er hielt für einen Moment inne und lehnte sich an eine knorrige Eiche. Jona! Wo war Jona?

Ein Kichern ließ ihn zusammenfahren. Er riss den Kopf herum, doch da war nichts als ein solider Baumstamm, die Rinde zerfurcht und von Moos bedeckt. Woher …?

Noch einmal ein leises Lachen. Paul riss die Augen auf und starrte direkt in das aus Holz geformte Gesicht eines pausbäckigen Mädchens, das ihn aus dem Stamm des Baumes heraus angrinste.

Er stolperte zurück. Das Gesicht *bewegte* sich! Es verzog den Mund zu einem Lächeln und riss belustigt die Augen auf.

Paul fuhr herum, sein Herz raste in der Brust. Ein Albtraum! Das Ganze konnte nur ein Albtraum sein! Er stolperte weiter, blind in den Wald hinein. Nacktes Grauen ergriff ihn, als ringsumher weitere Gesichter in den Bäumen auftauchten. Mädchen. Jungen. Alle nicht älter als Jona. Sie grinsten, lachten, weinten, schrien. Ihre Stimmen marterten Pauls Geist, drohten seinen Kopf zu zerreißen.

»Jona!«, brüllte er in das Wispern hinein. »Jona, wo bist du? Jona!«

»Er ist fort.«

Paul erstarrte. Die Worte kamen von einem Bäumchen direkt neben ihm. Er fuhr herum und traute seinen Augen nicht.

Was er sah, war kein Baum, sondern ein Mädchen. Die Kleidung zerrissen, die Haut verknöchert und rau wie Rinde. Aus den nackten Zehen sprossen Wurzeln, die sich in die Erde gruben, die Finger verzweigten sich zu Ästen, und ihr krauses Haar ringelte sich wie Moos um ihren Kopf. Seltsamerweise kam sie Paul bekannt vor.

»Was hat das zu bedeuten?«, flüsterte er atemlos. »Wer bist du? Wo ist Jona?«

»Er ist fort«, wiederholte das Mädchen mit emotionsloser Stimme. »Fort, wie wir alle. Zu Bäumen geworden.«

Paul erschauderte. »Aber wie –?«

»Verloren«, entgegnete das Mädchen. »Vergessen. Zu Bäumen geworden.«

Noch während er das hölzerne Gesicht anstarrte, fiel es Paul wie Schuppen von den Augen. Er hatte das Foto des Mädchens gesehen! In der Zeitung, im Supermarkt, an sämtlichen Laternenmasten im Ort.

»Du bist Hanna«, hauchte er. »Du wirst vermisst, seit drei Wochen. Die Polizei sucht nach dir.«

»Hanna?«, wiederholte das Mädchen hohl. »Vermisst? Nein, vergessen. Die Bäume vergessen.«

Paul lief eine Gänsehaut über den Rücken. »Hast du meinen Sohn gesehen?«, fragte er flehend. »Er heißt Jona, er ist neun Jahre alt und trägt eine Jeans und eine Jacke mit den Ninja Turtles. Ich muss ihn nach Hause bringen!«

»Nach Hause«, echote das Mädchen tonlos. »Du musst dich beeilen. Die Bäume vergessen. Und werden vergessen.«

Nacktes Grauen zog Pauls Eingeweide zusammen. Er riss den Blick von dem Mädchen los und rannte. Zurück zum Teich. Jona finden. Ihn nach Hause bringen.

Ich habe dich nicht vergessen, schoss es Paul durch den Kopf. *Ich würde dich niemals vergessen.*

Kindergesichter, überall. In jedem Baum, in jedem Strauch. Warum nur? Warum? Paul sprintete weiter. Äste zerrten an seinem Shirt, Dornen zerkratzten seine Haut.

Er schrie Jonas Namen, wieder und wieder, bis er heiser war. Der Wald nahm kein Ende, fast schien es ihm, als laufe er im Kreis. Er hatte jedes Zeitgefühl verloren.

Seine schmerzenden Beine und ein unaufhörliches Stechen in der Seite zwangen Paul schließlich, innezuhalten. Keuchend lehnte er sich gegen einen Baumstamm. Seine Lungen brannten, und es würgte ihn vor Anstrengung. Er blinzelte in das trübe Grau um ihn her. Nichts deutete darauf hin, dass er hier schon einmal gewesen war.

Ein merkwürdiges Wispern lag in der Luft, ein Säuseln in den Baumkronen. Es klang fast wie … eine Stimme. Paul lauschte.

»Kehr um!«, raunte die Stimme. »Du bist hier nicht willkommen.«

»Wer bist du?«, stieß Paul hervor. »Wo ist mein Sohn? Wo ist Jona?«

Ein eiskalter Windhauch fuhr ihm durch Mark und Bein und jagte ihm einen Schauer über den Rücken. Der Nebel, der zäh über den Boden kroch, schob sich zusammen, verdichtete sich zu einer Wolke und schließlich zu einer körperlosen Fratze, die Paul aus leblosen Augen anstarrte.

»Dein Sohn gehört jetzt uns. Wir brauchen ihn.«

»Wozu?«, krächzte Paul. »Was … was hat das alles zu bedeuten?«

»Wir brauchen den Wald«, erwiderte die Stimme. »Wir brauchen die Kraft der Bäume, um uns zu nähren. Wir locken sie zu uns, die Vergessenen, die Verlorenen. Sie werden ein Teil von uns.«

»Ihr könnt Jona nicht haben«, wimmerte Paul. »Gebt ihn mir zurück! Bitte!«

»Hol ihn dir«, wisperte die Fratze, während sie langsam in zähen Nebel zerfloss. »Finde ihn. Bevor er vergisst. Bevor er Wurzeln schlägt.«

Paul keuchte. *Wie?*, dachte er fiebrig. *Wie soll ich ihn finden? Wie?*

Dieser Wald war endlos, er erstreckte sich von Horizont zu Horizont. Und die Zeit verrann erbarmungslos zwischen seinen Fingern.

Er stolperte los, blind, verzweifelt. Was konnte er tun? Fröstelnd von seinem eigenen kalten Schweiß begann Paul zu singen. Lieder, die Jona immer geliebt hatte. Kinderreime, Lieder zur Gutenacht und die Titelmelodien seiner Lieblingsserien. Er sang aus voller Kehle, trotzte dem Vergessen. Jona würde sich erinnern! Er durfte ihn nicht verlieren!

Die neugierigen Augen der Bäume schienen ihm zu folgen, während er sich weiter durch das Dickicht kämpfte. Ihre Zweige knirschten, die Wurzeln vibrierten, als würden sie seinem schiefen Gesang lauschen.

Plötzlich versperrte ihm ein Ast den Weg. Paul fuhr herum und blickte in das Gesicht eines Jungen, das sich in der knorrigen Rinde abzeichnete. Sein hölzerner Mund bewegte sich, doch Paul konnte nichts weiter hören als ein diffuses Knarren.

Wollte ihm der Baum, nein, der *Junge*, etwas sagen? Ihm etwas zeigen? Er blickte an dem Ast entlang, der sich in sein Blickfeld geschoben hatte. Es war einen Versuch wert. Er rannte. Stolperte. Rannte weiter. Noch mehr Äste bogen sich zu Wegweisern, Sträucher bildeten eine Gasse.

Der Nebel wurde dichter, kälter, schnürte Paul den Atem ab. Nein, sie würden ihn nicht aufhalten!

Da! Eine Silhouette hob sich vom silbrigen Nebel ab. Eine zusammengekauerte Gestalt auf einem Baumstumpf. Konnte das …?

»Jona!« Paul fiel auf die Knie, seine Arme umschlangen den kalten, nassen Körper seines Sohnes, und er drückte ihn schluchzend an sich. Er nahm Jonas Gesicht zwischen die Hände und betrachtete ihn.

Es schauderte ihn. *Oh Gott. Es hat schon begonnen.*

Ein rauer Schimmer überzog die Haut des Jungen, als sei sie von Falten gezeichnet. Seine blauen Augen spielten ins Bräunliche, und grüne Flecken wucherten unter seinem schwarzen Haar. Sie durften keine Zeit verlieren!

Jona legte den Kopf schief und musterte Paul interessiert. Seine Stimme knarrte wie ein Balken im Wind, als er fragte: »Wer bist du?«

Paul erstarrte. Nein. Nein, das durfte nicht sein! Nicht so schnell! »Das weißt du doch«, flüsterte er und strich Jona sacht über die Wange. »Ich bin's, Papa.«

»Papa.« Jona wiederholte das Wort, als hörte er es zum ersten Mal in seinem Leben.

»Komm jetzt.« Paul zog den Jungen auf die Beine. Sie mussten fort von hier, zurück zum Teich. Dann würde alles gut werden. »Komm, wir gehen nach Hause.«

»Aber ich bin müde«, wimmerte Jona und ließ sich auf den Baumstumpf zurücksinken. »Meine Füße tun weh.«

Pauls Blick wanderte über die zerrissenen Hosenbeine zu Jonas Schuhen, und er unterdrückte einen Aufschrei. Knorrige Ranken bohrten sich durch die Sohle, griffen nach dem Erdboden, um sich darin zu verhaken.

Finde ihn, bevor er Wurzeln schlägt.

Gerade noch rechtzeitig! Ohne auf Jonas Protest zu reagieren, packte Paul ihn um die Hüfte und warf ihn sich über die Schulter. Weg! Zurück zum Teich! Schnell!

Der Junge fiepte erschrocken, doch Paul ignorierte ihn. Er rannte. Er wusste nicht, was es war, doch eine unbestimmte Ahnung lenkte seine Schritte. Als würde sein ganzer Körper, seine ganze Existenz nur danach streben, Jona in Sicherheit zu bringen.

»Du kommst zu spät«, wisperte es in den Bäumen. Der Nebel wurde dichter, ragte wie eine undurchdringliche Wand in die Höhe. »Zu spät. Du kannst ihn nicht retten. Er gehört uns.«

»Nein!«, brüllte Paul und kämpfte sich weiter. Jona auf seiner Schulter warf sich schreiend hin und her. Der Nebel raubte ihnen die Sicht. Wurzeln wurden zu Stolperstricken, Baumstümpfe zu gefährlichen Hindernissen.

Paul warf sich nach vorne, hoffte, betete, dass er seinem Gefühl vertrauen konnte. Der Nebelschleier riss – und vor ihm glänzte die schwarze Oberfläche des Teichs.

Keuchend griff er sich im Laufen an den Hals, der Nebel schnürte ihm die Luft ab. Nur noch wenige Meter. Sie mussten es schaffen. Kälte kroch in Pauls Glieder, das Blut rauschte in seinen Ohren.

Jonas plötzlicher Aufschrei ging ihm durch Mark und Bein. Der Junge wand sich, zappelte, biss Paul in die Schulter. Nur für einen Sekundenbruchteil war er abgelenkt, und schon im nächsten Moment verlor er den Boden unter den Füßen. Seine Hüfte prallte hart auf eine Wurzel, sein Shirt riss. Jona brüllte immer noch, unaufhörlich brannten sich seine schrillen Schreie in Pauls Trommelfell. Er blinzelte Schlamm aus seinen Augen. Fast da. Nur noch wenige Meter.

Er packte Jona um den Bauch und zog ihn nach oben. Der Nebel war so dicht, dass Paul kaum seine Hand vor Augen sehen konnte, und umschlang ihn wie ein Leichentuch. Er konnte nicht atmen, die Luft schien dick wie Watte. Er rappelte sich auf, Jona immer noch fest umklammert, und zerrte ihn vorwärts. Schritt für Schritt, Meter für Meter.

Flecken tanzten vor seinen Augen, alles drehte sich. Nein, nur nicht das Bewusstsein verlieren. Nicht jetzt! Nicht so kurz vor dem Ziel! Paul packte Jona noch fester, kniff die Zähne zusammen und warf sich nach vorne.

Mit einem lauten Platschen schlugen sie beide auf der Wasseroberfläche auf. Keine Gelegenheit, Luft zu holen. Paul tauchte unter, Jona an sich gepresst. Die Welt um ihn herum versank in stillem schwarzem Wasser. Er spürte noch den Wirbel an den Füßen, der ihn in die Tiefe riss, dann nichts mehr. Nur Leere. Stille. Es schien Stunden zu dauern, eine gefühlte Ewigkeit, in der Paul zwischen Leben und Tod gefangen schien.

Ein dumpfes Geräusch drang an sein Ohr. Er zuckte zusammen und begriff, dass er wieder atmen konnte. Zitternd sog er die Luft in tiefen, gierigen Zügen ein und schlug dann die Augen auf.

Dünnes Mondlicht fiel durch das Blätterdach und zeichnete Muster auf den schlammigen Boden. Friedlich lag der schwarze Teich da, die Ringe auf der Oberfläche wurden größer und träger, bis sie gänzlich verschwanden.

Jona! Paul fuhr herum. Zusammengekauert lag die kleine Gestalt neben ihm. Völlig durchnässt und reglos.

Paul packte ihn an den Schultern und riss ihn nach oben. Sein Gesicht war blass, doch die Haut fühlte sich weich an, genau, wie sie es sollte. Das Haar war wieder schwarz, die Füße nackt und voller Schlamm.

»Komm schon!« Paul presste seine Lippen auf die des Jungen, um ihn zu beatmen. »Wach auf!«

Er schüttelte ihn, tätschelte seine Wange – und mit einem heftigen Keuchen schlug Jona die Augen auf. Hustend spuckte er Wasser auf den Boden, seine Hände umklammerten Pauls Arm und er zitterte vor Schwäche.

Pure, warme Erleichterung erfüllte Pauls Brustkorb, und er zog seinen Sohn schluchzend an sich.

Gott sei Dank!, dachte er und vergrub das Gesicht in Jonas nassem Haar, während ihm Tränen über die Wangen liefen.

»Ich lass dich nie wieder allein«, flüsterte Paul und küsste Jona auf die Stirn. »Nie wieder, hörst du?«

»Nie wieder«, murmelte Jona und blickte zu seinem Vater auf.

Paul lächelte. »Komm, wir sollten nach Hause gehen. Wir sind klatschnass.«

»Nach Hause«, erwiderte Jona, rappelte sich auf und legte seine Hand in Pauls. Die kleine Berührung jagte diesem eine wohlige Gänsehaut über den Rücken. Sein Sohn war zurück. Alles war gut. Er würde ein besserer Vater sein. Ein perfekter Vater.

»Du?« Jona zupfte Paul am Ärmel.

»Ja?«

Der Junge lächelte. »Was ist nach Hause?«

Die Botschaft der Lichtwesen

Amélys Mundt

Amélys Mundt, Ethnologin und Menschensammlerin, interessiert sich für die weltlichen und spirituellen Fragen, die die meisten Menschen umtreiben – und für die Bruchstellen der uns bekannten Welt. Sie lebt mit ihrer Familie in Hessen.

Diese verdammte Kälte machte ihm zu schaffen. Seit er hier war, fror er ständig. Die Kälte schien geradezu in ihn hineingekrochen zu sein, saß in seinen Gelenken und Knochen fest, ließ ihn von innen erstarren. Nichts an diesem verfluchten Platz war einladend: Kalter Regen rann an ihm herab, sobald er sich aus der Höhle begab. Die knorrigen, kahlen Bäume duckten sich unter dem gleichmäßig wehenden Wind. Er hatte noch nicht herausgefunden, ob die spröden Gräser, die den Boden bedeckten, wirklich farblos waren oder in dem ständigen Dämmerlicht nur so wirkten. Nie wurde es richtig hell. Ein leichter Geruch nach Moder lag ihm in der Nase, seit er hier war.

Es war ihm bisher nicht gelungen, mit den Schattengestalten um ihn herum in Kontakt zu kommen. Sie wirkten ähnlich farblos wie die Gräser, ihre Gesichter leblos wie blasser Kuchenteig, die Augen blicklos wie auf unscharfen Schwarz-Weiß-Fotos. Sie zogen stumm ihrer Wege, überließen ihn seiner Ratlosigkeit, gefangen in ihrer eigenen.

Ratlosigkeit – das war mild ausgedrückt. Er wusste weder, wo er war, noch, wie er hierhin gekommen war. Merkwürdigerweise empfand er dennoch keine Verzweiflung darüber, den Weg zurück nicht zu finden. Zurück wohin? Es war nicht einmal so, dass er vergessen hätte, von wo er kam, oder wer er war. Er hatte schlicht und ergreifend gar kein Bewusstsein dafür. Gleich einem Baby, das keinerlei Erinnerung an den Mutterleib hat und sich nicht als »Ich« empfindet.

Als er angekommen war, war er durch den windgepeitschten Regen und die endlose Dämmerung gestrichen. Planlos, ziellos. Ohne sich bewusst dafür zu entscheiden, trieb er mit den Schattengestalten umher, bis er die Höhle entdeckt hatte. Sie war nicht tief, auch nicht besonders einladend, aber bot Schutz vor der Nässe. Kalt blieb es. Der dunkle Höhlenboden war notdürftig mit den blassen Gräsern ausgelegt – von wem? –, ihre Wände und Decken zeigten das nackte, zerklüftete Gestein.

Genauso nackt war die Stille, die alles durchdrang. Wie die Kälte hatte sie von ihm Besitz ergriffen, lastete auf ihm, eine zu schwere Decke, die man nicht abwerfen konnte. Etwas an dieser Stille irritierte ihn. Sie war tiefer als die Stille der gedämpften Geräusche, die man unter Wasser wahrnahm. Sie war die absolute Abwesenheit von Geräuschen: Der Wind blies, aber pfiff nicht. Betrat er die Gräser, raschelten sie nicht. Zogen die Schattengestalten an ihm vorüber, spürte er den Hauch ihrer Bewegung, aber er hörte nichts. Er probierte aus, ob er sich selbst hören konnte: Klatschte in die Hände, schnalzte mit der Zunge – nichts. Versuchte zu sprechen – tonlos wie in einem Albtraum, in dem man schreit und schreit und dabei kein Ton aus der Kehle dringt.

»Zöger nicht, komm in die Leitung!« Die Sprüche, die die Leute zum Anrufen bringen sollten, kamen Gisela schon von selbst über die Lippen. »Ich bin jetzt eine Stunde für Euch da, wir haben nur eine Stunde Zeit. Jenseitskontakt, Engelsruf, Seelenreinigung – traut Euch. Die Lichtwesen haben viele Botschaften für uns. Sie helfen uns gern«, plapperte sie weiter in die Kamera zu den Zuschauern, um die Zeit bis zum nächsten Anrufer zu füllen. »Unser Zufallsgenerator wählt aus, wer zu mir durchkommt. Ihr müsst 18 sein. Jeder Anruf bei Esoterikos-TV kostet 50 Cent aus dem deutschen Festnetz.«

Das mit dem Zufallsgenerator hatte Gisela selbst nicht so ganz verstanden. Irgendeine technische Vorrichtung in der Telefonanlage. Sie hatte allerdings eher den Eindruck, dass der Redakteur der Zufallsgenerator war, weil offensichtlich er es war, der entschied, wann jemand zu ihr ins Studio durchgestellt wurde. Denn eigentlich riefen die ganze Zeit Leute an. Die tummelten sich dann in der Warteschleife. War wohl irgendwie gut für den Sender und seine Einnahmen.

Ein Glück, dass der Redakteur ihr die Tarot-Karten in die Hand gedrückt hatte, so wusste sie wenigstens, wohin mit ihren Händen während dieser Salbaderei. Bei jedem Anrufer legte sie die Karten blitzschnell aus. Zugegeben, manchmal war sie etwas zu fix und legte die Karten schon, wenn der Anrufer sich noch gar nicht gemeldet hatte. Und manchmal laberte sie schon los, bevor sie überhaupt in die Karten geschaut hatte. Aber was machte das schon? Sie, besser gesagt, Tanita, ihr spirituelles Alter Ego, war schließlich hellsichtig, da sollte Zeit doch nicht so die große Rolle spielen.

Die Bilder auf den Karten sagten ihr nichts. Außer der Sensenmann, der auf dem Pferdeskelett ritt, die Karte mit der Nummer 13. Die Karte des Todes, hatte ihr eine Kollegin erzählt, die im Vorabendprogramm nur fürs Kartenlegen zuständig war. Gisela hatte ihr kaum zugehört. Die Kamera blendete die Karten sowieso nicht im Einzelnen ein, höchstens mal eine Aufsicht für wenige Sekunden.

»Helga, was kann ich denn für Dich tun?«, begrüßte sie die erste Anruferin, die das Glück hatte, zu ihr durchzukommen. Nicht nur der Name, auch die brüchige Stimme verrieten ihr, dass Helga eine Dame jenseits der 60 war, wie eigentlich die meisten Anruferinnen. Schnell verkündete sie Helga, was die Engel ihr zu sagen hatten: Eine kleine Geldsumme im Mai, eine Einladung zu einem Familienfest in der warmen Jahreszeit und einen Streit mit einer jüngeren Frau. War doch nichts Schlimmes. Was schadete es schon, wenn die Alte auf Geld im Mai wartete? Und ein Streit – das konnte ja wirklich alles sein, vielleicht einfach nur an der Supermarktkasse mit einer anderen Kundin. Vorerst hatte sie Helga mit der Vorhersage eine Freude gemacht. Sie musste nur drauf achten, den Anruf so schnell zu beenden, dass keine Nachfragen kommen konnten.

Gisela nahm einen Schluck Saft, das Glas stand hinter dem Kerzenleuchter neben der silbernen Engelsfigur auf ihrem braunen Arbeitstisch. Das Studio hatte ihr von Anfang an gefallen. Nicht so sehr wegen der esoterischen Aufmachung mit purpurnen Vorhängen an den Wänden, silbernen Windspielen und dem Plunder auf dem Tisch. Aber es war warm und sie konnte sitzen.

Als sie noch von Markt zu Markt gereist war, um Fensterreiniger zu verkaufen, hatte das noch ganz anders ausgesehen. Bei Wind und Wetter hatte sie im Verkaufswagen gestanden, einem umgebauten Imbisswagen. Der Geruch des Reinigers hatte sie damals bis in ihre Träume verfolgt.

Und erst der Magnetschmuck – gut, die Schmuckpartys fanden natürlich drinnen statt, und meist auf dem Sofa oder am Esstisch. In den Wohnzimmern von gelangweilten Frauen mit gut verdienenden Männern. Das war schon bequemer als der Wagen auf den Märkten. Aber die Kundinnen musste man erst mal aushalten! Ihr graute heute noch vor den Endlosgeschichten über chronische Schmerzen in Gelenken, PMS, Lebensmittelallergien, Rückenprobleme. Und nie hatte denen ein Arzt helfen können, na, wen wundert's. Denen ging's einfach zu gut. Der Magnetschmuck war angekommen, half gegen alles und hatte sich gut verkauft. Doch das Tingeln durch die Wohnzimmer wohlhabender Gattinnen war nervig gewesen, genau wie die Gattinnen selbst.

Seit sie bei Esoterikos-TV angefangen hatte, war Gisela zufrieden. Hellsichtig sei sie schon immer gewesen, und mediale Fähigkeiten habe sie auch, hatte sie behauptet. Sie wusste schließlich von den Magnetschmucktanten schon ein bisschen, worauf es im Esoterik-Geschäft so ankam. Dem Sender war das eh egal. Hauptsache, die Leute riefen an. Und bei ihr riefen viele an, die ihren Rat suchten.

Seitdem nannte sie sich Tanita, hatte sich die Haare rot gefärbt – das sah spiritueller aus als das Blond, das sie vorher getragen hatte – und regelmäßig Geld auf dem Konto. Meistens sagte sie den Anrufern etwas Aufmunterndes und, damit das nicht so auffiel, auch mal was Unangenehmes. Musste ja keine Katastrophe sein: ein Streit, eine Krankheit oder Geld, das man bezahlen muss. Es war noch nicht mal richtig gelogen, denn schließlich hat jeder mal Streit, wird krank, gewinnt oder verliert Geld. Für den Moment waren die Geschichten, die sie den Anrufern erzählte, immer OK und außerdem: Sie selbst musste schließlich auch im Leben zurechtkommen.

Zeit für den nächsten Anruf. Gisela horchte auf. Cornelia? Die war bestimmt nicht ganz so alt. »Wie kann ich Dir helfen, Cornelia?«

»Ich hätte gern einen Jenseitskontakt zu meinem Mann«, sagte die leise Stimme, die ganz offensichtlich zu jemandem unter 50 gehörte. Also ein Drama, der musste jung gestorben sein. Gisela zog ihre Schlussfolgerungen immer blitzschnell, damit sie mit ihren Ratschlägen nicht komplett daneben lag.

Gisela legte die Tarotkarten links zur Seite – Jenseitskontakt lief ohne. Oben auf dem Stapel nahm sie die Karte mit der Nr. 13 wahr. Sensenmann mit Pferdeskelett. Hässlich. Ihre Kollegin, die Schamanin mit der Show um 23 Uhr, hatte ihr von ihren Jenseitskontakten erzählt. Gisela wusste, was zu tun war.

»Ist dein Mann schon lang drüben?«, tastete sie sich langsam ran.

»Seit einem Monat«, flüsterte es in der Leitung. Mist, so was konnte sie gar nicht gebrauchen. Zu traurig, zu echt, die Zuschauer würden aufhorchen, jetzt bloß nichts Falsches sagen.

»Cornelia, er ist schon hier, bei mir. Er sagt, es geht ihm gut da, wo er jetzt ist, er grüßt dich.« Stille. »Er sagt, du sollst dir keine Sorgen machen, er ist immer bei dir«, versuchte sie es weiter.

»Und seine Schmerzen?«, kam endlich als Reaktion.

Das war leicht: »Spielen keine Rolle mehr. Es geht ihm gut.«

In der Leitung knackte es kurz, rauschte ein wenig, dann war Cornelia wieder deutlich zu hören. »Hat er mir verziehen?« Etwas leicht Lauerndes hockte in dieser Frage, die nicht mehr ganz so schüchtern klang. Unbewusst griff Gisela nach der abstoßenden Tarot-Karte mit der Nr. 13, die Karte des Todes, um sie umzudrehen und so ihren Anblick loszuwerden. Die Karte fühlte sich in ihrer linken Hand kalt an, fast wie ein Eiswürfel.

Jäh fuhr ihr ein Stich in die Hand. Wie mit einer Nadel injiziert jagte die Kälte von der Karte aus durch ihre Hand den Arm hinauf und umklammerte ihr Herz. Eiseskälte. Unwillkürlich krümmte sich Gisela zusammen, umschlang sich mit den Armen, zwang sich aber schnell wieder aufzuschauen. Nebel. Woher kam dieser Nebel?

Etwas zog ihn aus der Höhle. Ein Luftsog, eine Kraft, wie von einem Magneten, der einen Nagel anzieht. Er musste diesem Sog folgen. Seine Füße schlugen die Richtung ein, seine Schritte wurden von etwas beschleunigt. Es war, als liefe er auf einem dieser Laufbänder, das Messebesucher kennen. Die Schattengestalten um ihn herum schwebten weiter ziellos durch das Dämmerland. Quallen. Aber an ihm riss jetzt der Sog, zerrte ihn schneller vorwärts, als seine Füße die Schritte setzen konnten und ließ ihn schließlich abrupt fallen, als er vor einer Gestalt stand, die nichts mit den Schattengestalten gemeinsam hatte.

Sie strahlte etwas Vertrautes aus, ohne dass er gewusst hätte, was genau das war. Von ihr ging eine lebendige Wärme aus, die er vergessen hatte, in diesem Albtraum aus Kälte und Nässe nicht wiederfand. Ihre Augen blickten ihn an, hatten einen Ausdruck. Er konnte ihn nicht deuten, aber er war da. Und waren das Farben? Am Haar, an der Kleidung? Er wollte etwas sagen, fragen, wissen. Es drängte aus ihm heraus. All seine Unsicherheit und Ratlosigkeit wollte er dieser Gestalt entgegenwerfen. Er öffnete den Mund, die Zunge ging in Stellung, aber seiner Kehle entwich kein Ton.

Der Nebel war einem kalten, gleichmäßigen Regen gewichen und einem stetigen Wind. Vor Gisela stand eine – Person? Eher ein Schatten, grau, trist, farblos, leblos, stumm. Fast schien es, als wollte die Person etwas sagen, sie öffnete sogar den blassen Mund, sodass sich eine schwarze Höhle auftat. Aber sie hörte nichts. Dabei war jetzt alles an Gisela darauf ausgerichtet, etwas zu empfangen. Jeder Sinn, jede Pore, alles war auf Empfang ausgerichtet. Als wäre sie selbst ein Radar, eine Antenne für alle diese Eindrücke, die seit dem Stich von der Karte um sie herum explodiert waren. Aber sie nahm nichts wahr, außer Nässe, Kälte und grenzenloses Entsetzen.

Dann war es vorbei. Sie saß im Studio, durchgefroren, mit kaltfeuchten Kleidern und Haaren, bleich vor Schreck, die Telefonleitung tot, die Karte mit der Nr. 13 unverändert, ein Stück bedruckte Pappe. Dass sie versagt hatte, wurde Gisela augenblicklich klar. Sie begriff, wo sie gewesen war, und dass der Tote ihr etwas hatte sagen wollen. Aber sie war nicht in der Lage gewesen, mit ihm zu kommunizieren. Sie würde mit der 23-Uhr-Schamanin darüber sprechen.

Tot, die Leitung war tot und der Bildschirm vom Fernseher zeigte das Testbild. Cornelia atmete auf. Wahrscheinlich ein Stromausfall. Abends waren die Schuldgefühle am schlimmsten, hielten sie wach, ließen sie die Nächte fürchten. Dass dieser Idiot sie noch nach seinem Tod so quälen würde, hätte sie nicht gedacht. Dieses Mal wäre sie fast schwach geworden. Tanita. So eine billige Masche. Dass sie sich davon beinahe hätte hinreißen lassen! Aber jetzt war es vorbei. Wäre ja auch zu blöd, sich in dieser Betrüger-Show von Esoterikos-TV zu verraten und den Rest des Lebens hinter Gittern zu verbringen.

Die Tür

Heike Schrapper

Heike Schrapper wohnt im Sauerland und ist hauptberuflich Lehrerin für Deutsch, Englisch und Kunst an einem Berufskolleg. Als Autorin schreibt sie kurze Geschichten mit phantastischen Elementen – gerne unheimlich, düster und manchmal abseitig oder schwarzhumorig – die in zahlreichen Anthologien verschiedener Verlage veröffentlicht worden sind. 2020 erschien bei Edition Roter Drache ihre Storysammlung »7 Leben 13 Tode« und im August 2022 im selben Verlag »Der Prinz und sein Monster«, ein Bilderbuch für Erwachsene mit Illustrationen von Frauke Frieboes. »7 Leben 13 Tode« wurde beim Horror Award »Vincent Preis« mit dem zweiten Platz in der Kategorie »Beste Storysammlung 2020/21« ausgezeichnet.

»Setzen Sie sich doch, junger Mann.« Der knotige Zeigefinger des Alten wies auf einen der Stühle am polierten Holztisch. Zwischen den beiden Gedecken aus feinem Porzellan, neben einem angelaufenen silbernen Tortenheber, stand in seltsamem Kontrast ein Papptablett mit vier Teilchen aus der Bäckerei.

»Danke«, sagte Ben und ließ sich vorsichtig auf dem Polsterstuhl nieder. Alles hier wirkte teuer und antik. Bloß nichts umstoßen – es wäre bestimmt unersetzlich, er selbst bei dem Alten unten durch und die Wohnung könnte er vergessen.

Der alte Mann setzte sich Ben gegenüber und griff umständlich nach der Porzellankanne. »Kaffee?«, fragte er.

»Ja, gerne.«

»Und ein Stück Kuchen? Ich hoffe, Sie mögen Bienenstich.«

»Ja, gerne«, sagte Ben noch einmal und verfluchte sich innerlich für seine mangelnde Routine in förmlicher Konversation. Sein Gastgeber bugsierte mithilfe des Tortenhebers eins der klebrigen Gebäckstücke auf Bens Teller, dann ein zweites auf den eigenen.

»Sie fragen sich bestimmt, warum ich Ihnen die Umstände gemacht habe, Sie hierher einzuladen, anstatt Ihnen den Mietpreis einfach am Telefon zu sagen.«

Das fragte sich Ben tatsächlich. Als er die Anzeige im Immobilienteil des örtlichen Wochenblättchens gelesen hatte, hätte er beinahe gar nicht angerufen. Die Wohnung schien zwar perfekt: zentral, in einem angesagten Stadtteil, geräumig, Altbau, sogar mit Balkon – aber der Mietpreis wurde nicht genannt. *Alles klar!*, hatte er gedacht. *Kann ich mir sowieso nicht leisten.* Also hatte er der Reihe nach die sechs Wohnungsangebote abtelefoniert, die in seinem Budget lagen, und fünfmal eine Absage kassiert. Bei der sechsten Wohnung war das Badezimmer im Keller und nur durch den Hausflur zu erreichen. So verzweifelt war er dann doch nicht. Aber verzweifelt genug, um mit einem gemurmelten »Ach, scheiß drauf!« die Nummer zu wählen, die ihn schließlich hierher gebracht hatte. Er wollte endlich aus seiner winzigen Bruchbude raus, verdammt noch mal!

Der alte Mann zog die Augenbrauen hoch, was seine faltige Stirn noch mehr zerfurchte, und Ben merkte erschrocken, dass er noch gar nicht geantwortet hatte.

»Ja, also … Nein, das ist doch kein Problem, also …«, stammelte er.

Ein flüchtiges, nachsichtiges Lächeln, dann sagte der Alte ernst: »Es hat durchaus einen Grund, dass ich in dem Inserat keinen Mietpreis genannt habe. Wissen Sie, genau genommen ist diese Wohnung gar nicht zu vermieten.«

Bens Hand mit der Kuchengabel erstarrte auf halbem Weg zu seinem Mund.

»Nein, nein, keine Sorge, Sie haben den Weg nicht umsonst gemacht. Zumindest hoffe ich das. Sehen Sie, ich suche keinen Mieter für diese Wohnung, sondern einen Erben.«

»Einen Erben? Aber … Sie kennen mich doch gar nicht.«

»Genau. Deswegen habe ich Ihnen auch am Telefon schon ein paar Fragen gestellt, und nun sind Sie hier, damit wir eventuell …«, der Alte atmete tief durch, »sagen wir: eine Einigung erzielen. Wenn alles passt, würde ich Ihnen gern diese Wohnung vererben.«

Ben merkte, wie sein Herz schneller schlug. »Wenn alles passt?«

»Ja. Es ist wichtig, dass Sie gewisse Voraussetzungen erfüllen. Am Telefon haben Sie mir ja bereits gesagt, dass Sie alleine hier einziehen würden. Darf ich fragen, ob Sie eine Freundin haben?«

Das gehörte bestimmt nicht zu den Dingen, die einen Vermieter etwas angingen. Andererseits – wenn der Alte nicht nur irgendein Irrer war, der sich auf einfallsreiche Art seine Einsamkeit vertrieb …

»Nein«, antwortete Ben wahrheitsgemäß und schaffte es gerade noch, ein »im Moment nicht« hinunterzuschlucken.

»Gut«, nickte der Alte. »Bekommen Sie viel Besuch?«

Offensichtlich legte hier jemand Wert auf einen ruhigen Mie… *Erben.*

»Nein, so gut wie gar nicht.« Das stimmte sogar. Noch. Bens jetzige Behausung war so klein, dass er sich meist irgendwo anders mit seinen Freunden traf. Allerdings würde sich das sofort ändern, wenn er erst eine brauchbare Unterkunft hatte.

»Und Sie sind zwanzig Jahre alt, sagten Sie?«

»Zweiundzwanzig.«

»Oh, doch schon so alt.«

Das sagt der Richtige, dachte Ben. Er schätzte sein Gegenüber auf mindestens fünfundachtzig.

Der Alte hatte seinen Gesichtsausdruck wohl richtig gedeutet. Er lachte trocken auf, dann hustete er. »Ja, ich weiß, Sie denken vermutlich, dass Sie im Gegensatz zu mir Ihr ganzes Leben noch vor sich haben.«

Ben wollte höflich protestieren, doch der Alte hob die Hand. »Und damit haben Sie ja auch recht.« Für einen Moment richtete sich sein Blick unfokussiert ins Leere. Ben vermutete, dass er an seine Jugend dachte. Verklärte Erfolge, bittere Niederlagen, verpasste Gelegenheiten … Erinnerungen eines alten Mannes eben, die kein Lebender mehr mit ihm teilte. Dann legte sein Gastgeber entschlossen die Kuchengabel auf den Teller.

»Es wäre wohl am besten, wenn ich Ihnen zuerst einmal die Wohnung zeige. Ich kann sie Ihnen nämlich nur unter bestimmten Voraussetzungen vererben. Mein Anwalt hat schon eine eidesstattliche Versicherung oder dergleichen vorbereitet. Wie auch immer … Vielleicht wollen Sie ja gar nicht, und dann können wir uns das weitere Prozedere ersparen.«

Ben verkniff sich eine Entgegnung. Bisher hatte er nur den Flur und dieses geradezu riesige Wohnzimmer gesehen, aber er war sich jetzt schon sicher, dass er wollte, selbst wenn die Wohnung ansonsten kein Zimmer mehr haben sollte und Küche und Bad die Größe von Wandschränken hätten.

Der alte Mann stand mühsam vom Tisch auf. »Da drüben«, sagte er und wies auf die andere Seite des Raumes, »geht es auf den Balkon. Südseite. Im Sommer trinke ich dort abends gerne ein Glas Wein.«

Im Moment hingen Tropfen an dem verschnörkelten Balkongeländer. Ben konnte nicht erkennen, ob es immer noch nieselte. Der schmutziggraue Wintertag siechte seinem langen Abend entgegen, doch Ben sah schon den Sommer: Tisch, Bänke, Grill, kühles Bier, saftige Steaks, seine Freunde, hübsche Frauen …

»Schön«, sagte er. »Das ist bestimmt sehr gemütlich.«

»Kommen Sie, ich zeige Ihnen die anderen Zimmer.« Der Alte schlurfte in den Flur. Rechts vom Wohnzimmer ging es in die helle, geräumige Küche. Es gab keine Einbauküche, nur einen Herd, einen Kühlschrank und altmodische Holzschränke, aber das dürfte wohl kein Problem sein. Von dem Geld, das Ben an Miete sparen würde, könnte er sich eine richtig stylische Küche leisten. Mit einem dieser wuchtigen amerikanischen Kühlschränke vielleicht.

Es folgte ein Schlafzimmer, dann eine Art Arbeitszimmer, in dem ein paar unmoderne Aktenschränke standen, ein Badezimmer und ein kleiner Abstellraum. Vielleicht ließe sich dort eine Gästetoilette einbauen. Ben konnte kaum glauben, dass der Alte ihm dies alles einfach so – ohne Gegenleistung – vererben wollte. Und wahrscheinlich wollte er das auch gar nicht. Die Gegenleistung war bloß noch nicht zur Sprache gekommen. Bestimmt würden gleich Begriffe wie »Pflege«, »Verpflichtung« und »lebenslanges Wohnrecht« fallen. Nur nicht zu früh freuen!

Einen einzigen Raum hatte der Alte ihm noch nicht gezeigt. Vom Flur ging ein kleiner Korridor ab, vielleicht zweieinhalb Meter lang, an dessen Ende es eine weitere weißlackierte Holztür gab, genau wie die zu allen anderen Zimmern. Anstatt hineinzugehen, blieb der alte Mann vor dem Korridor stehen und drehte sich zu seinem Gast um. »Sie sind ein intelligenter junger Mann. Sie haben sich doch bestimmt schon gefragt, wo der Haken an der Sache ist, nicht wahr? Warum sollte irgendjemand seine Wohnung einfach so an einen x-beliebigen Fremden vererben?« Die wässrigen hellblauen Augen musterten Ben, aber noch bevor er antworten konnte, fuhr sein Gegenüber fort: »Nun, ich will es Ihnen sagen. Der Haken, die Bedingung, ist diese Tür. Wie Sie sehen, hat sie kein Schloss. Aber Sie dürfen die Tür niemals öffnen. Sie nicht, und auch kein anderer. Auf gar keinen Fall, was auch immer passiert. Können Sie mir das versprechen?« Der Alte hatte immer eindringlicher gesprochen. Offenbar meinte er es absolut ernst.

Das war also der Knackpunkt: Der Opa war verrückt. Wahrscheinlich altersbedingt, möglicherweise Demenz. Ben hätte vor Erleichterung beinahe laut aufgelacht. Der große Haken an dem fantastischen Angebot war gar keiner! Er musste einfach nur einem verschrobenen alten Mann eine unsinnige Zusicherung machen. Jackpot. »Sicher. Natürlich kann ich Ihnen das versprechen.«

»Nicht so vorschnell, junger Mann. Ich kann mir gut vorstellen, was Sie jetzt denken. Sie meinen, ich hätte nicht mehr alle Tassen im Schrank.« Er tippte sich mit dem Zeigefinger gegen die Stirn. »Habe ich recht?«

»Na ja, das ist schon eine ziemlich … ungewöhnliche Bedingung, aber wenn Ihnen so viel daran liegt …«, wich Ben aus.

»Papperlapapp. Sie denken: ›Lass den alten Spinner reden!‹, und bei der ersten Gelegenheit werden Sie die Tür öffnen. Ich bin kein Narr. Aber setzen wir uns doch wieder. Ich erzähle Ihnen die ganze Geschichte, und vielleicht kann ich Ihre Meinung ändern. Kommen Sie, es ist noch Bienenstich da.«

Aus reiner Höflichkeit ließ Ben sich einen Kaffee nachschenken und ein weiteres Gebäckstück auf den Teller laden. Der Alte selbst nahm diesmal keins.

»Nun, ich bin nicht mehr der Jüngste. Man könnte sogar sagen, das Schicksal hat mich mit einer besonders langen Lebenszeit gesegnet.« Ein kurzes, bitteres Lachen. »Ich war gerade einundzwanzig Jahre alt geworden, als ich 1939 hier einzog. Es war ein schöner, sonniger Frühlingstag. Auch ich dachte damals, die Wohnung sei zu vermieten. Ich hatte erst einige Wochen zuvor eine gut bezahlte Stellung angenommen, schmiedete Heiratspläne und war auf der Suche nach einer angemessenen Unterkunft. Der damalige Besitzer war noch keine fünfzig Jahre alt, aber gebeugt und verhärmt wie ein Greis. Er sagte, er wolle mir die Wohnung überschreiben, unter der Bedingung, dass ich nie diese eine Tür öffnen dürfe. Ich konnte mein Glück kaum fassen. Natürlich hielt ich ihn für verrückt und habe seinen Erklärungen kaum Beachtung geschenkt.« Er seufzte. »So musste ich auf schmerzliche Weise selbst erfahren, dass die Realität, wie wir sie kennen, hinter dieser Tür nicht mehr existiert. Dort gibt es nichts außer dem Bösen. Und immer, wenn die Tür geöffnet wird, kommt es in unsere Welt und richtet furchtbare Dinge an. Mein Vorgänger öffnete sie Anfang des Jahres 1914. Er sagte mir, dass er die Schrecken des Ersten Weltkriegs kommen sah, und es gab nichts, was er dagegen tun konnte – außer darüber zu wachen, dass die Tür nicht noch einmal geöffnet wurde. Wie gesagt, hielt ich alles, was er erzählte, für wirres Geschwafel eines armen Irren. Ich weiß noch, wie peinlich berührt ich war, als er anfing zu schluchzen. Wenn er die Tür nicht geöffnet hätte, hätte es keinen Krieg gegeben, und dieses Wissen würde ihm den Schlaf rauben und ihn langsam um den Verstand bringen, sagte er. Er könne mit der Schuld nicht mehr leben. Ein anderer müsse jetzt seine Bürde übernehmen. Natürlich ließ ich mir die Gelegenheit nicht entgehen. Ich versprach alles, was er hören wollte, und schon eine knappe Woche später gehörte die Wohnung mir, und mein Vorgänger erhängte sich in einem Waldstück. Er tat mir leid. Ich nahm an, er sei im Krieg traumatisiert worden, das war damals keine Seltenheit. Sobald ich den Wohnungsschlüssel erhalten hatte, wusste ich natürlich nichts Eiligeres anzufangen, als die Tür zu öffnen. Mein Vorgänger hatte mich gewarnt, dass das Böse mit jedem Mal stärker würde und ich ein noch größeres Übel als den Ersten Weltkrieg über die Menschheit brächte, sollte ich sie jemals öffnen. Ich tat es am 13. März 1939, und …«, er stockte, »… das Böse kam durch die Tür, direkt durch mich hindurch. In diesem Moment sah ich, was der Welt bevorstand.

Wahrscheinlich wissen Sie, dass die Wehrmacht im September desselben Jahres in Polen einmarschierte. Ich sah alles im Voraus: den Zweiten Weltkrieg, die Vernichtungslager, die Bomben, das ganze unsägliche Leid … und habe seitdem mit der Schuld gelebt, dass all das ohne meine verantwortungslose Neugier nicht passiert wäre. Damit die Tür so lange wie möglich geschlossen bleibt, bin ich dann in dieser Wohnung geblieben, habe sie nur verlassen, wenn es unbedingt nötig war, und so gut wie nie einen anderen Menschen hereingelassen. Wenn einmal ein Handwerker kommen musste, bin ich ihm nicht von der Seite gewichen. Ich habe meine Verlobung gelöst und nie wieder eine Beziehung mit einer Frau gehabt. Es war ein einsames Leben, aber die einzige Möglichkeit, weiteres Leid von der Menschheit abzuwenden.«

In Bens Kopf überschlugen sich die Gedanken. Was für eine abgefahrene Geschichte! Wenn er das heute Abend seinen Freunden erzählte …

»Warum haben Sie die Tür nicht einfach zugemauert?«, fragte er, um einen neutralen Tonfall bemüht.

»Tja, das habe ich natürlich versucht. Wie auch so manches andere. Ich hatte viel Zeit zum Überlegen, glauben Sie mir. Und nicht nur ich. Jeder Wächter vor mir hat versucht, das Böse zu überlisten. In den Akten im Arbeitszimmer finden Sie meine Aufzeichnungen und die meiner Vorgänger. Sie reichen Hunderte von Jahren zurück, und ich vermute, dass der Durchgang, das Portal, oder wie immer Sie es nennen wollen, noch viel älter ist. Früher war es in einem anderen Haus, das an dieser Stelle stand, davor vielleicht in einer Hütte oder in einem Tempel. Ganz am Anfang womöglich in einer Höhle. Es ist wie eine undichte Stelle im Gewebe der Welten. Und eins scheint mir sicher: Das Böse lässt sich nicht bannen. Ich glaube, es ist schon immer da gewesen und wird für immer bleiben. Es ist nicht von dieser Welt, doch auf irgendeine Weise scheint es ein notwendiger Bestandteil von ihr zu sein. Ohne die ständige Drohung des Bösen gäbe es auch das Gute nicht, vielleicht gäbe es gar nichts. Aber es braucht einen verantwortungsvollen Wächter. Fühlen Sie sich dieser Bürde gewachsen?«

Na klar, dachte Ben. *Da bin ich genau der Richtige.* Mit Mühe konnte er sich ein Grinsen verkneifen. Das Spielchen fing langsam an, ihm Spaß zu machen. »Wie sieht es denn aus?«, fragte er. »Also, dieses Böse, meine ich.«

»Es ist etwas … anderes. Ich kann es nicht beschreiben, aber wer die Tür öffnet, erkennt es. Schließen Sie die Augen.« Ben gehorchte. Er zuckte ein wenig zurück, als der Alte eine dürre, trockene Hand auf die seine legte. Die Finger waren kalt. »Sie sehen meine Hand nicht, aber Sie wissen trotzdem, dass sie auf Ihrer liegt. So ähnlich ist es mit dem Bösen. Es ist da. Es ist real und unausweichlich, und wer hinter die Tür blickt, der weiß es. Ohne Zweifel. Glauben Sie mir, Sie wollen diese Erfahrung nicht machen.« Die Augen des Alten schimmerten feucht. »Falls das Böse wieder herauskommt, wäre es noch stärker als beim letzten Mal. Wie oft kann unsere Welt das noch überstehen? War es nicht Einstein, der gesagt hat, er wisse nicht, mit welchen Waffen der Dritte Weltkrieg ausgetragen wird, aber im Vierten würden es Keulen und Steine sein?«

Ben versuchte, angemessen betroffen auszusehen.

»Und jetzt liegt es an Ihnen, junger Mann«, fuhr sein Gegenüber fort. »Ich bitte Sie, nein, ich beschwöre Sie: Wenn es Ihnen irgend möglich ist, lassen Sie die Tür geschlossen. Ziehen Sie hier ein, bewachen Sie die Tür, aber lassen Sie sie um Gottes willen geschlossen.«

Mit zitternden Fingern führte der Alte seine Kaffeetasse zum Mund. Er war offensichtlich vollkommen von seinen Hirngespinsten überzeugt. Ob er gefährlich war? Quatsch, er war nur ein Greis, viel zu gebrechlich, um irgendwelchen Schaden anzurichten. Aber vielleicht war der alte Spinner nicht immer so harmlos gewesen. Womöglich hatte er vor

Jahrzehnten seine Familie abgeschlachtet, die Leichen hinter dieser ominösen Tür gestapelt und sich dann in seine Wahnvorstellungen hineingesteigert, weil er die Realität nicht ertragen konnte. Verstohlen musterte Ben den alten Mann. Wie ein Mörder kam er ihm eigentlich nicht vor. Bestimmt hatte der arme Irre bloß alle Freunde und Verwandten überlebt und die Einsamkeit hatte nach und nach seinen Verstand zersetzt.

Nun, es gab einen Weg, das herauszufinden.

»Dürfte ich mal Ihre Toilette benutzen?«, fragte Ben. Der Alte sah ihn mit einem seltsamen Gesichtsausdruck an.

»Sie wissen ja, wo das Bad ist«, sagte er tonlos.

Als er den Schrei aus dem Flur hörte, lief eine einzelne Träne die Wange des Alten hinunter, aber er konnte seinem Nachfolger keinen Vorwurf machen. Jeder Wächter hatte die Tür einmal geöffnet. Ob dieser Junge der Letzte sein würde, bevor das Böse endgültig triumphierte? Der Alte wusste es nicht. Er wusste nur, dass seine Wache vorbei war. Endlich.

Auch noch ein Idiot, ja?

Cornelia Röser

Cornelia Röser, geboren 1978, lebt als Literaturübersetzerin und Zeichnerin in Berlin. Ihre Geschichten erzählt sie inzwischen meist in Form von Comics und Cartoons. Zu finden auf Instagram als @thaliope.

Als die Krähe davonflog, trug sie eine Seele im Schnabel. Das war an sich nichts Ungewöhnliches. Krähen brachten alle schnabellang Seelen hinüber auf die andere Seite.

Gut, für die Seele war es immer das erste Mal, das konnte schon eine verunsichernde Situation sein. Zum Glück wussten die Krähen mit nervösen Seelen fertigzuwerden. Allerdings war es für diese spezielle Krähe heute auch das erste Mal.

Sie hatte einen kleinen Zettel mit der Wegbeschreibung im Schnabel, hatte aber nicht rechtzeitig bedacht, dass sie an diesen nicht mehr herankommen würde, ohne auch die Seele für einen Moment loszulassen.

Bis zum Rand der Welt ging es immer geradeaus, so weit, so einfach. Danach war sie auf die Wegbeschreibung angewiesen.

»Ähem«, räusperte sich die Krähe in den Gedanken der Seele.

»Ja?«, fragte die Seele zurück. Sie klang, als würde sie aus einem tiefen Dämmerzustand zu sich kommen. »Hey, wo bin ich? Was machst du mit mir? Ich bin nicht schwindelfreiiii!«

»Äh«, machte die Krähe. »Also, du bist tot, und ich bringe dich ins Totenreich, aber …«

»Waaaaaaaaaaas?« Ein hirnbetäubendes telepathisches Kreischen. »Ich bin waaas? Ich bin zu jung zum Sterben, diese Welt kann noch lange nicht auf mich verzichten! Das geht nicht! Hilfe, Mörder, Polizei! Lass mich runter!«

»Schnauze!«, sagte die Krähe und bekräftigte das mit einem kurzen Sturzflug.

Die Seele schnappte nach Luft und verstummte.

»Also, nochmal«, sagte die Krähe, nachdem sie sich abgefangen hatte und wieder ruhig dahinflog. »Du bist tot, ja, aber darum geht es jetzt nicht.«

»Was soll das heißen, darum geht es jetzt nicht?«, kreischte die Seele mit überschnappender Stimme.

Die Krähe verdrehte die Augen. »Was könnte es denn wohl heißen?«

Darauf schien der Seele dankenswerterweise nichts anderes einzufallen als das Offensichtliche, und weil sie sich nicht entblöden wollte, das auszusprechen, schwieg sie lieber.

»Ich mach ja auch nur meinen Job«, sagte die Krähe, als würde sie so etwas jeden Tag machen.

»Job. Ach ja«, sinnierte die Seele. »Einen Job hatte ich auch … hey! Ich hab einen Job! Ich kann nicht einfach weg, ich muss noch … Die sind doch aufgeschmissen ohne mich …«

Ein kurzer Sturzflug brachte wieder Ruhe in die Situation. Die Seele schluckte.

»Die Sache ist die«, sagte die Krähe schließlich, während sie mit kräftigen Flügelschlägen über sanfte Hügel und nebelverhangene Wälder glitt. »Ich hab da ein Problem …«

»Was?« Die Seele war ganz Ohr.

»Das ist mein erster Flug als Seelenträger«, gestand die Krähe, »deshalb …«

»Na toll«, murrte die Seele. »Nicht genug damit, dass ich abkratze, jetzt schicken die mir auch noch 'nen blutigen Anfänger. Ganz toll, echt.«

Die Krähe versuchte, nicht gekränkt zu sein. »Es ist so, ich habe von meinem Mentor einen Zettel mit der Wegbeschreibung bekommen, aber den hatte ich schon im Schnabel, bevor ich dich … ähm … abgeholt habe.«

»Nicht nur ein Anfänger, sondern auch noch ein Idiot, ja?«

Bemerkenswert, wie schnell sie zynisch werden, dachte die Krähe.

»Also, jedenfalls müsste ich dich kurz absetzen, um an den Zettel zu kommen, und es wäre ganz toll, wenn du mir dann nicht abhauen würdest, weißt du?«

»Abhauen?«, fragte die Seele, die auf diesen Gedanken anscheinend noch gar nicht gekommen war.

»Nein, eben gerade nicht. Ginge das?«

»Da wär ich ja schön blöd.«

»Nur wenn du davon ausgehst, dass du noch irgendwas zu gewinnen hast«, sagte die Krähe, nachdem sie einen Moment lang nachgedacht hatte. »Aber eigentlich kannst du an diesem Punkt nichts mehr erreichen, außer uns beiden das Leben sehr einfach oder sehr schwer zu machen …«

»Das … Leben …, ja?«

»Äh, du weißt schon, was ich meine, verdammt!«

Die Seele dachte nach. »Also gut, sagte sie schließlich.«

»Danke«, sagte die Krähe und flog den nächsten Baum an. Behutsam setzte sie die Seele auf einem Ast ab und pulte sich den Zettel aus dem Schnabel.

»Mach dir nichts draus«, stand da in der Handschrift ihres Mentors. »Beim ersten Mal hauen sie alle ab. So kommen die Geister in die Welt.«

Irritiert hob die Krähe den Kopf und wollte dem Zettel schon empört widersprechen, als sie sah, dass die Seele am Baumstamm hinuntergewuselt war und hastig auf allen vieren hoppelnd das Weite suchte.

»Was die Wegbeschreibung angeht«, las die Krähe resigniert weiter, »da existiert keine. Vertrau einfach deinem Gefühl.«

Rachel

Astrid Rauner & K. R. Sanders

Astrid Rauner, kurz nach der Wiedervereinigung in Hessen geboren, schreibt seit mindestens 20 Jahren Prosa und befasst sich noch länger mit den Mythen und Geheimnissen des Alten Europas. Nach sechs Romanveröffentlichungen, zahlreichen Kurzgeschichten und einem Herausgeberprojekt im historisch-phantastischen Bereich, schaut sie dann und wann auch gerne über den literarischen Tellerrand und begibt sich auf Expedition in die Post-Apokalypse. Hauptberuflich arbeitet sie im Umweltsektor.

K. R. Sanders erblickte 1980 im ländlichen Oberhessen das Licht der Welt. Seit 2014 beschäftigt er sich mit der Phantastischer Literatur. Mit der Ausgabe »Maritime Schrecken« begann er am Magazin Cthulhu Libria Neo mitzuwirken. Kurzgeschichten und Novellen in verschiedenen Genren schreibt er Solo und mit befreundeten Autoren. Mit der Kurzgeschichte UNTER DEM MOND VON KYOTO gewann er 2023 den Marburg-Award.

Jared war verschwunden. Aber ich konnte ihn noch lachen hören, oder röcheln – oder beides. Die Geräusche drangen irgendwo vor mir aus dem flackernden Zwielicht der Höhle, das alle paar Augenblicke eine andere Schattierung von Grün annahm. Die Kamera rutschte mir beinahe aus den schweißnassen Händen. Wahrscheinlich hatte ich schon irgendeinen Teil davon abgebrochen, so verkrampft, wie meine Finger sie hielten. Ich wünschte, ich hätte stattdessen eine Waffe mitgenommen, aber dafür war es jetzt zu spät. Wenn wir umkehrten, würde er uns kriegen.

»Komm zu mir!«, hallt ein banges Flüstern von den Wänden der Höhle wider. »Bitte gib nicht auf! Ich brauche dich!« Eigentlich ist es weniger als ein Ton, vielmehr ein Gefühl, das wie kühler Regen von der Decke tropft. Jedes Wort berührt meine Stirn wie Perlen aus Wasser, lässt mich aufschrecken, so vertraut und unwirklich ist es zugleich. Für einen Herzschlag hoffe ich, ihr Gesicht würde mir erscheinen, ihre Züge, die mehr und mehr aus meiner Erinnerung verblassen. Ich klammere mich an die Kamera wie an einen kostbaren Schatz und verdränge für einen Moment die Gefahr, in die sie mich getrieben hat.

Ich versuche das Erlebte so gut es geht wiederzugeben. Beginnen werde ich mit meinem Namen. Alle meine Freunde nennen mich Stevie. Dass ich einen vollständigen Namen habe, bin ich mir sicher. Aber ich kann mich nicht erinnern. Nicht mehr. Landschaftsfotografie ist anscheinend meine Leidenschaft. Zumindest ist die Speicherkarte meiner Kamera voll mit eben solchen Aufnahmen. Mein Lieblingsmotiv ist eine große Brücke, eine gewaltige Stahlbeton-Konstruktion, die zwei Landzungen miteinander verbindet. Sie überspannt einen mächtigen Fluss. Autos drängen sich auf mehreren Verkehrsspuren, Menschen an ihren Geländern entlang. Das Leben, das sie umgibt, erscheint mir zur gleichen Zeit surreal und vertraut. Ich weiß genau, dass es so sein muss, dass es richtig ist, was ich sehe, und doch hat es nichts mehr mit der Welt zu tun, in der ich gerade lebe.

Dutzende Aufnahmen gibt es von dieser Brücke, immer aus demselben Blickwinkel. Ihr Name liegt mir auf der Zunge, aber irgendetwas hat ihn davon geweht. So wie die vielen Fäden, die meinen maroden Verstand zusammengehalten haben. Gäbe es nicht dieses eine Bild, ich hätte wohl alles an mir angezweifelt. Doch sie ist da, lehnt sich auf das Geländer der Brücke und sieht hinaus in diese Welt, von der ich hoffe, dass es sie noch gibt. *Rachel.*

»Hier ist es! Ja! Hier ist es!« Das sind Jareds letzte Worte gewesen, bevor er in die Höhle gerannt ist und mich alleine zurückgelassen hat. Ich mache mir gar nicht die Mühe, ihn einzuholen. Dieser durchgeknallte Penner ist einfach zu schnell für mich. Und wahrscheinlich hat er nicht beachtet, was ich vor mir sehe.

Die rote Sonne ist weit genug hinter den Horizont gesunken, dass ihr Licht nicht mehr über die schroffen Silhouetten des Gebirges dringt, das wir erklommen haben. Die Höhle hat das Tageslicht schon hinter der letzten Kurve erstickt. Tatsächlich brauchen wir es hier nicht. Im Sekundentakt erhellt grünliches Flackern die Dunkelheit. Woher es kommt, kann ich noch nicht erkennen – irgendwo aus jenem von herunter gebrochenen Felsblöcken fast versperrten Gang, der Jared verschluckt hat. Mir bleiben nur Sekunden, um in seinem Schein den Weg vor mir zu erkennen. Unendlich langsam setzte ich einen Fuß vor den anderen. Bloß nicht stolpern! Dabei scheint der Boden zu vibrieren. Bewegt sich da nicht irgendetwas? Immer unregelmäßiger wird das Flackern des Lichts.

In einer ungewöhnlich langen Phase der Dunkelheit verliere ich den Halt, stürze nach vorne. Ein Stechen im Ellenbogen straft mich für meine Nachlässigkeit. Als das Licht wieder zurückkehrt, versperrt mir ein bleiches Objekt die Sicht. Ich bete, dass es nur ein Stein ist. Einfach ein anderer Stein. Doch dafür ist er zu rund. Meine Neugierde widersteht der Beklommenheit, die mich zögern lässt. Ich hebe ihn an – und schaue ich in die leeren Augen eines Totenschädels.

»*Jared!*« Der Schädel knallt gegen die Steinwand, irgendetwas knackt, bröselt. Mir ist gleichgültig, was ich getroffen habe. »*Jared! Was geht hier vor? Jared!*« Panisch springe ich auf die Füße und verliere abermals beinahe das Gleichgewicht. Meine Kamera knallt gegen einen Vorsprung in der Wand. Das Geräusch lässt mein Herz einen Schlag aussetzen. Ihr darf nichts passieren! Sie wird mich zurückführen!

Rachel war vor mir angekommen. Zumindest hatte ich es geglaubt, als ich am ersten Tag an diesem sonderbaren Ort die Augen aufgeschlagen hatte. Sie lehnte mir gegenüber an der Wand. Ihr verschwommenes Gesicht hielt ich im ersten Moment für eine Nachwirkung der Kopfschmerzen, die mir den Schädel zerreißen wollten. Doch klarer wurde es nicht, nachdem ich gegen den Schwindel anblinzelte. Umso deutlicher spürte ich stattdessen die Angst, die sie ausstrahlte. Sie lag in ihren Bewegungen, ihrer Stimme. Von weit her schienen ihre Worte zu kommen, da sie – kaum, da ich wirklich meine Umgebung wahrnahm – bereits auf mich einredete: »Wach auf, Stevie! Es ist etwas schiefgegangen! Du musst mir helfen, Stevie!«

»Rachel!«, hauchte ich. Der Klang ihres Namens verwandelte sich durch das Kratzen meiner Stimme in ein Omen. Vor meinen Augen drehte sich noch alles, während ich mich wie ein Schlafwandler auf meinem Feldbett aufrichtete.

Trotzdem spürte ich, dass etwas nicht stimmte. Als sträubte sich dieser sonderbare Ort, dieses Dorf aus Baracken und zusammengeschobenem Schrott, den meine Leute auf einmal ihr Zuhause nannten, gegen die Fremden, die von ihm Besitz ergriffen hatten.

Rachels Stimme hing an jenem ersten Tag meiner Ankunft im Raum, und doch war nichts von ihr zu sehen, als die Bilder sich vor meinen Augen endlich glätteten. »Rachel?«, fragte ich in die Leere. Und diesmal blieb sie stumm.

»Rachel!« Ich kämpfte gegen den Schwindel in meinem Kopf. Mein Geist registrierte eine Person, die mir gegenüberstand. Nur reagierte sie nicht auf meine Worte. »Wo ist Rachel?«, blaffte ich diese an. »Meine ... Sie …, sie ist ... blond, schmal, achtundzwanzig …, glaube ich ...«

Was war plötzlich geschehen? Mein Kopf schien wie mit Blei ausgegossen. Wohin war Rachels Gesicht verschwunden? Mir dröhnte der Schädel. Ich hätte diesem Zustand kaum Bedeutung zugemessen, wäre da nicht mein Gegenüber gewesen. Der Name des Jungen war mir entfallen, ein dürrer Knirps in armseligem Aufzug. Seinen geflickten Marines-Anzug registrierte ich nur mit halber Aufmerksamkeit. Mit großen Augen starrte er zu mir hinunter, als ich mich mit knackenden Schultern auf dem Feldbett aufrichtete. »Rachel«, wiederholte ich noch einmal. »Rachel muss hier sein, ich habe sie gehört!«

»Gina.« Er schien sich unsicher, was er antworten sollte. »Mary und June. Das sind die einzigen Frauen hier.«

»Und wo ist das? Hier?« Ich glaubte, mein Schädel müsste platzen. Das Gesicht in die Hände gestützt versuchte ich, das Chaos zu ordnen, in das sich meine Gedanken zerlegt hatten. »Rachel …«, murmelte ich dabei immer wieder, versuchte mir krampfhaft die Details ihrer Züge vor

Augen zu rufen. Wie? Wie konnte ich nur ihr Gesicht vergessen? Irgendetwas stimmte hier nicht.

»Etwas ist schiefgegangen«, echote ihre Stimme in meinem Kopf, schien direkt von dem leeren Platz neben mir zu kommen. Und doch, egal wie oft ich mich umsah, Rachel war nicht hier.

Der Junge musste langsam von dem Tisch gerutscht sein, auf dessen Kante er gesessen hatte. Ich hörte, wie das Holz unter seinem Gewicht knackte. Er schien einen Schritt auf mich zuzumachen, ich wagte jedoch nicht, die Hände von meinen Augen zu nehmen.

»Das geht bald vorbei«, nuschelte er. »Die Kopfschmerzen. Nach dem ersten Erwachen ging es uns allen so. Komm ein bisschen Luft schnappen. Vielleicht findet sich deine Rachel ja.«

Er sagte das nicht wie jemand, der an die Wahrheit seiner Worte glaubte. Denn Rachel war verschwunden. Ihr Name war unter den Menschen, die mich nun umgaben, unbekannt. Es handelte sich um vielleicht zwei Dutzend Personen; Männer, die drei genannten Frauen, jedoch keine Kinder, die sich in dem Lager aus Schrott und Baracken ein einfaches Leben geschaffen hatten. Ob ich einen oder mehrere von ihnen vorher gekannt hatte, vermochte ich nicht zu sagen. Manchmal fühlte es sich so an, aber die Erinnerung war wie weggeblasen. Rachel kannte niemand. Niemand hatte sie gesehen, niemand erinnerte sich. An mir und meinem Verstand zu zweifeln, war die logische Konsequenz. Fast hätte ich geglaubt, Rachel war nicht mehr als ein Konstrukt, das mein wirrer Verstand zusammengesponnen hatte. Bis ich ihr Foto fand.

Die Kamera hatte bei mir gelegen, als ich in dieser Welt erwacht war. Man hatte sie an meinem Gürtel gefunden, den einzigen Gegenstand, den ich bei mir getragen hatte, als man mich bewusstlos ins Lager geschleppt hatte. Sofort zeigte ich den Leuten aus dem Lager ihr Bild und erntete damit nur Irritation. Nicht nur wegen Rachel. Ich konnte sehen, die Menschen erkannten die Brücke, den Fluss und die pulsierende Stadt, die ihr die Kulisse bildete. Doch einen Namen hatte keiner für sie; niemand konnte mir erzählen, wie man sie erreichte. Wo genau dieser Ort im Nirgendwo sich eigentlich befand, an dem wir lebten.

Unser Barackenlager war auf dem braunen Gras einer menschenleeren Ödnis errichtet worden. Im Westen zog sich eine schroffe Gebirgskette über den Horizont. Irgendwo dort musste die Quelle des Baches liegen, der einzigen Wasserquelle, die uns zur Verfügung stand.

Wo sich diese Quelle befand, das wusste niemand. Niemand, den ich fragte, konnte oder wollte mir Antworten geben. Ganz so, als ob sie selbst keine Antworten hatten. So wurden meine Fotos und der Name Rachel zu einem Phantom, dem ich begann, hinterherzujagen. Wie ein Besessener. Ihre Stimme vom Ankunftstag hatte sich in meine Gedanken gebrannt. *»Irgendetwas ist schiefgegangen!«*

»Vorsicht!«, warnte mich daher eines Tages Tony. Er hatte mich an der Tür zu meiner Baracke abgefangen und versperrte mir den Ausgang. Tony musste einige Jahre älter sein als ich. Sein tief zerfurchtes Gesicht ließ die meisten seiner Regungen wie eine Drohung wirken. Er hatte hier das Sagen in unserer kleinen Gemeinschaft, so viel hatte ich inzwischen verstanden.

Nun baute er sich vor mir auf und fragte ohne Umschweife: »Wo ist die Kamera, Stevie?«

»Was willst du mit ihr?«

»Du zeigst sie ständig irgendwelchen Leuten. Warum zierst du dich jetzt so?« Tony trat zwei Schritte in den

Raum hinein. Betont langsam kam er auf mich zu. Er würde mich nicht widerstandslos vorbeilassen, das war mir klar. Daher wich ich so unauffällig wie möglich nach hinten aus und stieß gegen eine Tischkante.

»Deine Kamera hat für viel Aufregung gesorgt in den letzten Tagen. Das gefällt mir nicht.« Tony stand nun keinen Handschlag mehr von mir entfernt. Meine gelassene Maskerade begann zu bröckeln, das erkannte ich an seinem mitleidigen Lächeln. Meine Stimme geriet eine Lage zu hoch, als ich die Herausforderung versuchte: »Und was willst du jetzt tun? Interessiert es dich nicht, warum niemand erkennt, was ich dort fotografiert habe? *Niemand* kann sich erinnern, Tony! Nicht einmal ich. Wir müssen herausfinden, was hier vor sich geht!«

»Ach? Müssen wir das?« Mit einem letzten schnellen Schritt stand Tony vor mir, und sein Mundgeruch verschlug mir den Atem. In seinen Augen loderte etwas, das ich nicht einzuschätzen vermochte.

»Ich will wissen, was hier vor sich geht!«

»Nein! Glaub mir, das willst du nicht!« Tonys rechte Hand griff nach der Kamera. Doch ehe er sie zu packen bekam, konnte ich mich mit einer schnellen Bewegung an ihm vorbei drehen und hetzte ins Freie, so schnell ich konnte. Ob Tony mich verfolgte, darauf achtete ich gar nicht. Die Leute sahen erstaunt auf, als ich wie ein Besessener durch unser Lager rannte, nur um irgendwann festzustellen, dass ich scheinbar vor mir selbst davonlief.

Keuchend und ziellos flüchtete ich mich in den Schatten einer Baracke, die man aus Blechteilen und Holzresten zusammengezimmert hatte. Ihre Tür hing schief in den rostigen Scharnieren und ließ einen zwei Finger breiten Schlitz zu ihrem oberen Rahmen. Verschlossen war sie mit einem schweren Riegel.

»Tony weiß es.«

Ich fuhr herum. Die krächzende Stimme schien aus dem Nichts gekommen zu sein, bis mir bewusst wurde, dass hinter der verschlossenen Barackentür jemand stand. Im ersten Moment schoss Rachels Name wie ein Pfeil durch meinen Geist. Die plötzliche Hoffnung wurde jedoch keinen Atemzug später zerstreut. Der, der gesprochen hatte, war ein junger Mann. Durch den Schlitz in der Tür blickten seine zwei verquollene Augen nach draußen, während ihr Besitzer wiederholte: »Tony weiß, was hier geschieht. Er ist der einzige, der weiß, wie das Ding in der Höhle funktioniert.«

Seine Worte sackten nieder. Für eine Sekunde glaubte ich sogar, sie würden Sinn ergeben, dann aber hakte ich verständnislos nach: »Ein Ding in einer Höhle? Was für ein Ding?«

Hinter der Tür schabte es, so als versuchte sich der Fremde gegen ihren Widerstand noch näher an mich heranzuschieben. Seine Antwort flüsterte er so leise, dass ich sie kaum verstand: »Da sind Lichter. Überall Lichter. Sie bewegen sich … Ein bisschen …, als ob es … lebt.«

Als meine Verzweiflung am größten war, war Jared in mein Leben geplatzt. Er war anders gewesen. Und er hatte gelauscht. Tony hatte ihn weggesperrt, worin ihm niemand widersprochen hatte. Denn die anderen hatten ihn und sein Gestammel für gefährlich und irre gehalten. Nun steht er neben mir. Seine Züge sind wie eingefroren, während er in den Raum hinein starrt. Grünes Licht spiegelt sich in seinen aufgerissenen Augen und verleiht ihnen einen verstörenden Ausdruck.

Wir stehen vor einer gigantischen Konstruktion, welche beinahe die ganze Höhle ausfüllt. Über die Stufen einer stählernen Treppe gelangt man auf eine Plattform, auf der

Unmengen von Maschinen, Bildschirmen und Apparaturen ihr Eigenleben führen. Mächtig und erdrückend wirkt der Berg aus verstaubter Technik, und doch ist er völlig nebensächlich. Das grüne Licht füllt den ganzen Raum, scheint kaum noch Luft zum Atmen zu lassen. In feinen, unregelmäßigen Wellen verteilt es sich. Seinen Bewegungen ist kein Muster zu entnehmen, fast so, als führe es ein eigenes Leben.

Die Lichtquelle gleicht einem gewaltigen, eckigen Torbogen. Vielleicht zehn Meter hoch und mindestens fünfzehn Meter breit. Es ist nicht so hell, dass es uns blendet, doch das in Wellen verlaufende Licht entfaltet eine hypnotische Wirkung, der wir uns kaum entziehen können.

»Stevie!« Mein Kopf fährt herum. Da ist sie wieder! Ich kann Rachels Stimme hören, ihr Echo hallt von der Höhlendecke wider. Diesmal bin ich mir ganz sicher! »Stevie, du musst dich beeilen!«

»Jared!« Meine Stimme zittert. Ich lasse meinen Blick durch den Raum schweifen, ohne dass er einen Fixpunkt annimmt. »Du hörst sie doch auch, nicht wahr? Bitte sag mir, dass du Rachel sprechen gehört hast!«

Jared beginnt zu lachen. Nein, eigentlich ist es nur ein leises Kichern, das auch nicht aufhört, als ich ihn voller Zweifel und Misstrauen ob seines absonderlichen Verhaltens ansehe. »Alle Stimmen kommen von hier!«

Es scheint etwas ganz Normales zu sein, über das Jared spricht. Er kichert noch immer. »Sie kommen von dort, wo wir es zurückgelassen haben. Weil sie den Übergang nicht geschafft haben!«

»Was zurückgelassen?«

Jared zuckt mit den Schultern. »Unser Leben. Oder glaubst du, es hat nie etwas anderes gegeben als das hier?«

Plötzlich hallen Schritte aus den Höhlengängen wider. Steine, die aneinander schlagen. Knochen, die jemand aus dem Weg wirft.

»Das ist Tony.« Das ist das Einzige, was Jared noch von sich geben kann, ehe ein Schuss ertönt. Der ohrenbetäubende Knall fährt mir wie ein Schlag in den Schädel. Ich reiße die Hände an die Ohren, in welchen es augenblicklich zu sirren anfängt. Dann sehe ich, wie Jared zusammensinkt und das Leben aus seinen Augen weicht.

Mir bleibt keine Zeit zum Nachdenken. Plötzlich sehe ich Tony in der Tür stehen, ein Maschinengewehr im Anschlag. Endlich erwache ich aus meiner Schreckstarre. Ich haste in Richtung einer der Maschinen und höre durch den kreischenden Tinnitus das Krachen eines zweiten Schusses hinter mir, bevor ich mich in Deckung werfen kann. Tony lädt nach.

»*Warte!*« Ich weiß nicht, was ich tun soll. Panisch sehe ich mich nach irgendetwas um, das mir als Waffe dienen kann. Ich bekomme einen kantigen Stein zu fassen, aber ich weiß längst, dass er mir nichts nützen wird. Mit unheilverheißender Ruhe kommt Tony auf mich zu. Gesehen hat er mich längst. Er lauert nur noch.

»*Warum tust du das?*«, schreie ich um mein Leben. »*Was ist das für ein Ort?*«

»Du hast ja keine Ahnung, Stevie«, lacht Tony voller Spott. »Das hat niemand, und es ist gut, wenn es so bleibt.«

Gibt es irgendeinen Fluchtweg? Hinter mir verhindern surrende Apparate jegliches Entkommen. Nur die Stahltreppe liegt drei Meter zu meiner Rechten – im freien Schussfeld. Die Panik lähmt meine Gedanken. Ich weiß kaum noch, was ich sage, als Tony immer näherkommt: »Außer dir? Du weißt, was das für ein Ort ist und was das hier alles zu bedeuten hat? Was hat das mit meiner Kamera zu tun?«

Hinter die Maschine geduckt, kann ich Tony nicht sehen, aber ich glaube, dass seine Schritte langsamer werden.

Anscheinend überlegt er, ob er mir antworten soll, und plötzlich klingt seine Stimme bitter: »Wir wollten viel mehr retten. Aus unserer Heimat. Du hast ja keine Ahnung, wie viel wir opfern mussten, damit wir alle noch leben! Alles ist außer Kontrolle geraten. Wir dachten, die Maschinen würden das Portal lange genug offen halten, doch es ließ sich nicht kontrollieren. Seine Energie folgt keinem uns bekannten Muster. Es ist … beinahe …«

… als würde es leben, beende ich in Gedanken Tonys Worte.

»Keiner von uns wusste, dass der Übergang eine Amnesie auslösen würde oder andere wie Jared in den Wahnsinn trieb, aber rückblickend war es wohl das Beste, was uns passieren konnte!«

Seine Worte ergeben keinen Sinn in meinen Ohren. »Amnesie?«

»Alle. Jeder, der überlebt hat.«

»Außer dir?«

Ein Schritt, ein Stein knirscht unter Tonys Schuhen, so laut, dass ich zusammenzucke. Jeden Moment erwarte ich den Lauf seiner Waffe vor mir zu sehen, doch stattdessen scheint er zu zögern. »Ich kann dir nicht sagen, warum ich mich erinnere. Ich wünschte manchmal, ich hätte genauso vergessen wie alle anderen hier in dieser Einöde. Aber vielleicht ist es gut so. Damit ich dafür sorgen kann, dass dieser Ort hier in Vergessenheit gerät. Und unsere Heimat.«

»Die Kamera …«, dämmert es mir plötzlich, und mir wird klar, dass ich recht habe.

»Den Ort, den du fotografiert hast, gibt es nicht mehr, Stevie. Die Erde, wie du sie kanntest, gibt es nicht mehr.«

Ich wage kaum zu atmen. »Die Erde? Was heißt das?«

»Diese Höhle ist ein Portal, Stevie. Dieser ganze Ort, das Lager, das Gebirge – das ist nicht mehr die Erde. Für die meisten Menschen kam jede Rettung zu spät, als es unserem Forschungsteam endlich gelang, das Portal in diese Welt künstlich offenzuhalten. Niemandem zuvor ist der Übergang je gelungen. Wir wussten nicht, was passieren würde.«

Mir wird kalt, als sich die Bedeutung von Tonys Erzählung in mein Bewusstsein schleicht. Nicht nur die Amnesie … Die Knochen in der Höhle ... *Rachel.*

»Was …« Ich wage diese Frage kaum zu stellen. »Was ist … mit den anderen Menschen passiert? Wo sind sie?«

»Es gibt keine anderen Menschen mehr, Stevie. Alle, die den Übergang überlebt haben, sind im Lager. Für die Menschen, die auf der Erde zurückgeblieben sind, konnten wir nichts mehr tun.«

Meine Kehle schnürt sich zu. Bilder flackern vor meinen Augen, Fetzen von Erinnerungen. Ich sehe eine Höhle wie diese, panische Menschenmengen, die sich zwischen die Maschinen quetschen. Rachel läuft direkt hinter mir, ich ziehe sie an meiner Hand hinter mir her. Plötzlich rempelt mich ein Mann an, ich verliere ihren Griff, wirbele herum. Dann zerreißt ein Krachen die Luft …

»Das kann nicht sein! Ich habe Rachels Stimme gehört! Gerade eben erst!«

Ich kann Tony lachen hören; ein hysterisches, ersticktes Lachen. »Ihre Stimmen sind mit uns gekommen. Es ist das Echo der Vergangenheit. Solange das Portal offen steht, werden sie niemals schweigen!«

Die Wirklichkeit der kalten, leeren Höhle erscheint mir wie ein Traum. Wieder und wieder hallen Tonys Worte durch meine Gedanken, und doch kann – *darf* ich sie nicht glauben! »Das kann nicht sein!«, wehrt sich mein Bewusstsein gegen seine Wahrheit. »Ihr wisst überhaupt nicht, was mit ihnen geschehen ist! Seid ihr nie zurückgegangen?«

»Niemand geht durch dieses Portal, Stevie! Die Welt, die wir dort zurückgelassen haben, gibt es nicht mehr! Wenn ich wüsste, wie ich es verschließen könnte, würde ich es tun. Aber das hat mir niemand erklärt. Finde dich damit ab, Stevie! Es gibt keinen Weg mehr zurück in dein altes Leben!«

In mir steigt die kalte Wut. Ich weigere mich, seine Aussagen hinzunehmen. Wenn noch nie jemand durch das Portal zurückgegangen ist, woher will Tony dann die absolute Gewissheit haben, dass es wirklich besser für uns ist, hier in dieser Wüste zu sein? Ein weiterer Erinnerungsfetzen schiebt sich in mein Bewusstsein. Rachel, wie sie von der Menge der flüchtenden Menschen nach hinten gedrängt wird! Ich fasse einen Entschluss. Ich weiß, dass er mich das Leben kosten kann.

Wieder knirschen Steine unter Tonys Fußsohlen. Ich glaube ihn ganz nah bei mir. Mit dem Mut der Verzweiflung springe ich aus meiner Deckung hervor und werfe den Stein in meiner Hand in die Richtung, in der ich Tony vermute.

Ich treffe ihn. Und ich jage sofort auf ihn zu. Getrieben von einer Wut und einem Hass, den ich vorher nicht gekannt habe, schlage ich auf ihn ein. Meine Rechte schlägt ihm das Gewehr aus der Hand. Er ist überrumpelt. Wie ein Wahnsinniger hämmere ich mit meinen Fäusten auf sein Gesicht ein. Immer wieder. Links, rechts. Bis er bewusstlos und blutüberströmt vor mir liegt.

Nur langsam komme ich wieder zu mir. Ich weiß nicht, wie lange er weggetreten sein wird. Ich starre auf das wabernde Licht. Fühle mich zu ihm hingezogen. Der Übergang! Ohne viel Zeit zu verlieren, gehe ich die Treppe nach oben. Schritt für Schritt. Immer schneller werden meine Füße. Dann springe ich in das Licht.

Das Erwachen trifft mich unvorbereitet. Anders fühlt es sich an, nicht so wie nach einer gewöhnlichen Nacht in einem Bett. Bevor ich die Augen aufschlage, scheint sich mein Bewusstsein vergewissern zu wollen, dass ich wirklich noch lebe. Das Erste, das es wahrnimmt, ist eine Übelkeit, die mich zu zerreißen droht. Kalter Beton schmiegt sich an meine Wange. Meinen Körper spüre ich wie einen Fremdkörper. Kaum, da ich versuche, mich mit meinen Händen aufzustemmen, versagen ihnen die Kräfte. Mein Kopf fällt zurück, mein Kinn kracht auf den Boden. Der Schmerz gibt meinem geschundenen Körper den Rest, sodass ich der Übelkeit nachgebe und Galle zwischen meine Hände spucke.

Endlich klären sich die Bilder vor meinen Augen. Vor mir öffnet sich eine dunkle, mehrere Dutzend Meter hohe Halle aus nackten Stahlwänden. Ich höre nichts, nur das ferne Wummern eines Generators, der dann und wann ein wenig vertrauenerweckendes Geräusch von sich gibt. Der Geruch von Staub, von Asche und altem Brand erfüllt die Leere, die die gleiche Zusammenstellung von Maschinen umgibt wie in der Höhle, aus der ich gekommen bin. Nur das grüne Licht des Portals erhellt den Raum. In wabernden Kreisen umfasst es die blinkenden Geräte, verschluckt manche von ihnen halb. Sie stehen auf einer gewaltigen, mit Rädern versehenen Stahlplatte. Ganz so, als hätte jemand die Konstruktion von dieser Seite zur Hälfte in das Portal hineingeschoben.

»Stevie!«

»Stevie!«

Plötzlich kommen die Stimmen von allen Seiten. Ist es Rachel? Sie ist es! Sie ist überall, oben, unten, von allen Seiten umgibt sie mich. Doch sie ist nicht allein. Ich kann nicht anders, als mir die Ohren zuzuhalten. Wieder und wieder ruft sie meinen Namen, dessen Klang allein mir den Schädel zu spalten scheint. Vor Schmerzen krümme ich mich zusammen. »Hör auf!«, rufe ich, immer wieder. »*Hör auf damit!*«

Dann plötzlich ist es still.

Panisch halte ich die Augen zusammengepresst. Selbst das Zwielicht im Raum sticht mir in die Iris, als ich einen Spalt zu öffnen wage. Grau in Grau erwartet mich der Anblick. Bis ich begreife, dass er sich bewegt. Sie ist hier! Die Bilder drehen sich vor meinen Augen, sind verzerrt. Trotzdem kann ich sie erkennen – nicht weil ich sie sehe, sondern weil ich sie fühle. Nicht mehr als ein Schatten ist Rachel. Für die Zeit weniger Herzschläge formt der Staub ihr Gesicht, bevor es sich auflöst und nichts weiter übrigbleibt als eine durchscheinende, blasse Silhouette.

Mir schnürt es die Kehle zu. »Rachel!«, krächze ich. Mein Geist wehrt sich gegen das Begreifen, das von ihm Besitz erlangen will. Ich sehe mich nicht um, möchte nicht wissen, was unter dem großen Betonabsatz der Plattform verborgen liegt und den Boden der Halle bedeckt. Ich kenne diesen Ort. Hier hatte ich Rachel zum letzten Mal gesehen. Direkt hinter mir ist sie gewesen!

»Rachel«, versuche ich es noch mal. »Was ist geschehen? Was tust du hier? Du hättest mit mir kommen sollen!«

»Ich konnte nicht«, hallt ihre Stimme aus der Leere der hohen Decke zurück. »Plötzlich ist alles zusammengebrochen. Das Portal ist kollabiert. Die Wissenschaftler, die diese Apparate gebaut haben, dachten, dass sie es steuern könnten, doch das ist ihnen nicht gelungen. Es gehorcht ihnen nicht.«

Als würde das Portal antworten, geht plötzlich ein sachter Stoß durch den Staub am Boden. Kein Windhauch, es ist ein grünes Schimmern, das sich einer Welle gleich durch das Zwielicht bewegt. Ich weiche ein Stück zurück. »Was geht hier vor?«, frage ich Rachel, doch sie lächelt nur. Ihr Gesicht ist kaum zu erkennen, aber ihr Lächeln erfüllt mit einem Mal den ganzen Raum. Und das macht mir Angst.

»Es ist gut, dass du zurückgekommen bist! Es war Zeit! Wir haben auf dich gewartet!«

»Wir?« Auf einmal kann ich sie sehen. Der ganze Raum ist erfüllt von Schatten. Sie stehen auf den Überresten, die kein Fleckchen Boden freilassen. Kleider kann ich sehen, Haare – ich will nicht wissen, was dort vor mir auf dem Boden liegt. Dieser Ort ist ein einziges Grab! Und er ist voll von Schatten.

Der ganze Raum ist plötzlich voll von Flüstern. Grüner Schimmer erfüllt die Luft, umgibt mich, legt sich wie Staub auf meinem Körper nieder. »Wir haben die Energie nie verstanden, aus der das Portal besteht«, spricht Rachel weiter. »Es bildet keinen Durchgang. Jeder, der seine Kraft einmal berührt hat, kann sie nicht wieder ablegen.«

Das Entsetzen überrollt mich wie eine Welle, die mich zu Boden zwingen will. Ich kann auf keinen Fall hierbleiben! Blind vor Panik springe ich auf, beginne zu rennen. Nach dem zweiten Schritt schon komme ich ins Stolpern. Überall liegen Leichen. Der ganze Boden ist bedeckt von den Überresten der Sterblichen.

»*Stevie!*«, brüllt Rachel mir hinterher. »Du kannst nicht gehen, Stevie! Es wird dich nicht gehen lassen! Es lässt niemanden gehen!«

Fast bin ich dankbar für das stotternde Krachen, das plötzlich durch die Halle schallt. Das Surren des Generators ist ins Stocken geraten. Das Gerät gibt ein hustendes Geräusch von sich. Im gleichen Takt schlägt eine Woge aus grünem Licht in den Raum. Das Portal verändert seine

Form. Betonstaub rieselt von der Decke. Hinter mir schlagen erste größere Brocken auf dem Boden auf, treffen die Maschinen. Instinktiv renne ich davon, gerade noch rechtzeitig, bevor ein gewaltiges Stück der Decke den Generator unter sich begräbt. Die Stimmen schreien auf, verwandeln sich in ein ohrenbetäubendes Kreischen, das mir den Schädel zu sprengen droht. »*Bleib bei mir, Stevie!*«, brüllt Rachel mir nach, doch ich höre nicht auf sie. Das grüne Licht ist überall, ich spüre es plötzlich wie flüssiges Metall, das sich in meine Haut brennt, meine Bewegungen zum Erlahmen bringt. Vor mir sehe ich endlich die Tore der Halle, auf die ich zuhaste. Ich renne um mein Leben.

Als ich die Halle verlasse, schlägt mir eine eisige Kälte ins Gesicht. Trockener, frostiger Wind trägt Staub vor sich her. Ich versuche, mich zu orientieren. Ich traue meinen Augen nicht, als ich sie vor mir sehe. Die Brücke. Aber sie sieht anders aus als auf den Bildern, die ich auf meiner Kamera habe. Grau und alt. Instabil und gezeichnet von dem atomaren Frost, der hier herrscht.

Hinter mir stürzt wie in Zeitlupe die Halle in sich zusammen. Der aufgewirbelte Staub wird vom eiskalten Wind in meine Richtung geweht. Ich laufe los. Auf die Brücke zu. Ich muss hier weg!

Plötzlich erzittert der Boden ein zweites Mal unter meinen Füßen. Bevor ich mein Gleichgewicht finden kann, raubt der Schmerz des Aufpralls mir für einen Herzschlag das Bewusstsein. »Bitte sei vernünftig«, wispert Rachels Stimme wieder neben meinem Ohr. Die Luft ist erfüllt von grünem Flirren, das meine Gedanken erlahmen lässt. »Nichts ist mehr so, wie du es kanntest, Stevie. Komm zu mir und bleib bei uns.«

Ich traue mich nicht, die Augen zu öffnen. Denn ich kann hören, was geschieht. Hören, wie mein einziger Fluchtweg von diesem verfluchten Ort unter der Gewalt dieser Energie in einer Staubwolke versinkt. Krachend stürzt die Brücke in sich zusammen, welche zwei Hochplateaus miteinander verbunden hat. Die einstmals so stolze Stahlbeton-Konstruktion, die ich von den Bildern meiner Kamera kenne, scheint in diesem Moment einen letzten entscheidenden Schlag, eine finale Erschütterung erhalten zu haben. Die Teile stürzen in die Schlucht, die einstmals ein gewaltiger Fluss oder sogar eine Meerenge gewesen sein muss.

Das Adrenalin tobt durch meinen Körper und lässt mich langsam begreifen. Von hier an gibt es kein Zurück mehr! Ich huste gegen die gewaltige Staubwolke, die mich umarmt, und fühle mich auf einmal wie gelähmt. Rachel ist da, ganz nah bei mir. Ihre Gegenwart lullt mich ein und lässt dieses Etwas, diese namenlose Energie, die von dem Portal ausgeht, ganz langsam in meinen Geist. Ich vermag nicht zu sagen, was es ist, verliere jedes Gefühl für Zeit. Ich spüre, wie mein Atem nach und nach erlahmt, und kann nichts dagegen tun.

»Was geschieht hier?«, flüstere ich noch einmal und bringe dabei kaum einen Laut hervor. In einem langen Blinzeln verliere ich mich und sehe auf einmal meinen eigenen Körper unter mir zusammengesunken im Staub. Rachel ist bei mir. Ich kann sie spüren, ebenso wie die Gegenwart all der anderen, die von diesem Ort fliehen wollten und ihn niemals verlassen haben. Zwischen ihnen wabert eine kaum sichtbare, undefinierbare Energie. Auf einmal wird mir klar, dass Zeit jede Bedeutung verloren hat. Rachel lächelt über meine Erkenntnis. »Die Menschen haben sich selbst gerichtet. Ihre Zeit ist vorüber. Sie haben geglaubt, dass sie durch das Portal einen Ausweg finden werden, aber ich weiß, dass sie wiederkommen werden, jeder Einzelne von ihnen. Sie haben kein Portal gebaut. Sie haben sich einer Macht hingegeben, die sie selbst gerufen haben. Bleib bei uns, Stevie!«

In diesem Moment wird mir bewusst, dass ich keine Wahl mehr habe. Vor mir liegt ein Körper, in dem allmählich das Atmen erlischt. In seinen erschlaffenden Fingern hält er eine Kamera. Ganz von allein schaltet sie sich an. Ich sehe auf dem kleinen Bildschirm das Bild der Brücke. Warnend blinkt der Akku. Mit seinem Erlöschen verflüchtigt sich mein letzter Atemzug. Jede Emotion ist aus dem verschwunden, was mein Körper zurückgelassen hat. Ich blicke zurück an jenen Ort, wo die Halle in sich zusammengestürzt ist. Ein gewaltiges, waberndes grünes Licht breitet sich immer weiter über dem staubigen Boden aus. Niemand ist da, um es aufzuhalten. Nie hat es jemanden gegeben, der dazu in der Lage gewesen wäre. Auch ich kann nichts tun. So wie die anderen bin ich nun ein Teil von ihm.

Hilf mir, mein Bruder

Meara Finnegan

Meara Finnegan wurde 1983 im Rheinland geboren. Eine ganze Regalwand in ihrer Wohnung besteht aus Fachbüchern, die sie regelmäßig zu Rate zieht. Meistens erfindet sie eigene Phantastikwelten und nutzt ihr Rechercheregal, um eine neue Gesellschaft und Kultur möglichst glaubhaft erschaffen zu können. Manchmal schreibt Meara auch Geschichten in einem historischen Setting, besonders gerne im Alten Ägypten.

»... hörst du mich, mein Bruder? Wache über mich, wie du es die vergangenen zwölf Sommer getan hast. Wandle das Herz des Aufsehers und hilf mir! Deine Schwester Meri ist es, die zu dir spricht. Tue deine Pflicht an ihr.«

Die heiße Luft in der Grabkammer trieb ihr den Schweiß auf die Stirn. Meri sank auf die Knie nieder. Sie legte den Papyrus mit ihrer Bittschrift vor die eingemeißelte Türe. Eine Türe, die sich für sie niemals öffnen könnte. Nur ein Seelenteil ihres Bruders konnte sie durchschreiten. Unglücklich berührte sie sein Abbild.

»Mein geliebter Bruder ... warum hast du mich nur verlassen?«

Sie ließ ihrem Kummer freien Lauf. Seit ihr Bruder die Reise in den Westen angetreten hatte, schien ihr alles zu schwer. Wie hatte sie sich gefreut, als ihr Dienst im Tempel der Hathor begann! Doch dann sagte die Vorsteherin der Sängerinnen, Meris Gesang klänge wie Katzengeschrei. Ihre ganze Freude hatte sich zerschlagen.

Die Vorsteherin der Musikantinnen war freundlicher gewesen, und hatte Meri versprochen, dass sie sich nach der Ernte bei der Auswahl vorstellen dürfte. Doch einstweilen diente sie den Priestern. Ihre Tage bestanden aus Fegen und Wischen, während sie den heiligen Gesang hörte, ohne daran teilzuhaben.

Und der Vorsteher der *wab*-Priester verachtete sie. Jeden Tag, wenn sie aufstand, verkrampfte sich ihr Magen. Er hielt sie für ungeschickt und einfältig. Wann immer er unvermittelt auftauchte, zuckte Meri zusammen und warf etwas um. Wenn sie ihm antworten sollte, wich sie seinem Blick aus oder vergaß die korrekte Anrede. Er würde sie niemals gehen lassen, wenn die hohe Dame Na-nefer die Musikantinnen zur Auswahl rief.

Vielleicht konnte Pentu ihr helfen. Ihr Bruder hatte sie ein Leben lang behütet, er konnte die Verstocktheit des ruppigen Mannes aufbrechen.

Da riss ein Flattern sie aus ihrer Versunkenheit. Ein großer Vogel schlug mit den Flügeln, stieß einen leisen Schrei aus und segelte durch die Eingangstüre nach draußen.

»Pentu!«, rief sie überrascht und voller Freude. Hatte der Vogel einen Menschenkopf gehabt? Es war alles so schnell gegangen! Aber das konnte, das *musste* einfach die Seele ihres Bruders sein! Nie zuvor hatte sie gehört, dass ein Grabbewohner durch die Türe trat, wenn seine Verwandten anwesend waren.

Aber die waren bestimmt nicht so verzweifelt gewesen wie sie.

Hastig erhob sie sich, raffte ihr enges Kleid über die Knie und eilte zur Eingangstüre. Sie merkte kaum, dass sie stürzte, spürte das Brennen der Schürfwunden nicht. Als sie den Eingang passierte, fühlte es sich an, als liefe sie gegen eine dicke, heiße Wand. Jetzt kam ihr die Grabkammer wie eine kühle Oase vor.

»Pentu!«, kreischte Meri und rannte los, die Augen zur gleißenden Mittagssonne erhoben. Schweiß strömte in Bächen über ihren Körper.

Kein vernünftiger Mensch lief in der Mittagshitze *Kemets*.

Meri stürmte durch die Stadt der Toten, stolperte über Hindernisse und prallte gegen die Wände von Gräbern. Unablässig rief sie Pentus Namen. Sie hielt den Blick nach oben gerichtet, bis Punkte vor ihren Augen flimmerten. Ihr Herz klopfte wie rasend, ihr Blut sang vor Freude. Pentu würde ihr helfen, wie er es immer getan hatte!

Es dauerte eine Weile, bis Meri merkte, dass sie nicht mehr fiel. Gegen keine Hindernisse mehr stieß. Sie blickte erstaunt auf ihre Füße, und schwarze Punkte tanzten in ihrem Blickfeld. Es dauerte dreimal zehn Atemzüge, bis sie den dunkelroten Sand und die staubigen Felsbrocken erkannte.

Sie war in die Wüste gelaufen!

Meri drehte sich um, wollte sich orientieren – doch die Nekropole war verschwunden.

Ihr Herz wurde matt. Das konnte nicht sein. So weit war sie nicht gelaufen! Einige der reichsten Grabmäler hatten gewaltige Oberbauten – diese mussten zu sehen sein!

Doch die Wüste erstreckte sich scheinbar endlos vor ihr.

Plötzlich überzog eine Gänsehaut ihren Körper, und sie spürte, wie eine harte Faust ihren Magen zusammenkrampfte.

Descheret – das Land auf der Grenze.

Kein vernünftiger Mensch lief in der Mittagshitze *Kemets*.

Doch Meri war gelaufen – und nun hatte sie sich *ver*laufen.

In das jenseitige Reich.

Die Sonne brannte glühend rot am Himmel, doch Meri spürte sie nicht.

»Pentu. Wo bist du?«, flüsterte sie. Sie wagte nicht, laut zu sprechen, um der Aufmerksamkeit der anderen zu entgehen. Knochenbrecher, Bluttrinker, Weißzahn und wie sie alle hießen, die schrecklichen Wesen, die hier lauerten. Doch so sehr sie auch Ausschau hielt: nirgends war der Vogel zu sehen. Und auch kein anderes lebendes Wesen.

Verzweiflung überkam sie. Wie sollte sie jemals zurückfinden? Schließlich konnte Meri die Tränen nicht zurückhalten und warf sich hemmungslos weinend zu Boden. Der Vogel war doch nicht eine von Pentus Seelen gewesen. Niemals hätte er sie ins Verderben geführt! Vielleicht hatte eine

Kreatur der Zwischenwelt die Chance gesehen, sie in das Land auf der Grenze zu locken und ihre Seelen zu rauben.

Niemals zuvor hatte sie sich so alleine gefühlt. Die Landschaft schien so ausgestorben, als wäre sie der einzig lebende Mensch auf der Welt.

Hier, in *Descheret*, war sie gewiss der Einzige. Nur Verstorbene, die sich verirrt hatten, grauenhafte Wesen und Götter konnten hier wandeln.

Wie sollte sie zurechtkommen, ohne den Bruder, der sie beschützte, die Mutter, die ihr einen Rat gab und den Vater, der für sie bürgte?

Wer würde für sie bürgen, wenn sie den Wächtern des Westens gegenüberstand, den Hütern der jenseitigen Welten? Ihre Seelen konnten nicht für sie aussagen. Noch war sie ein lebender Mensch und ihre Seelenteile fest an ihren Körper gebunden. Sie konnten nicht die Stimme für Meri erheben.

Sie atmete tief durch und wischte mit den Tränen die Augenschminke fort. Vorsichtig blickte sie sich um. Felsen, Steine und dunkler Sand, soweit ihr Auge reichte. Die Berge von Sais waren verschwunden, zusammen mit Mutter, Vater und allen, die sie kannte, entrückt in der Welt der Menschen.

Hier konnte Meri nicht bleiben. Das Land auf der Grenze war zu gefährlich. Neben den dunklen Wesen der Zwischenwelt bestand die Gefahr, Seth über den Weg zu laufen. Die Wüste war seine Domäne, das einzige Refugium, das ihm nach dem Mord an Osiris und dem verlorenen Kampf gegen Horus geblieben war. Wild, unberechenbar und verbittert trieb er sein Unwesen in der Wüste. Einen echten Menschen zu erwischen wäre ein Genuss, den er sich in seinen dunkelsten Träumen wünschte.

Nein, ihr blieb nichts anderes übrig, als einfach loszugehen. Wenn sie den Eingang zur Unterwelt fand, musste sie sich schnell umwenden. Und hoffen, dass niemand sie gesehen hatte.

Vorsichtig setzte Meri einen Schritt vor den anderen. Doch es lief sich so mühelos auf dem steinigen Untergrund, als wäre sie auf einer gepflasterten Straße. Kein Blut benetzte die dünnen Sandalen, keine Anstrengung befiel sie. Dennoch zehrte jeder Schritt an ihren Kräften. Schon nach kurzer Zeit fühlte sie sich so erschöpft, als würde ein Gewicht an all ihren Seelen hängen.

Doch Meri schluckte ihre Verzweiflung hinunter und zwang sich mühsam weiter. Was blieb ihr schon anderes übrig?

Unruhig umfasste sie das Amulett mit dem Horus-Auge an ihrem Handgelenk. Leise sang und rezitierte sie ihre Gebete und Anrufungen an Horus, den Geheilten, und flehte ihn an, sie zu beschützen. Es lenkte sie ab, und sie spürte die Mühsal des Weges nicht. Doch Meri hatte Angst, die anderen anzulocken, und verstummte schnell.

Als sie eine Weile gegangen war, fiel ihr ein Ausweg ein: *Iaru*, das Gefilde der Binsen! Am einen Ende der Wüste erwartete sie die Unterwelt – doch am anderen residierten die glückreichen Verstorbenen! Pentu würde dort sein!

Sie musste sich nur auf irgendeine Weise an den Netzfängern und den anderen Wächtern vorbei stehlen, dann konnte sie mit ihrem Bruder sprechen. Ihn umarmen. Sich von ihm leiten lassen.

Kurz entschlossen wandte sie sich in die Richtung, die sie für Osten hielt. Sie hatte einmal ein Gespräch zwischen den Priestern belauscht, die erwähnten, das Binsengefilde läge am östlichen Horizont.

Wenn sie sich nicht verhört hatte …

Nein! Nur nicht daran denken!

Jeder Schritt war eine Qual. Die Sonne stand noch immer hoch am Himmel, wie in dem Moment, als sie in die

Wüste gelaufen war. Endlich begriff Meri, dass sie nie erfahren würde, wie kalt die Nächte in *Descheret* wurden. Nichts in diesem fremden Grenzland war veränderlich, solange sich ein Eindringling wie sie dort aufhielt. Wie lange lief sie schon? Die Wüste schien endlos. Würde ihr Leben darüber vergehen? Konnte sie hier altern und sterben, obgleich der Tag nicht voranschritt?

Sie umklammerte ihr Horus-Amulett und begann, leise zu singen. *Horus, so wie Isis, deine Mutter, dein Auge wieder hergestellt hat, so bitte ich um deinen Schutz! Dein Körper ist heil, intakt, beide Augen blicken mich an. Lass auch meinen Körper heil überstehen, was vor mir liegt, halte die furchterregenden Kreaturen von mir fern! Kräftige mich, beschütze mich.*

Da bemerkte sie, wie die Last von ihrem Körper abfiel. Mit langen Schritten holte sie aus. Als Zuversicht sie erfüllte, schien sie immer größer zu werden, und ihre Beine immer länger. Sie blickte hinter sich und suchte ihre Fußspuren. Die kleinen Vertiefungen lagen weit auseinander, die Spanne zwischen ihnen sah so lang aus wie vier königliche Ellen. Glücklich schloss sie die Augen und verstummte. Da legte sich das Gewicht des Himmels auf ihre Schultern. Der Atem wich aus ihrer Brust, ihr Blut stockte. Mit letzter Kraft begann Meri zu singen. Und erneut wich das Gewicht von ihr.

Trotzig erhob sie ihre Stimme. Wenn ihr Gesang so furchtbar war, wie man im Tempel behauptete, würde er alle wilden Wesen abschrecken!

Meri sang und sang, bis ihre Stimme heiser wurde. Inzwischen hatte sie aufgehört, ständig über ihre Schultern zu sehen. Obwohl ihr Herz nicht erlahmte und ihr Atem nicht erschöpfte, fühlte sie sich müde. So unendlich müde, dass sie auf die Knie fiel.

Sollten sie sie doch finden und auffressen. Das wäre auch ein Ausweg aus dieser endlosen Wüste.

Da sah sie Pentus Gesicht mit seinem wilden Blick in ihrer Erinnerung. Nein, das durfte nicht passieren, sie musste kämpfen! Wenn sie hier vor Erschöpfung niedersank, ihr Leben aushauchte und starb, ohne ein ordentliches Begräbnis zu erhalten ...

Meri erstarrte. Wenn ihr Körper der Menschenwelt entrückt war und hier im Grenzland starb, wenn ihr toter Körper nicht im Haus des Lebens behandelt wurde, wenn sie keine Grabkammer ihr Eigen nannte, in der sie wohnen und zwischen den Welten wandeln konnte – was bliebe dann von ihr übrig?

Das durfte nicht passieren! Ewige Verdammnis erwartete sie, nur weil sie ihrem Bruder nachgelaufen war. Das war ungerecht!

Du fühlst dich ungerecht behandelt? Dein Handeln war unüberlegt und impulsiv. Du verdienst es, denn dein Schicksal hast du dir selbst bereitet, als du die Regeln gebrochen hast. Beachte die Regeln – oder sei verdammt.

»*Immi-ra?*«, rief Meri entsetzt und blickte sich um. Nicht einmal, wenn sie dem Tode nahe war, blieb sie von der spitzen Zunge des Vorstehers verschont! Sein strenger Blick mahnte sie, seine Missbilligung war zum Greifen nahe. Das Blut rauschte in ihren Ohren. Was erwartete er von ihr? Was sollte sie tun?

Und nun hob er auch noch missbilligend seine Augenbraue! Konnte er nicht ein einziges Mal eine klare Anweisung geben, anstatt zu erwarten, dass sie schon alles wusste?

Sein Gewand flimmerte, zerfaserte am Rand. Meri blinzelte verwirrt, beobachtete seine verschwommene Gestalt – und ihr Ratgeber war fort.

Ein Wegweiser, ein Ratgeber? Doch welchen Rat hatte er ihr gegeben? Er hatte ihr nur Vorwürfe gemacht und sie unter Druck gesetzt, wie immer! Tränen traten in ihre Augen.

Wie viel konnte ein Mensch weinen, bevor seine Tränen versiegten? Meri glaubte, alle Tränen eines Menschenlebens hier in der Zwischenwelt vergossen zu haben. Ihr Gesicht fühlte sich geschwollen und heiß an. Die senkrecht fallenden Strahlen der Sonne brannten auf ihrer wunden Haut.

Schließlich stand sie auf. Rappelte sich mühsam hoch, nahm ihre letzte Kraft zusammen.

Und sie sang. Es blieb ihr nichts anderes übrig, als zu singen und weiterzugehen. Halb blind und krank vor Kummer kämpfte Meri sich durch die Wüste, stolpernd und auf allen vieren.

Es dauerte lange, bis sie das Plätschern von Wasser wahrnahm. Ungläubig hob sie den Kopf. Nie hatte etwas Schöneres ihr Herz erfreut. Die kühlen Wellen, dunkelgrün und lebensspendend, brachen sich verheißungsvoll am Ufer. Sie hatte es geschafft! Sie hatte die Wüste durchquert und den Fluss erreicht, der die Binsengefilde von dem Rand der Welten trennte.

Dankbar schöpfte sie mit der hohlen Hand Wasser und trank sich satt, bis ihr der Bauch schmerzte. Sie dankte Hathor und versenkte übermütig lachend ihren Kopf in den Fluten.

Als Meri die gekühlten Wangen aus dem Nass zog, verlor sie das Gleichgewicht und fiel quietschend in den Fluss. Laut prustend zog sie sich ans Ufer – und erschrak.

Schon wieder war sie unvorsichtig und impulsiv gewesen! Bei dem Lärm, den sie gemacht hatte, musste sie bis in die Tiefe des *Descheret* zu hören gewesen sein! Wie ein gehetztes Tier schaute sie sich um. Doch niemand war zu sehen.

Sie wollte schon erleichtert aufatmen, als sie die grausige Wahrheit begriff: Der Fährmann ließ sich nicht blicken!

Wie sollte sie dann den Fluss überqueren? Wie lange würde sie warten müssen, bis er erneut kam? Oder musste ein Verstorbener, der die Waagprüfung bestanden hatte, ihn rufen?

Ihre Gedanken rasten. Falls er hier auftauchte, würde der Fährmann sie überhaupt mitnehmen? Konnte er ihr ansehen, dass sie die Prüfung der Herzen noch nicht bestanden hatte? Merkte er, dass er keinesfalls einen Verstorbenen vor sich hatte, sondern einen vollständigen, lebendigen Menschen mit all seinen Seelen?

So nah vor dem Ziel zu scheitern, weil sie bloß ein Mensch war! Wenn sie über magische Kräfte verfügte, dann könnte sie die Wellen teilen, und eine Hälfte auf die andere legen, um trockenen Fußes ans jenseitige Ufer zu gelangen.

All die Geschichten über Magier und Götter und Bauern, die sich dem vergöttlichten König widersetzten – warum gab es keine Geschichte über ein einfaches Mädchen wie sie, die sie zum Vorbild nehmen konnte?

Weil du nichts zu tun vermagst, flüsterte eine kalte, boshafte Stimme in ihr. Ihr böser Zwilling, der immer zu ihr sprach, wenn sie sich hilflos und klein fühlte. *Weil du hier sterben wirst, und deine Seelen werden den Rotäugigen und Knochenbrechern als Futter dienen.*

Wütend trat Meri mit den Füßen nach den Wellen, die nunmehr ihr Feind geworden waren. Das kalte Nass kitzelte ihren Fuß. Die wispernden Wellen schienen sie zu verhöhnen.

Sie werden um einen Leckerbissen wie dich kämpfen; wann ist schon ein Mensch so dumm, sich hierher zu verlaufen?

Wenn es doch nur eine Brücke gäbe! Wenn Wunsch und Verlangen jemals etwas bewirkt hätten, dann würden sie eine Brücke entstehen lassen.

Da traf ihr Fuß plötzlich auf Widerstand.

Sie war bloß ein Mensch. Ein Mädchen bar jeder Magie, das nicht einmal zu singen vermochte. Doch im Land auf der Grenze unterwarfen sich die Elemente dem unbändigen Willen des verzweifelten Mädchens. Ihr Fuß, der eben noch eingetaucht war in das kühle Nass, schritt nun auf einer festen Fläche.

Zuversichtlich lief Meri über das Wasser, als habe sie nie etwas anderes getan. Mit jedem Schritt, den sie tat, wurde die boshafte Stimme in ihr leiser. Früher einmal war es Pentus Aufgabe gewesen, sie zu vertreiben.

Doch Pentu war fortgegangen und gestorben.

Als sie vor einer hohen, nahezu unüberwindbaren Erzmauer stand, lächelte Meri nur spöttisch. Sie schloss die Augen, stellte sich vor, sie würde auf die andere Seite schweben – und ein sanfter Wind hob sie empor und setzte sie drüben vorsichtig ab.

Gespannt blickte Meri sich um. Wogende Weizenfelder erstreckten sich, soweit ihr Auge reichte. Am Horizont sah sie einige kleine Landhäuser. Der Geruch nach Freiheit, sonnengewärmten Früchten und Bier lag in ihrer Nase.

»Duck dich«, sagte eine desinteressierte Stimme neben ihr.

Meri fuhr herum und sah einen gepflegten Mann in feinstem Leinen, der mit ruhigen Bewegungen das Getreide schnitt.

»Sie werden dich töten, wenn sie dich finden«, fuhr er ruhig fort.

Gehetzt blickte Meri sich um. Von wem sprach er?

»Doch tot ist nicht tot«, sagte der Mann lethargisch. »Wie nennt man es, wenn sie deine Seelen in Stücke reißen und dir den Weg ins Binsengefilde verschließen? Das müsste einen anderen Namen haben als bloß ›Tod‹.«

Knurren und panisches Geschrei drang an Meris Ohren. Erschrocken schaute sie sich um und versuchte herauszufinden, woher es stammte.

»Was soll ich tun?«, fragte sie panisch.

»Duck dich«, wiederholte der Mann in seiner monotonen Stimme.

Kurzentschlossen ließ Meri sich auf den Boden fallen und rollte hinter einige Getreidegarben.

Das Stampfen von Füßen, Schmerzensschreie und dunkle Rufe des Triumphs schallten zu ihr herüber. Zitternd lag Meri unter diesem Stroh. Sie wagte es nicht, sich zu bewegen, und malte sich die schlimmsten Dinge aus. Sie lauschte konzentriert, doch in ihren Ohren vernahm sie nur ein Rauschen.

Beinahe blieb ihr Herz stehen, als ein Holzstab sie grob in die Seite stieß.

»Sie sind fort. Und ich muss die Garben wenden.«

Vorsichtig rappelte sich Meri auf und blinzelte gegen die Sonne.

»Wer war das?«, fragte sie entsetzt und blickte sich misstrauisch um.

»Die Netzfänger und Messerstecher, die Osiris und jeden ihm Gleichen hier beschützen.«

»Beschützen – vor was?«, fragte Meri ängstlich.

»Vor denjenigen, die sich eingeschlichen haben oder nicht hierher passen. Vor solchen wie dir.«

Meri erstarrte.

»Verrate mich nicht!«

Sie war einer Panik nahe. Wie konnte sie nur einen Mann überzeugen, der vollkommen bar jeder Gefühlsregung zu sein schien?

»Nur keine Sorge. Ich habe kein Interesse an den Intrigen der Bewohner hier.«

Dankbar schloss Meri die Augen und sank zu Boden. Schließlich raffte sie all ihre Würde zusammen, um ihrem Retter zu danken. Er fuhr ruhig fort, seine Ähren zu ernten. Mit heiterer Gelassenheit zog er seine Sense durch die Halme, ohne auch nur nach links oder rechts zu sehen. Als gäbe es nichts anderes auf der Welt als dieses Getreide.

»Wer bist du? Was machst du im Binsengefilde?«, fragte Meri, rappelte sich auf und trat langsam zurück. Suchte einen Fluchtweg vor diesem Dämon.

Denn eine finstere Gestalt musste er gewiss sein. Seine fein manikürten Finger, die sorgfältig geschminkten Augen und die feine Perücke deuteten auf einen Mann allerhöchsten Ansehens.

Und dennoch verrichtete er die Arbeit eines Bauern.

»Mein Name ist Pi-anch-hor, Domänenverwalter der Prinzessin Ni-anch-cheres, Kabinettvorsteher, Oberster Siegler Seiner Majestät.«

Meri nickte höflich und dachte fieberhaft nach. Auch seine Titel zeugten von einem ausnehmend hohen Rang.

»Was tust du hier im Binsengefilde?«, fragte sie vorsichtig.

»Ich ernte dieses herrlich goldene Getreide. Siehst du, wie stark und gesund es ist? Aus dessen Broten werden wir ein feines Bier brauen.«

Meri nickte ernsthaft, als würde es schlüssig klingen, was er sagte. Unauffällig bewegte sie sich von ihm fort.

»Und was tust du danach?«

»Danach? Ich weiß es nicht. Kann denn irgendjemand von uns vorausplanen?«

Meri erschauderte. Diese Sichtweise war so fremd, ganz und gar nicht eines Bewohners von *Kemet* gleich.

»Wenn die Stimme des Pi-anch-hor ruft, um eine Arbeit zu verrichten, werde ich aufstehen und den Ruf beantworten.«

Vor Erleichterung hätte sie beinahe gelacht. Er war kein Dämon, nur ein *Uschebti!* Eine auf magische Weise belebte Statue, die an Stelle des Verstorbenen im Jenseits arbeiten sollte. Meri hatte erwartet, sie sähen wie gebrannte Fayence aus, nicht wie ein tatsächliches Ebenbild des Grabherrn.

»Kennst du Pentu?«, fragte Meri nach. »Pentu, Sohn des Hori, aus Sais?«

»Nein«, sagte der *Uschebti*.

Meris Herz sank. Natürlich nicht. Es war nur ein Antwortender!

»Vielleicht befindet er sich am entgegengesetzten Ende ... Du kannst doch unmöglich alle Verstorbenen hier kennen.«

»Gewiss«, sagte er. »Ich kenne einen jeden, denn ich kenne ihre Antwortenden. Dein Pentu ist nicht im Binsengefilde.«

Meris gesamter Körper wurde taub. Das konnte nicht sein! Pentu hatte ein starkes Herz, er musste die Waagprüfung bestanden haben!

»Du musst gehen«, sagte der Antwortende. »Hörst du den Lärm? Die Netzfänger werden dich bald finden. Und töten.«

»Vielleicht kann ich sie täuschen«, rief Meri atemlos.

»Kaum. Die Sprüche in deinem Haus des Lebens schützen dich. Hast du junges Ding etwa schon für dein Leben im Binsengefilde vorgesorgt?«

»Natürlich«, behauptete Meri hastig.

»Aber du bist ein Mensch.« Der Antwortende zerstörte ihre letzte Hoffnung. »Die Männer mit den Netzen sehen den Unterschied zwischen jemandem, der die Prüfung der Herzen bestanden hat, und einem Menschen.«

Auf einmal begriff Meri, die sich nie mit den jenseitigen Welten beschäftigen musste, die erst zwölf Sommer zählte, warum sie ihren Bruder hier nicht fand.

»Du hast gesagt, Sprüche im Haus des Lebens schützen meinen Bruder vor den Wächtern. Vielleicht wurden die Sprüche zerstört, sein Haus des Lebens entweiht – deswegen musste er vor den Netzfängern fliehen und du kennst ihn nicht als Bewohner des Binsengefildes?«

»Mag sein. Ich bin nur ein Antwortender, von solchen Dingen weiß ich nichts«, sagte der *Uschebti*.

»Das muss Pentu passiert sein!«, rief Meri atemlos. »Oder fällt dir eine andere Erklärung ein?«

»Was du sagst, klingt schlüssig. Doch es könnte ebenso gut sein, dass er die Waagprüfung nicht bestanden und Ammit seine Seelen gefressen hat.«

»Er war – er *ist* ein guter Mensch!«, gab Meri hitzig zurück. »Er hat bestanden! Ich lasse mich einfach von diesen Fängern mitnehmen zu Pentu.«

»Sie behandeln Eindringlinge als Feinde«, sagte der Antwortende. »Sie stellen keine Fragen. Sie werden dich verletzen oder töten.«

»Aber ich muss Pentu finden!«

»Was hat dein Bruder als Mensch getan?«, fragte der *Uschebti*.

»Er war Soldat«, sagte Meri tonlos. »Er hat mit Thutmosis Men-cheperu-Re in Megiddo gekämpft und ist dort gefallen.«

Die Wunde, die dieser Verlust geschlagen hatte, war noch immer nicht verheilt.

»Das ist nichts, worauf man stolz sein kann. Im Kampf sterben kann jeder. War es seine erste Schlacht?«, fragte der Antwortende.

Meri schluckte eine scharfe Bemerkung hinunter. Der Mann, mit dem sie sprach, war eigentlich kein Mann. Niemals hatte er eine Mutter umarmt, ein Kind gewiegt oder einen Freund gehabt. Er wusste es nicht besser.

»Nein. Und er hat zwei Orden für Tapferkeit bekommen!«

»Dann hat er gelernt, auf sich selbst aufzupassen. Wie könnte ihn ein kleines Mädchen wie du vor den Netzfängern retten, wenn er als verdienter Soldat es selbst nicht vermag? Wenn er so fähig ist, wie du sagst, dann kann er vor ihnen fliehen. Du musst währenddessen sein Haus der Ewigkeit wiederherstellen, um ihn zu retten.«

Meri widerstrebte es, zu gehen. Sie hätte ihr Leben gegeben, um ihren Bruder zu beschützen. Doch das war nicht der richtige Weg: Sie musste nur fliehen und am Leben bleiben. Damit sie sein Grab erneut vervollkommnen konnte.

»Ich danke dir«, sagte Meri und umarmte den *Uschebti* herzlich. Sein Körper wurde steif. Er verstand menschliche Regungen nicht.

Meri löste sich von ihm und stürmte zurück zur Mauer. Sie schloss die Augen und wünschte sich mit aller Kraft, das Hindernis zu überwinden. Hinter sich hörte sie lautes Geschrei, und kaum, dass sie vom Boden abgehoben war, krachte dicht unter ihr ein Speer gegen die Mauer.

Der Schwung, mit dem sie über die Mauer getragen wurde, brachte sie bis auf die andere Seite des Flusses. Entschlossen stürmte sie durch die fremdartige Wüste. Ihre unmelodische Stimme schmetterte eine Hymne an Horus und schützte sie so vor den Unbill des Grenzlandes. Mit riesigen Schritten durchquerte sie das gesamte Wüstengebiet und suchte das Grabmal ihres Bruders auf. Vorsichtig umrundete sie es. In der Rückwand fand sie ein Loch, geschickt verborgen von einigen Felsbrocken. Jemand hatte sich Zutritt verschafft und sein Grab geplündert! Langsam ging Meri zurück zum Eingang. Sie konnte kaum fassen, welch schrecklicher Frevel begangen worden war.

Pentu, mein Bruder. Wie oft hast du mir geholfen. Nun bin ich an der Reihe. Ich werde dein Haus der Ewigkeit wiederherstellen, dich vor der Verdammnis retten.

Sie betrat das Grabmal und blickte auf das Abbild seines Bewohners, erstarrt in der Bewegung. Pentu war in der Unterwelt gefangen, er könnte niemals hier heraustreten.

Es würde die Familie viel kosten, die geplünderten Grabbeigaben zu ersetzen. Und wie konnte man die Wächter der Nekropole nur dazu bringen, Pentus Grab zu schützen? Wenn sie sich vor den finsteren Nachtgestalten fürchteten, würden sie die Nekropole nicht schützen, ganz gleich, wie viele Bestechungsgelder man zu zahlen bereit war.

Meri reckte widerspenstig das Kinn. Dann musste sie eben bis zum Stadtvorsteher gehen! Sie wusste noch nicht, wie sie diese Aufgabe bewältigen könnte. Doch sie würde es schaffen!

Die alte Meri war im Grenzland gestorben. Der Teil von ihr, der sich klein fühlte und sich vor einem Priester fürchtete, war im Angesicht von Wüstenglut, unüberwindbaren Hindernissen und tödlichen Kreaturen erloschen.

Sie legte eine Hand auf das Abbild ihres Bruders.

»Pentu, hörst du mich? Deine Schwester Meri ist es, die zu dir spricht. Sei unbesorgt. Dieses Mal werde ich dich retten.«

Die große Not

Thomas Karg & Vanessa Kaiser

Bei den Autoren **Thomas Karg** und **Vanessa Kaiser** geht es gern mal düster zu. Sie sind in der düsteren Phantastik, im Grusel, im Horror und in der Postapokalypse zu Hause – also überall dort, wo die Angst und das Grauen lauern. Doch auch in anderen Genres wie Krimi und Thriller probieren sie sich mittlerweile aus – ob im Team oder allein.

Nur eines kommt für sie nicht in Frage: ihre Leser zu langweilen!

Für die Anthologie »Mysterien der See« (Verlag Torsten Low) fungierten die beiden als Herausgeber. Zudem haben sie separat voneinander Romane und Kurzgeschichten/-sammlungen veröffentlicht.

Gemeinsam mit Thomas Lohwasser schreiben und betreuen sie seit 2019 die postapokalyptische Romanreihe »Die Erben Abaddons« (Verlag Torsten Low).

Weitere Infos unter: www.thomas-karg-autor.de und www.lohwasser-kaiser.de

»Pugnatoris!«, rief Muliane.

Pugnatoris sah seine Frau durch den Schnee auf sich zueilen, kaum dass er mit den anderen Jägern ins Dorf zurückkehrte. Weiße Atemwölkchen verließen stoßweise ihren Mund. Ihr ausgemergeltes Gesicht schmerzte ihn mehr, als es eine gebrochene Rippe gekonnt hätte. Er wusste, dass sie und die restlichen Frauen voller Bange auf die Jäger gewartet hatten, nachdem sie im dichten Schneetreiben Brennholz gesammelt und nach scheinbar unsichtbaren Früchten gesucht hatten. Nur um – wie zu oft – kaum etwas zu finden.

»Habt ihr einen Hirsch erwischt?«, fragte sie.

Pugnatoris wich ihren Augen aus, blickte zurück zu seinen Jagdgefährten.

»Dieser Hirsch …«, begann er und ließ den Kopf sinken. Er konnte die sterbende Hoffnung im Gesicht seiner Frau nicht ertragen.

»Was ist passiert?«

Sie verstummte, als sie zwei der Männer in blutigen Fetzen bemerkte. Ein anderer hinkte.

Eine scharfe Böe kam auf, und die Kälte fuhr Pugnatoris unter den dicken Wollmantel. Er sah, dass auch Muliane fröstelte.

»Wir hatten wahrhaftig einen aufgespürt, hatten ihn schon umzingelt«, sprach er weiter, noch immer, ohne sie anzusehen. »Dann kamen die … Horntiere. Sie haben Saleris getötet. Wir hatten keine Chance.« Er fuhr sich mit beiden Händen über das Gesicht, als könnte er das Leid, den Schmerz und die Schande wegwischen.

Dabei fiel seiner Frau die Wunde an seinem Arm auf. Sie fasste seine Hand und schob den Ärmel hoch. Beschämt zog er sie wieder fort.

»Habt ihr irgendwelche Früchte gefunden?«, fragte er.

»Nur ein paar essbare Wurzeln.«

Pugnatoris blickte in die Runde. Das ganze Dorf hatte sich in der Hütte des Rates versammelt. Er war erschüttert. Zehn Männer und sieben Frauen, manche trugen blutige Verbände, andere niesten und schwitzten im Fieber, und alle waren auf Haut und Knochen abgemagert – das war der harte Kern, der die ersten Monate dieses nicht enden wollenden Winters überstanden hatte. Der Rest … mochten die Götter ihren Seelen die ewige Freiheit gewährt haben.

Erais, der Dorfälteste, stampfte mit dem Zeremonienspeer auf den Holzboden.

»Jäger mit euren Frauen! Großes Unglück widerfährt unserem Volk, niemand weiß, warum der Schnee nicht weichen will und der Kalte Atem sich einen nach dem anderen von uns holt. Schon sieben Monate wütet das Eis, vier Monate mehr, als es üblich ist. Die vergangene Jagd hat es uns gezeigt: Das Wild verlässt unsere Breiten, und die Letzten der Tiere sind in ihrem Hunger wütender und gefährlicher denn je. Selbst die Wurzeln und Knollen, die unsere klugen Gefährtinnen für uns suchen, sterben in dem harten Boden schneller, als wir sie ausgraben und essen können. Die Götter müssen sich von uns abgewandt haben. Doch warum, so frage ich euch? Womit haben wir sie derart erzürnt?«

Besorgtes Murmeln erhob sich im Raum, bis Erais erneut den Speer auf den Boden stieß. Wie ein Baum stand der alte Jäger da, zu voller Größe aufgerichtet, sein Blick strahlte vor Entschlossenheit. Die Augen der anderen richteten sich hoffnungsvoll auf ihn. Niemand konnte seine Frage beantworten, doch sie alle vertrauten Erais, er und der Rat hatten bisher immer eine Lösung für ihre Probleme gefunden.

»Jeder von uns weiß, dass es wahr ist: Wir werden sterben, wenn sich nichts ändert. Doch wir sind die Gefolgsleute von Breris, dem Gott der Jagenden, und wir schützen unsere Frauen!«

Aus allen Kehlen drang gleichzeitig der Volkesruf: »Breris, weise uns! Breris, wir folgen dir!«

Erais sprach weiter: »Semagis, Heralis und ich haben uns beraten. Wir haben alle Möglichkeiten abgewogen. Zunächst meinten wir, wir sollten aufbrechen und nach Süden wandern. Doch wir sandten Latoris aus, um nach dem Ende des Kalten Atems zu spähen. Mein Sohn, berichte uns, was du herausgefunden hast.«

Latoris trat vor den Ältesten. Er war der Ausdauerndste von ihnen, hatte schon immer weiter rennen können als jeder andere. Auch ihm sah man die Entbehrungen an. Unter seinen Augen lagen tiefe Schatten, und seine Gestalt war hagerer als je zuvor.

»Ich habe keine gute Botschaft. Zehn Tage und zehn Nächte bin ich nach Süden gelaufen. Doch das Eis endet auch dort nicht, und ich bin sicher, es bedeckt die ganze Welt.«

Erais warf einen langen Blick in die Runde.

»Ihr seht, wir können nicht einfach losziehen und unseren einzigen Schutz zurücklassen, den wir hier, in diesem Tal, in unseren Hütten haben. Wir wüssten nicht, wie lange und wie weit wir zu gehen hätten, bevor wir überhaupt wieder einen Platz zur sicheren Rast finden würden. Und wie sollten wir die Kranken und Verletzten mit uns nehmen? Wir sind nicht mehr viele, wir würden eine solche Wanderung nicht überstehen.«

Keiner sagte etwas. Beinahe greifbar war die Verzweiflung, wie ein abgenagter Kadaver schien sie zwischen allen zu liegen. Schließlich erhob der Älteste erneut seine Stimme:

»Und doch können wir nicht tatenlos abwarten. Uns bleibt nur ein Weg. Pugnatoris, tritt vor.«

Erschrocken wandte sich Pugnatoris seiner Frau zu, die hinter ihm stand, dann sah er wieder Erais an.

»Ich?«

»Du bist unser jüngster Jäger, mein Sohn. Trotz deiner Verletzung besitzt du noch immer genügend Lebendigkeit und Stärke, um der großen Prüfung gerecht zu werden.«

»W-welcher Prüfung?«, brachte Pugnatoris hervor und hasste sich dafür, dass seine Stimme dabei zitterte.

»Wir haben uns entschlossen, die Götter um Gnade anzuflehen. Wir werden ihnen unseren gesündesten und stärksten Jäger senden, auf dass er für uns bitte und ihnen im Gegenzug seine Dienste anbiete.«

Pugnatoris erstarrte. Hinter sich hörte er einen leisen Schrei. Muliane. Ansonsten herrschte Stille in der Hütte, so tief und eisig wie der klirrende Winter vor der Tür. Niemand hatte damit gerechnet. Niemand hatte sie selbst erlebt, die größte aller Prüfungen. Seit vielen Generationen war sie schon nicht mehr ausgeübt worden. Die Opferung eines Jägers.

Pugnatoris sah aus, als wäre er selbst ein Gott, als er die Hütte verließ. Stundenlang hatte man ihn mit vereinten Kräften auf das Ritual vorbereitet. Sie hatten ihn eingeölt und in die kostbarsten, dicksten Pelze gehüllt, die roten Haare zu einem langen Zopf geflochten, den Bart und die Brusthaare rasiert; dreimal war er gewaschen worden, seine Wunden mit frischen Verbänden umwickelt. Anschließend hatte man ihn mit dem Gold des Rates behängt und ihm eine solch gewaltige Portion Eintopf zu essen gegeben, wie sie an normalen Wintertagen an fünf von ihnen ausgegeben worden wäre. Pugnatoris hatte das Mahl kaum herunterbekommen, zu sehr würgte ihn die Angst. Doch bei seinem Treffen mit den Göttern musste er stattlicher und kräftiger wirken, als er angesichts der Umstände sein konnte. Erschien er den Mächtigen zu schwach, würden sie ihn ablehnen, und alles wäre vergebens gewesen.

Die dicke Holztür fiel hinter ihm zu. Ein endgültiger Laut, der Pugnatoris wie eine Faust in die Magengrube fuhr. Dicht schwebten die dicken Schneeflocken vom Himmel und schmolzen auf seinen erhitzten Wangen. Bald war sein Gesicht nass wie von Tränen.

Um ihn herum herrschte Totenstille. Alle Frauen waren in die Hütten verbannt worden, einzig die Männer standen davor und warteten auf seinen Aufbruch. Er presste die Lippen aufeinander, sog die kalte Luft ein, um einen klaren Kopf zu bekommen, und richtete den Blick geradeaus. Dann setzte er sich in Bewegung. Begleitet wurde sein letzter Gang von Erais und von Gadunis, seinem treuesten Jagdgefährten. Wie gerne hätte er Muliane an seiner Seite gewusst – doch das Ritual duldete keine Frauen. Er durfte sie an diesem Tag nicht einmal küssen oder bloß in den Arm nehmen. Die, die man liebte, unmittelbar um sich zu haben, bedeutete schwach zu sein, so hatte der Älteste es beschrieben. Die Götter aber duldeten keine Schwachen, keine Kranken und gewiss keine Verliebten. Denn solche würden niemals vollkommene Diener sein. Man musste alles zurücklassen, bevor man vor das Antlitz der Götter trat. Als Pugnatoris an der Reihe der Jäger vorüberschritt, bewarfen sie ihn schweigend mit Kiefernnadeln. Diese sollten ihn lösen von allem, was ihn noch band.

»Hier ist es, mein Sohn. Wir sind angekommen«, durchbrach der Älteste das eisige Schweigen. Sie hatten sich stundenlang durch den tiefen Schnee gekämpft, doch die Stelle, an der sie hielten, schien willkürlich. Ein Ort in der Ödnis. Das heimische Lager war längst nicht mehr zu erkennen.

Auch der Wald, in dem sie im Sommer stets gejagt hatten, war nur noch schemenhaft am Horizont zu sehen.

»Weshalb hier?«, fragte Pugnatoris.

Der Älteste fuhr herum. Seine ausgezehrten Wangen bebten.

»Wage es nicht, die Götter infrage zu stellen! Wir befinden uns direkt auf dem Tor zu ihrer Welt. Merke dir eines: Wir sind nur jämmerliche Gäste, die ihre Ruhe stören, um ihre Aufmerksamkeit zu erbitten und um Gnade zu flehen! Also frage nicht, mein Sohn, sondern hoffe!«

Pugnatoris verstummte.

»Es ist der Ort, der am weitesten von unserem Lager und dem Wald entfernt ist. Hier wird niemals etwas wachsen, denn dies ist der Boden der Götter. Und hier, mein Sohn, wird dein lebloser Körper begraben und dein Geist zu den Mächtigen hinabfahren.« Er wandte sich von ihm ab. »Gadunis, der Speer.«

Pugnatoris sackte innerlich zusammen, als er diese Worte vernahm.

Bleibe stark!, dachte er. Dies war der Boden der Götter! Hier hatte Schwäche nichts verloren. Doch so sehr er sich auch beschwor, Pugnatoris fühlte sich unwürdig. War er wahrhaftig die richtige Wahl? Schließlich war erst ein Tag vergangen, seitdem ein anderer Jäger neben ihm den Tod durch die Horntiere gefunden hatte. Pugnatoris hatte ihn nicht beschützen, ihm nicht helfen können – und nun sollte er ein erhabener Mann sein, der dem strengen Antlitz der Götter gegenübertrat? Am liebsten wäre er, so schnell es seine Beine hergaben, zurück ins Dorf gerannt und in Mulianes tröstende Arme gefallen.

»Geh auf die Knie, mein Sohn.«

Es war zu spät. Pugnatoris sank widerstandslos hinab. Erais hob den Speer, dessen Spitze aus purem Gold bestand. Jahrzehntelang hatte dieser Speer kein Blut mehr kosten müssen, doch nur ein durch Gold Getöteter konnte jemals das Götterreich betreten und zu den Mächtigen sprechen. Einfacher Stahl bedeutete Schwäche, sagte der Älteste.

Schwäche, dachte Pugnatoris. Wenige Sekunden kniete er erst, aber er fror, dass ihm beinahe die Zähne klapperten. Gerade als er sich endgültig bewusst wurde, dass er den Göttern nicht würdig war, spürte er die goldene Spitze an seinem Hals.

Erais rammte den Speer tief in seinen Körper hinab, bis dieser das Herz durchstach.

Ein schwarzes Flammenmeer umhüllte Pugnatoris, wirbelte vor seinen Augen, bis er nichts mehr sah. Dann strömten gleißende Lohen durch die Einstichstelle, drangen in seinen Leib und fraßen sein Inneres mit wütender Gier. Er schrie, zumindest versuchte er es, doch der Speer steckte fest in seinem Hals.

Pugnatoris hatte das Gefühl zu fallen – tiefer und tiefer und immer weiter hinab in die Endlosigkeit, während sein Körper von der Hitze der schwarzen Flammen aufgezehrt wurde. Es fühlte sich an, als risse der Wind ihn auseinander, seinen Leib, der zu nichts als kalter Asche zerfiel.

Blind und taub stürzte Pugnatoris durch das Nichts, doch schließlich klatschte sein Körper, oder das, was noch von ihm übrig war, in eisige Fluten und versank darin wie ein Stein. Im ersten Augenblick verschlug die Kälte Pugnatoris den Atem – es war ihm, als wäre er ein Stück glühendes Metall, das zischend in den Wassertrog getaucht wurde, doch die Kälte vertrieb das schwarze Feuer, und mit dem Feuer verging auch der Schmerz. Und mit dem Schmerz verlor sich der Schrei, der in Pugnatoris' Kehle stecken geblieben war. Frieden umfing den Jäger.

Sanft wie eine Feder sank er in die finsteren Fluten hinab, bis er endlich auf dem Grund der Ewigkeit ankam. Er fühlte nichts mehr. Nichts, außer dem Sand unter sich. Auch sah er noch immer nichts. Doch er hörte. Er vernahm ein Geräusch, gleichmäßig, zart und leise wie der Atem seiner geliebten Muliane in den Tiefen ihres Schlafs. Pugnatoris lauschte. Das Geräusch erfüllte ihn mit Ruhe und Geborgenheit.

Lange lag er so da, bis schließlich Licht durch seine geschlossenen Lider drang. Er schlug die Augen auf und sah, dass er sich an einem Strand befand, dessen Sandkörner so fahl und weiß wie gemahlene Knochen waren. Das Geräusch, das ihn seit geraumer Zeit begleitet hatte, rührte von dem Meer, das mit kleinen, weichen Wellen an Land schwappte. Das Wasser dieses Meeres – es war rot wie frisches Blut. Vorsichtig setzte er sich auf und sah an sich hinunter. Sein Körper war vollkommen unversehrt. Einige Schritte weiter lagen seine Pelze, nass und unbrauchbar. Doch er benötigte sie nicht, denn es war sommerwarm. Der Himmel war endlos blau und wolkenlos wie damals, bevor der ewige Winter begann.

Pugnatoris wischte sich über das Gesicht – und blieb an etwas hängen. Es war der Speer, noch immer ragte er rechts neben seinem Gesicht aus dem Hals. Pugnatoris' zitternde Finger fuhren an dem Holz entlang bis zur Einstichstelle. Die goldene Spitze steckte tief und fest in ihm. Dennoch spürte er keinen Schmerz. Er musste *tot* sein, also musste dies das Götterreich sein! Das Gold, das sein Herz durchstach, hatte ihn hierhergebracht.

Er erhob sich. Der helle Strand blendete ihn, doch erkannte er ganz in der Nähe eine Anzahl mächtiger Säulen, die einander gegenüber aus dem Sand emporragten und eine Art Spalier bildeten. Der Säulenweg, der so entstand, war wie eine unausgesprochene Aufforderung, ihm zu folgen. Pugnatoris wurde schwindelig ob der Ehrerbietung, die in ihm aufstieg. Wie viele Auserwählte hatten diese Gasse vor ihm durchschritten? Einen kurzen Moment hielt er inne und sammelte sich. Dann ging er auf die Säulen zu. Seine Schritte knirschten im Sand; neben dem Rauschen der Wellen war dies das einzige Geräusch. Unbehaglich blickte er zurück. Der Strand war wie ausgestorben, nicht einmal der kleinste Vogel kreiste am Himmel, wie Pugnatoris es aus längst vergangenen Sommertagen kannte. Noch nie zuvor war er alleine losgezogen, nun aber musste er ohne Begleitung ins Ungewisse schreiten.

Er straffte die Schultern, die ihm unbewusst nach unten gesunken waren, und atmete tief ein. Er war ein Jäger, kein ängstliches Reh. Er, Pugnatoris, war gesandt worden, um mit den Göttlichen zu sprechen. Das Volk – der Dorfälteste höchstpersönlich – hatte ihn dazu auserwählt.

Bald erkannte er, dass einige von den Säulen umgestürzt waren. Seine Verwirrung wuchs mit jedem Schritt. Von den imposanten Steinstützen stand mittlerweile keine einzige mehr auf ihrem Fundament. Zertrümmert wie die Knochen eines Jägers nach einem Horntierangriff lagen ihre Bruchstücke im Sand. Das Beunruhigendste daran war, dass die Schäden frisch wirkten. Weder Verwitterung noch ein Bewuchs mit Flechten oder Moosen deutete darauf hin, dass die Zerstörung länger zurücklag. Pugnatoris spürte Furcht in sich aufsteigen.

Er kletterte über die zerschellten Steine, erreichte den Kamm der Dünen. Endlos breitete sich der blendend weiße Sand unter dem Himmelsblau aus, doch Pugnatoris starrte nur auf das Bild der Verwüstung, das sich ihm bot. Das Ausmaß war immens – die umgestürzten Säulen waren nichts dagegen. Es musste bis vor kurzem eine große Anzahl von Gebäuden hier gestanden haben. Von ihnen war fast nichts geblieben. Wie Leichenteile auf einem Schlachtfeld lagen Holz und Steine im Sand verteilt. Dort, wo Pugnatoris das Gewaltigste der ehemaligen Bauwerke vermutete, vielleicht ein Versammlungshaus oder ein Palast der Götter, ragte eine Ruine aus dem Boden; genauer gesagt, zwei bröckelige Mauern. Er stapfte hinüber und fuhr mit der Hand über den rauen Stein.

Was, im Namen der Mächtigen, ist hier passiert?

Plötzlich vernahm er etwas.

Pugnatoris riss die Hand von der Mauer, wirbelte herum. Da war – nichts. Er verharrte, lauschte. Das Geräusch drang hinter der Wand hervor. Ein Lachen. Nein, ein Wimmern, vielleicht ein Weinen. Etwas daran verursachte Pugnatoris Gänsehaut. Er nahm seinen Mut zusammen, schlich um die Mauer herum und stutzte. Vor ihm kauerte ein Kind mit dem Rücken an der Wand.

»Was machst du denn hier?«, fragte Pugnatoris.

Das Weinen verstummte. Das Kind hob den Kopf – und Pugnatoris blickte in das Gesicht eines Greises, ausgezehrt, furchig. Die faltige Haut hing schlaff herab wie alter Stoff. Nachdem es Pugnatoris entdeckt hatte, verzerrte es das Furchengesicht zu einem wahnsinnigen Grinsen.

»Was ich hier mache? Sitzen! Siehst du das nicht? Der Speer steckt doch gar nicht in deinen Augen.«

Eine neuerliche Gänsehaut kroch über Pugnatoris' Nacken und Arme. Die Mischung der hohen, kindlichen Stimme mit dem Gesicht eines gequälten Alten war grauenhaft. Es war *falsch*. Alles hier erschien ihm falsch, und er wünschte sich sehnlichst nach Hause zu seiner geliebten Muliane. Unbehaglich berührte er den Speer, der aus ihm herausragte.

»Hör mal …«, begann er. »Ich muss zu den Göttern. Weißt du, wo ich sie finde?«

Das grausige Kind begann zu lachen, schrill und laut. »Wo du die Götter findest? Na hier! Hahaha, sieh her, hier ist Zylais!«

Das Kind zeigte auf die eigene Brust. Pugnatoris riss die Augen auf.

»Zylais? G-Gott des Kampfes?«

»Ja, und auch Breris.«

»Zylais *und* Breris?«

»Und Fegis. Und Owakis und Miratisis und Lasuris. Hahaha! Und alle anderen.«

»Alle … anderen?«

Das Kind kicherte und nickte. »Alle!«

Pugnatoris war entsetzt. Womit hatte er es hier zu tun? Dieser irre *Knirps* wollte ein Gott sein? Er wollte *alle* Götter sein? Wie war das möglich?

»Du glaubst mir nicht, das sehe ich dir an.«

Pugnatoris' Mund öffnete sich, doch die Worte blieben in seiner Kehle stecken.

»Gut, sieh her.« Der Knirps streckte seinen Arm zur Seite aus. Dann ballte er die Faust.

Ein Knall. Pugnatoris fuhr herum. Hinter ihm senkte sich eine Staubwolke. Noch ein Krachen ertönte. Er sah eine der liegenden Säulen platzen und den Steinstaub wie Schneeflocken herabrieseln.

»Glaubst du mir jetzt? Hier ist dein Gott. Alle deine Götter.«

Pugnatoris fiel auf die Knie.

»Verzeiht mir, dass ich Euch nicht sofort erkannte«, stammelte er in den Staub. »Aber … wie kann das sein … alle Götter auf einmal?«

Das göttliche Kind stieß erneut sein fürchterliches Lachen aus.

»Da ist genügend Platz in mir! Sie sind alle hier. Miratisis und Fegis und Zylais und Odemis.«

»Odemis …? Auch Odemis, Gott des Kalten Atems?«

»Hahaha! Direkt vor dir.«

Pugnatoris' Herz pochte vor Aufregung. Egal, wie verrückt das alles hier sein mochte, er war fast am Ziel!

»Mächtiger Odemis, mein Volk hat mich zu Euch gesandt, damit ich Euch diene und Euch um Hilfe anflehe. Wir sind in großer Not und …«

Das Kind unterbrach Pugnatoris durch sein groteskes Lachen.

»M-mein Herr?«, fragte der Jäger.

»Große Not, sagst du?«, kicherte der kindliche Gott.

Pugnatoris nahm sich zusammen und nickte. »Mein Volk leidet Kälte, Krankheit und Hunger. Das Land kann uns nicht mehr versorgen, da Euer Kalter Atem nicht weichen will. Ich flehe Euch an, Odemis, mein Herr, straft uns nicht länger. Schickt den Winter fort, sodass mein Volk wieder auf den Pfaden des Sommers wandern und jagen kann.«

Mittlerweile hielt sich der Kindgreis den Bauch vor Lachen. Pugnatoris fühlte das Grauen wie eine Würgefalle um seinen Hals. So hatte er sich seine Begegnung mit den Göttern nicht vorgestellt.

»Sieh dich doch um! Die Säulen, der Tempel … Siehst du sie, die große Not?« Der Mächtige wischte sich die Lachtränen aus den Augenwinkeln. »Verstehst du es nicht?«

Pugnatoris schwieg. Nein, er verstand nicht. Ganz und gar nicht.

»Den Winter ziehen lassen? Den Sommer zurückbringen?« Der Gott schüttelte den Kopf und grinste breit. »Da kann ich dir nicht helfen. Ich *bin* nicht Odemis.«

»Aber zuvor sagtet Ihr –«

Wieder gingen Pugnatoris' Worte im schrillen Gelächter des Kindgottes unter. »Ich *bin* auch nicht Zylais, Breris, Fegis, Miratisis, Lasuris oder Owakis«, stieß es lachend hervor.

Pugnatoris' Hals wurde enger und enger.

»Aber wieso? Wer … wer seid Ihr denn dann?«

Grinsend beugte sich das greise Kind vor, streckte den Zeigefinger aus und zog ein Symbol in den Sand, das Pugnatoris kannte.

»Messimis! Gott der Ernte und der Nahrung!«, rief er und brachte erneut die Stirn in Richtung Boden. »Ihr seid Messimis! Bitte helft meinem Volk! Wir haben nichts zu essen.«

Anstelle einer Antwort hörte er ein Rascheln. Als er den Kopf wieder hob, sah er, dass das Kind nicht mehr saß, sondern auf allen vieren auf ihn zu robbte. Dabei starrte es ihn an, aus Augen, die blutunterlaufen und verweint waren. Doch sein faltiger Mund feixte noch immer. Das hohe Kichern kam näher. Pugnatoris' Nackenhaare stellten sich auf. Am liebsten wäre er aufgesprungen und geflohen. Der Kindgott kam so nah an ihn heran, dass seine Lippen Pugnatoris' bebende Wange streiften. Sein Stimmchen senkte sich.

»Sieh dich um …«, kicherte er irre. »Die große Not ist *hier!* Und ist sie hier, dann ist sie auch bei euch. Hier war sie zuerst. Zuerst, zuerst, zuerst! Nichts zu essen? Nein. Wir auch nicht.« Plötzlich stimmte er erneut sein schrilles Lachen an. »Hahaha! Wir auch nicht! Schon lange nicht mehr! Sooo lange!«

Pugnatoris fuhr zurück. Grauenerfüllt sah er seinen Gott, der vor ihm hockte und lachte und lachte. Dieser Wahnsinnige sollte Messimis sein? Pugnatoris hielt es nicht länger aus.

»Mein Herr, ich verstehe es nicht!«, rief er verzweifelt. »Was ist nur geschehen? Wieso habt auch Ihr nichts mehr zu essen?«

Der irre Greis verstummte und starrte ihn an, als würde er ihn zum ersten Mal leibhaftig wahrnehmen. Und endlich verstand Pugnatoris, dass dieses bizarre Wesen wirklich ein Gott war. Seine Augen zeigten die Ewigkeit, waren voller Stärke und Weisheit; und zur selben Zeit trugen sie den Tod und den Wahnsinn. Sie bargen den Anfang und das Ende. Langsam füllten sie sich mit Tränen. Tränen, die rot waren wie Blut – rot wie die Wellen des Meeres hinter den Dünen … Erneut ergriff die Kälte Besitz von Pugnatoris, und während sie sich in ihm einnistete, fühlte er, dass sie ihn dieses Mal nie wieder verlassen würde.

Die Stimme des weinenden Gottes holte ihn zurück zu seiner Frage.

»Krieg. Wir hatten Krieg, ja. Aber wegen … wegen was noch mal?« Messimis kratzte sich mit seiner Kinderhand am Greisenkopf. Dann verengten sich seine Augen zu Schlitzen. »Ja … Ich erinnere mich. Es ist lange her. Es war der Hunger, der uns trieb! Aber nun ist es vorbei. Wir streiten nicht mehr. Niemand tut das mehr.«

»Und wo … wo sind die anderen?«, fragte Pugnatoris, während das greise Kind den Blick in die Ferne schweifen ließ.

»Ich sagte es schon«, murmelte es. »Sie sind hier, in mir. Alle. Owakis und Miratisis und Fegis und Zylais und Odemis und Breris und Messimis und Lasuris und auch die anderen.«

Pugnatoris schwindelte. Noch immer starrte sein Gott an ihm vorbei über die öden Trümmer.

»In Euch, mein Herr?«, fragte der Jäger vorsichtig.

»Ja! In mir!«, schrie Messimis unvermittelt. Die blutroten Tränen strömten über sein Gesicht. Zitternd wischte er über seine nassen Wangen, dann hielt er Pugnatoris die rot tropfenden Finger hin. »Sieh her, ihr Blut! Das Blut deiner Götter! Sie sind in mir, alle!«

So plötzlich, wie er aufgefahren war, sackte Messimis wieder zusammen. Murmelte vor sich hin. Hilflos kniete Pugnatoris da, bis der Gott ihn zu sich winkte. Zögernd kroch Pugnatoris vorwärts. Der Blick des Gottes flackerte.

»Sage mir, Diener«, flüsterte er mit zitternder Stimme. »Esst ihr euch? Esst ihr euch gegenseitig? So wie wir es getan haben?«

»Bei allen Göttern, was?!«, rief Pugnatoris und zuckte zurück, doch Messimis sprang ihn an und packte den Speer, der aus dem Hals des Jägers ragte. Pugnatoris keuchte, als ihn das Holz mit einem Ruck stoppte. Es tat nicht weh, doch war es das entsetzlichste Gefühl, das er jemals gespürt hatte. Messimis' faltiges Gesicht verzog sich zu einer Fratze. Ganz nahe war es Pugnatoris nun. Der Atem des Gottes war heiß wie Feuer und roch verdorben, nach uraltem, rostigem Blut.

»Antworte mir, Diener.«

»N-nein …«, presste Pugnatoris an dem Speerschaft vorbei. »Wir essen uns nicht!« Das Gefühl in seinem Hals war unerträglich. Doch der Mächtige ließ das Holz nicht los.

»Guuut!« Ein neuerliches Lächeln breitete sich auf Messimis' zerklüftetem Gesicht aus. »Denn ich habe Hunger. Viel zu lange habt ihr uns kein Fleisch mehr gesandt, wir waren halb verhungert! Doch jetzt gibt es nur noch mich. Ich habe lange auf jemanden wie dich gewartet.« Das Grinsen des Gottes wurde breiter – und grausamer. Pugnatoris' Eingeweide schienen sich in Wasser zu verwandeln. »Das Tor öffnet sich nur durch einen mit Gold Getöteten«, fuhr der Kindergreis fort. »Du wirst mich zu euch bringen. Ich werde nicht mehr warten, nie wieder. Von nun an werde ich wieder speisen.«

Muliane. Messimis wollte sie fressen, er wollte sie alle fressen! Pugnatoris bäumte sich auf, versuchte, sich unter dem Mächtigen herauszuwinden, doch dieser klammerte sich an ihn wie ein Krake. Und mit einer Kraft, die Pugnatoris dem Kinderkörper seines Gottes niemals zugetraut hätte, riss dieser den Speer aus seinem Leib.

»Nein!«, schrie Pugnatoris aus vollem Halse.

Doch es war zu spät. Eine glühende Lohe schoss in die Einstichstelle, dann umhüllte Pugnatoris das schwarze Flammenmeer.

Spieglein, Spieglein …

Sandra Lode

Sandra Lode hat bereits mehrere Kurzgeschichten in Anthologien veröffentlicht und ist Mitautorin des skurrilen Regionalkrimis »Friesisches Roulette« (erschienen bei Weltbild unter dem Pseudonym Laura Beer). Sie arbeitet als freie Lektorin und lebt mit ihren beiden Katzen in Speyer.

Den Blick auf »das Ende der Welt« hatte sich Alastair Gordon anders vorgestellt. Spektakulärer, mehr wie die Darstellungen der Apokalypse auf alten Gemälden. Stattdessen irrte er nun schon seit mehreren Minuten durch ein labyrinthisches Spiegelkabinett. Sobald er hier wieder draußen war, würde er sich beim Betreiber des Jahrmarkts beschweren. Eine Frechheit, für so etwas einen derart hohen Eintritt zu verlangen! Doch seine Tochter Penelope hatte so lange gebettelt, die Attraktion sehen zu dürfen, bis er schließlich weich geworden war. Während er noch an der Kasse gestanden und zähneknirschend bezahlt hatte, war die ungeduldige Penny mit ihrer Mutter im Schlepptau bereits vorausgestürmt.

Das Licht in dem Gang war schummrig. Die Wände bestanden zum Teil aus Spiegeln, zum Teil waren sie mit dunkelrotem und schwarzem Samt bezogen. Alastair merkte, wie er mit jedem Schritt ärgerlicher wurde. Da hörte er plötzlich aufgeregte Stimmen, die »Aaah!« und »Oooh!« riefen. Anscheinend gab es für das viele Geld am Ende dieses Irrwegs doch noch etwas zu sehen. Das wollte er diesen Halsabschneidern aber auch geraten haben!

Er lief schneller und bog beim nächsten Durchgang links ab. Am Ende dieses noch spärlicher beleuchteten Gangs sah er eine Bewegung.

»Penny! Rose!«, rief er nach seiner Tochter und seiner Frau, erhielt aber keine Antwort. Etwas langsamer ging er weiter, bis er erkannte, dass er sich in einer Sackgasse befand, an deren Ende ein mannshoher Spiegel den Weg versperrte. Wahrscheinlich hatte er von weitem nur seine eigene Bewegung darin gesehen. Der Spiegel unterschied sich jedoch von den anderen. Das Glas war dunkler, rauchgrau, fast schwarz, und er war von einem breiten, kunstvoll verzierten Rahmen umgeben.

Alastair betrachtete für ein paar Sekunden sein Spiegelbild. Mit seinem pelzbesetzten Mantel, dem akkurat gestutzten Vollbart und dem schwarzen Zylinder auf dem Kopf bot er eine wahrhaft respektable Erscheinung. Es war ein steiniger Weg gewesen vom einfachen Ladengehilfen bis zum gut betuchten Großhändler. Umso mehr konnte er stolz darauf sein, was er mit seinen fünfundvierzig Jahren erreicht hatte.

Gerade als er wieder umkehren wollte, sah er etwas, das ihn stutzen ließ. Sein Spiegelbild schien sich verändert zu haben. Was genau ihn auf diesen Gedanken brachte, konnte er nicht sagen, doch er hatte plötzlich das unheimliche Gefühl, nicht mehr sich selbst zu betrachten, sondern jemand anderen. Wie um sich davon zu überzeugen, dass er sich das nur einbildete, hob er die rechte Hand und bewegte sie langsam in Richtung des Spiegelglases. Sein Gegenüber tat es ihm gleich. Immer näher kamen sich die Fingerspitzen. Kurz bevor sie sich berührten, sah er auf und blickte in das lächelnde Gesicht seines Spiegelbildes – doch Alastair lächelte nicht.

Zu Tode erschrocken wollte er die Hand zurückziehen, aber es war zu spät. Schon spürte er das kühle Glas auf seiner Haut. Gleichzeitig schoss ihm ein stechender Schmerz durch die Schläfen, und er kniff reflexartig die Augen zu. Hätte er sich nicht mit einer Hand am Spiegel abstützen können, wäre er zu Boden gegangen.

Als er nur Sekunden später das Gleichgewicht wiederfand und die Augen öffnete, erwartete er, in sein schmerzverzerrtes Gesicht zu sehen, doch der Mann im Spiegel sah nicht aus, als fühlte er sich auch nur im Geringsten unwohl. Sein Lächeln war zu einem breiten, selbstgefälligen Grinsen geworden. Mit einer Hand lupfte er in einer ironischen Geste den Zylinder und deutete eine Verbeugung an.

Noch bevor Alastair einen klaren Gedanken fassen konnte, hörte er jemanden rufen. »Pa, wo steckst du denn?« Penelope! Er spürte, wie ihn Erleichterung durchströmte. Was er da im Spiegel zu sehen glaubte, war nichts anderes als der Vorbote eines Migräneanfalls, davon hatte er schon gehört. Dazu passten auch die Kopfschmerzen.

Er wollte seiner Tochter gerade antworten, da sah er auch schon im Spiegel, wie ihr blonder Haarschopf im Durchgang hinter ihm auftauchte. Er wandte sich zu ihr um – und erstarrte. Da war niemand!

Panisch wandte er sich wieder dem Spiegel zu. Dort war Penny, die lächelnd auf ihn zugelaufen kam. »Pa, da bist du ja! Dachte ich's mir doch, dass du dich hier drin verlaufen hast.« Sie lachte glockenhell und griff nach seinem Arm, doch Alastair spürte die Berührung nicht. Wieder sah er nach hinten.

Nichts.

Vor ihm verzerrte sich das Grinsen seines Spiegelbildes zu einer diabolischen Fratze, bevor es zu einem herzlichen Lächeln wurde, mit dem sich der Mann zu Penny umdrehte.

»Hallo, mein Schatz! Ein Glück hast du mich gefunden. Ich dachte schon, ich wäre hier drin für immer verloren.«

»Ach, Pa!« Penny gab ihm einen scherzhaften Klaps auf den Arm. »Jetzt übertreib nicht so. Allerdings hast du wirklich was verpasst. Der Blick auf das Ende der Welt ist phä-no-men-al!«

Entgeistert beobachtete Alastair die Szene, unfähig, sich zu rühren oder etwas zu sagen. Als die beiden in dem Durchgang verschwunden waren, presste er seine Hände an die Schläfen, schloss die Augen und atmete ein paar Mal tief durch. Seine Sinne mussten ihm einen Streich gespielt haben, oder er war einem schlechten Jahrmarktsscherz aufgesessen; einem Zaubertrick, einer Illusion.

Er schüttelte den Kopf und öffnete erneut die Augen. Der Spiegel befand sich immer noch vor seiner Nase, doch was fort war und fort blieb, war sein Spiegelbild.

Er musste hier raus! Raus auf die Straße unter Menschen, dann würde sich dieses beklemmende Gefühl bestimmt schnell verflüchtigen und er könnte wieder klar denken.

Alastair machte auf dem Absatz kehrt und stürmte in den nächsten Gang des Labyrinths, das ihm auf einmal gar nicht mehr so verwinkelt vorkam. Es gab eigentlich nur einen Weg, dem er folgen konnte und der ihn schon nach wenigen Biegungen zurück zum Eingang führte. Er wankte ins Freie, wo ihn Kälte und Dunkelheit umfingen.

Irritiert sah er sich um. Wo waren die ganzen Menschen hin, die noch vor kurzem über den Jahrmarkt geschlendert waren? Und was war mit den bunten Lampions geschehen, die zuvor die Buden der Schausteller beleuchtet hatten? Auch sämtliche Straßenlaternen waren erloschen.

»Was zum -«, hob Alastair zu einem derben Fluch an, da tippte ihm plötzlich jemand auf die Schulter, und er fuhr herum.

»Entschuldigen Sie, Sir.« Die Stimme gehörte einem gut gekleideten Mann um die Dreißig, der einen Bowler auf dem Kopf trug. Er war etwas kleiner als Alastair und glatt rasiert. Irgendwie kam der Mann ihm bekannt vor.

»Wer sind Sie?«, fuhr er ihn an. »Und was wollen Sie -«

»Erst mal müssen wir von hier verschwinden«, unterbrach ihn der Fremde und schob ihn vom Eingang des Zeltes weg. »Wenn Sie mit mir kommen, werde ich Ihnen alles erklären. Aber bitte, reden Sie leiser. Wir dürfen keine Aufmerksamkeit auf uns ziehen.«

»Aufmerksamkeit? Wessen Aufmerksamkeit?« Alastair sah sich hektisch um.

»Pscht!«, zischte der Mann.

»Aber ich kann doch hier nicht weggehen, meine Frau und meine Tochter …«

»… sind nicht hier, glauben Sie mir, Sir.«

Widerstrebend folgte Alastair dem Mann, der sich immer wieder verstohlen umsah. Das Dunkel entpuppte sich als eine Art Zwielicht, in dem man zumindest die Umrisse der Umgebung erkennen konnte. Der Fremde führte ihn vom Jahrmarktsgelände weg und zog ihn nach wenigen Minuten in den Eingang eines heruntergekommenen Mietshauses. Drinnen lotste er Alastair in eine winzige Wohnung im ersten Stock, die spartanisch eingerichtet war. Ein Bett, ein Tisch, zwei Stühle. Der Mann setzte sich und bedeutete Alastair, ebenfalls Platz zu nehmen. Erst als er saß, bemerkte er, wie erschöpft er sich fühlte.

»Ich weiß, Sie sind schrecklich müde, Sir«, sagte der Mann, als hätte er seine Gedanken gelesen. »Das ist eine Nebenwirkung des Übergangs.«

»Des Übergangs?«, fragte Alastair. »Übergang wohin?«

»Von unserer Welt in diese hier.«

»Sie meinen …« Alastairs Augen weiteten sich. »… das hier ist nicht unsere Welt? Aber was zum Henker …«

»Beruhigen Sie sich, Sir! Sie werden es bald verstehen, zumindest soweit es uns bisher möglich war.«

»Uns?«

»Ja, mir und den anderen, die es hierher verschlagen hat.« Der Mann nahm seinen Hut ab und fuhr sich mit der Hand über den Kopf. »Darf ich mich Ihnen vorstellen, mein Name ist Peter Townsend …«

»Der Reporter von der *Daily Mail?*«, unterbrach ihn Alastair barsch. Natürlich, deswegen war der Mann ihm so bekannt vorgekommen. Das war der Kerl, der in den letzten Wochen diese polemischen, kriegstreiberischen Artikel verfasst hatte. Alastair verabscheute diese Propaganda und sprang empört auf. »Wissen Sie, was Sie mit Ihrem dreckigen Geschreibe anrichten, Sie -«

»Bitte, Mr. Gordon, beruhigen Sie sich! Dafür gibt es eine Erklärung«, sagte Townsend beschwichtigend.

»Woher wissen Sie, wer ich bin?«, rief Alastair aufgebracht. Dann nickte er, setzte sich wieder und murmelte: »Natürlich, Sie sind ja bei der Zeitung.« Er fixierte den Reporter scharf. »Auf Ihre Erklärung bin ich gespannt, die sollte besser gut sein.«

»Oh, das ist sie«, seufzte Townsend. »Aber gefallen wird sie Ihnen nicht.«

»Das lassen Sie mal meine Sorge sein«, erwiderte Alastair. Er wollte endlich wissen, was es mit diesem absurden Theater auf sich hatte.

»Sie waren heute Abend auf dem Jahrmarkt in einer Art Spiegelkabinett, richtig?«

»Sie haben mich zufällig dort rauskommen sehen, daher wissen Sie natürlich -«

»Ich habe auf Sie gewartet«, fiel ihm der Reporter ins Wort, »weil ich wusste, dass irgendwann jemand in gesellschaftlich wichtiger Stellung kommen würde.«

»Sie wussten das? Woher?«

»Mir ist das Gleiche passiert wie Ihnen, vor etwa vier Wochen. Ich besuchte abends den Jahrmarkt und landete in einem Spiegelkabinett vor einem seltsam aussehenden Spiegel. Ich habe ihn mir genauer angesehen, dabei habe ich das Spiegelglas berührt und … den Rest kennen Sie ja. Als ich das Zelt verließ, traf ich auf David Lloyd George.«

»Den Schatzkanzler?«

Townsend nickte. »Genau den. Aber das war nur der Anfang. Wie ich feststellen musste, halten sich hier Dutzende Personen aus Politik, Wirtschaft und Kultur auf.«

Alastair schüttelte ungläubig den Kopf. »Aber das ist doch Unsinn! Erst vorgestern hat Lloyd George im Oberhaus eine wichtige Rede gehalten. Wenn er hier ist, wer soll das dann gewesen sein? Ein Doppelgänger?«

Der Reporter schnaubte. »Wenn es nur das wäre. Haben Sie nicht gesehen, was mit Ihrem Spiegelbild geschehen ist?

Es hat sich plötzlich nicht mehr wie ein Spiegelbild verhalten, sondern wie eine fremde Person, stimmt's?«

Dann hatte er sich das alles doch nicht eingebildet? Der Mann im Spiegel war tatsächlich mit Penny weggegangen? Aber wie …

»Ihr Spiegelbild hat Ihren Platz in unserer Welt eingenommen. Der Spiegel ist eine Falle. Ein Portal, wenn Sie so wollen, mit dem sie in unsere Realität wechseln und uns gleichzeitig hierher verbannen können.«

»Sie?«, krächzte Alastair. »Wer sind *sie?*«

»Die dunklen Kräfte, die Dämonen, die Helfershelfer des Teufels. Nennen Sie sie, wie Sie wollen. Ihr Ziel ist es vermutlich, so viele einflussreiche Personen wie möglich durch einen dämonischen Doppelgänger zu ersetzen, um dadurch die Geschicke unserer Welt zu verändern. Sie haben ein Gespür dafür, wann sie den größtmöglichen Schaden anrichten können. Und welche Zeit wäre besser dafür geeignet als diese?«

»Sie wollen einen Krieg anzetteln?«, fragte Alastair atemlos.

»Sie sind längst dabei.« Townsend rieb sich die Augen. »Diese kriegstreiberischen Artikel sind nicht von mir. Und ich möchte wetten, dass der falsche Lloyd George alles versucht, um uns schnellstmöglich in einen kommenden Krieg hineinzuziehen.«

In Alastairs Kopf drehte sich alles. Was der Reporter da erzählte, klang völlig verrückt! Aber es erklärte auch, was er gesehen hatte. »Wenn das tatsächlich stimmt, müssen wir etwas dagegen unternehmen!«

Der Reporter schüttelte resigniert den Kopf. »Wir sind hier eingesperrt, ohne die Möglichkeit, mit unserer Welt in Kontakt zu treten. Wir können nur zuschauen, wie sie im Chaos versinkt.«

»Was meinen Sie mit ›zuschauen‹?«

»Das hier«, er machte eine ausholende Geste, »ist ein dunkles Abbild unserer Welt, ein schattenhaftes Spiegelbild. Es gibt alle Straßen, alle Gebäude mit allen Einrichtungsgegenständen. Durch die Spiegel in den Häusern können wir sehen, was sich in unserer Welt abspielt. Unsere Familien, unsere Kollegen bei der Arbeit ...«

»Wir können unsere Familien sehen?« Alastairs Puls beschleunigte sich. Penny, Rose ... Er musste wissen, ob sein dämonischer Doppelgänger ihnen etwas angetan hatte! Er sprang auf und war mit wenigen Schritten im Treppenhaus.

»Warten Sie!« Der Reporter eilte ihm nach. »Sie können nicht einfach so durch die Straßen spazieren.«

Alastair hielt am Fuß der Treppe inne. »Wieso? Was kann mir denn hier passieren?«

»Sie könnten gefressen werden.«

»Gefressen? Wollen Sie damit sagen, dass es den Dämonen nicht reicht, uns hier einzusperren und damit zu quälen, was sie unseren Familien und unserem Land antun? Sie wollen uns auch noch auffressen?«

»Wenn Sie zufällig einem von ihnen über den Weg laufen.«

Alastair ließ sich auf die unterste Treppenstufe sinken. »Und wie haben Sie es geschafft, bisher noch nicht als Dämonenfutter zu enden?«

»Indem ich sehr, sehr vorsichtig war«, erwiderte Townsend. »Es gibt geheime Wege, wie die Abwasserkanäle unter der Stadt. So kommen Sie ungesehen zu Ihrem Haus.«

»Können Sie mir den Weg zeigen?«

Der Reporter nickte.

Als sie wenige Meter von Alastairs Stadthaus entfernt aus dem Untergrund kletterten, war die Straße menschen- und dämonenleer. Geduckt schlichen sie bis zur Eingangstür. Es sah alles aus wie in der realen Welt, sogar der Türklopfer aus Messing war da. Alastair drückte die Klinke herunter, und die Tür öffnete sich geräuschlos. Er atmete tief ein und betrat die große Halle, dicht gefolgt von Townsend. An der linken Wand hing ein hoher, goldgerahmter Spiegel.

»Ich sehe nichts.« Alastair starrte angespannt hinein. »Ich meine, ich sehe unsere Spiegelbilder nicht, aber auch sonst niemanden.«

»Dort ist es jetzt mitten in der Nacht, Sir. Versuchen Sie es doch mal in den Schlafzimmern.«

Alastair nickte und ging über die geschwungene Treppe in den ersten Stock hinauf. Der Reporter blieb in der Halle zurück.

Im Schlafzimmer stand alles an seinem gewohnten Platz. Das große Himmelbett, der Kleiderschrank – und Roses Frisierkommode mit dem ovalen Spiegel. Von der Tür aus konnte er darin das Bett nicht sehen, also machte er ein paar Schritte ins Zimmer hinein.

Als die rechte Bettseite im Spiegel auftauchte, hielt er inne. Da lag Rose und schlief ganz friedlich. Erleichtert seufzte er auf. Ein weiterer Schritt, und er sah auch die linke Bettseite. Bei dem Anblick drehte sich ihm beinahe der Magen um. Da war er, in *seinem* Bett, neben *seiner* Frau. Alastair ging noch näher heran, bis seine Nase fast das Spiegelglas berührte. Der Doppelgänger glich ihm wirklich bis aufs Haar. Sogar die Augen …

Er taumelte wie vom Blitz getroffen zurück. Die Augen – sie waren nicht geschlossen. Der verfluchte Dämon schlief nicht! Reflexartig warf er sich zu Boden. Was, wenn das Monster ihn gesehen hatte? Konnte es dann seine Artgenossen auf ihn hetzen? Auf allen vieren kroch er aus dem Zimmer.

»Was ist los?«, rief Townsend von unten.

Mit rasendem Herzen setzte Alastair sich auf die oberste Treppenstufe. »Er liegt in meinem Bett … mit meiner Frau.

Aber er schläft nicht. Es könnte sein, dass er mich gesehen hat.«

»Keine Sorge.« Der Reporter winkte ab. »Sie können uns durch die normalen Spiegel nicht sehen.«

»Und das sagen Sie mir erst jetzt?« Alastair stieß scharf die Luft aus.

»Tut mir leid, daran hatte ich nicht mehr gedacht. Das funktioniert nur in eine Richtung. Wahrscheinlich, weil es auf dieser Seite normalerweise nicht viel zu sehen gibt.«

Alastair nickte abwesend. Sein Verstand raste. Es musste doch irgendeine Möglichkeit geben, irgendein Schlupfloch, um aus dieser Zwischenwelt, dieser Vorhölle, zu entkommen. Wahrscheinlich hatten die anderen nur nicht entschlossen genug danach gesucht, weil sie sich lieber selbst bemitleideten. Doch er war aus einem anderen Holz geschnitzt. Hätte er schon beim ersten Hindernis aufgegeben, würde er heute noch in dem Drecksloch leben, in das er hineingeboren worden war.

»Haben Sie diese Portale überhaupt schon mal genauer untersucht?«, wandte er sich schließlich an Townsend. »Vielleicht gibt es ja doch einen Weg zurück. Oder wenigstens einen Weg, sie zu zerstören, damit nicht noch mehr Dämonen in unsere Welt gelangen können?«

»Die Portale sind gefährliche Orte«, erwiderte der Reporter. »Dort suchen sich die Dämonen ja ihre Opfer. Es kann jederzeit einer auftauchen.«

Natürlich. Alastair fühlte sich bestätigt. *Feiglinge allesamt.*

Der Dämon schritt elegant, fast schon affektiert die Treppe herunter, an deren Fuß ihn Jenkins, Alastairs Butler, erwartete und ihm Mantel und Zylinder reichte. »Ich hoffe, Sie hatten eine erholsame Nacht, Sir«, sagte der Butler mit unbewegtem Gesicht.

»Danke, Jenkins, die hatte ich in der Tat«, erwiderte der Dämon. Sogar seine Stimme, die ganze Sprechweise war mit Alastairs identisch. Anfangs hatte er sich noch darüber gewundert, dass er nicht nur sehen, sondern auch hören konnte, was sich auf der anderen Spiegelseite abspielte. Aber eigentlich war es nur logisch, denn so konnten die Dämonen die Menschenwelt noch besser ausspionieren.

Der Dämon setzte den Zylinder auf und ging gemächlich Richtung Eingang, wo ihm Jenkins bereits die Tür geöffnet hatte. Als er an dem großen Spiegel vorbeikam, blieb er stehen. Er beugte sich vor, bis seine Nase nur noch wenige Zentimeter vom Glas entfernt war, und strich sich über den Bart, als wäre da ein Fussel, den er entfernen müsste. Dabei glitt ein diabolisches Grinsen über sein Gesicht, und er berührte mit den Fingerspitzen für einen Sekundenbruchteil den Spiegel.

Er weiß genau, dass ich hier bin, dachte Alastair. *Er sieht mich nicht, aber er weiß es. Dieser Dreckskerl macht sich über mich lustig.*

Er beobachtete den Dämon nun schon seit mehreren Tagen – vielleicht waren es auch Wochen, in dem ewigen Zwielicht war es schwer, das Zeitgefühl zu bewahren –, und ihm war aufgefallen, dass er keine Gelegenheit ausließ, Alastair durch die Spiegel heimlich zu verspotten. Zu Anfang hatte ihn das maßlos erzürnt, doch die Wut war bald kühler Berechnung gewichen. Sein Doppelgänger fühlte sich offenbar unverwundbar. Er war überheblich und begann langsam, sein wahres Gesicht zu zeigen. Zum Glück betraf das zunächst nur geschäftliche Belange, Rose und Penny spielte er weiterhin den treusorgenden Ehemann und Vater vor. Doch Alastairs Angestellte hatten bereits unter ihm zu leiden, und er hatte Geschäftskontakte zu höchst dubiosen Leuten geknüpft. Alastair hatte nicht alles beobachten können, aber er befürchtete das Schlimmste. Mehrfach waren Worte gefallen, die auf Waffenhandel hindeuteten.

Er konnte nicht weiter zusehen, wie dieses Monster sein Leben und seine Familie zerstörte. Bald würde es sich nicht mehr beherrschen können und Penny und Rose Gewalt antun, das lag schließlich in seiner Natur.

Aber so weit würde es nicht kommen, das hatte Alastair sich geschworen. In der Zeit, in der er nicht den Dämon observierte, nahm er mithilfe von Townsend Kontakt zu ihren Leidensgenossen auf und befragte sie zu den Portalen. Leider waren sie tatsächlich alle zu feige gewesen, nach ihrem »Übergang« noch einmal dorthin zurückzukehren. Ein paar von ihnen, wie der Reporter, hatten allenfalls in sicherer Entfernung auf Neuzugänge gewartet. Doch ein paar Dinge hatte Alastair immerhin erfahren, die ihm nützlich sein konnten, und so war ein Plan in ihm gereift. Ein gewagter Plan, zugegeben, der genauso gut nach hinten losgehen konnte, aber er war bereit, das Risiko einzugehen. Was hatte er noch zu verlieren?

Schwieriger war es da schon gewesen, den Reporter dazu zu bringen, ihm zu helfen, denn ganz allein konnte er seine Idee nicht in die Tat umsetzen. Zum Glück hatte der Mann doch etwas mehr Mumm in den Knochen als die Übrigen. Heute Nacht würde es losgehen.

Pünktlich wie ein Uhrwerk erschien der Dämon am nächsten Morgen auf der Treppe; mit jedem Tag strotzte er mehr vor Energie. Kein Wunder, denn täglich boten sich ihm unzählige Gelegenheiten, Unheil anzurichten und Menschen Schaden zuzufügen. Es musste für ihn das reinste Dämonenparadies sein. Nun war es an

Alastair, diabolisch zu lächeln. Schade nur, dass der Dämon ihn nicht sehen konnte.

Der schritt wie immer selbstbewusst die Stufen hinunter, nahm von Jenkins Mantel und Hut entgegen, tauschte ein paar Floskeln mit dem Butler aus und machte sich dann auf den Weg zum Eingang. Und wie immer konnte er nicht widerstehen, zum Spiegel zu gehen, um Alastair zu verhöhnen. Er trat nahe an das Glas heran und zupfte sein Halstuch zurecht.

Bitte tu es!, betete Alastair inständig. *Du weißt, dass ich hier bin. Du willst mir zeigen, dass ich gegen dich machtlos bin.* Die Nerven zum Zerreißen gespannt, verfolgte er jede Regung des Dämons.

Der setzte nun wie üblich sein diabolisches Grinsen auf, das jeden Tag mehr einer Teufelsfratze glich. Dann berührte er den Spiegel – und brach mit schmerzverzerrtem Gesicht zusammen.

Die Schmerzen waren mörderisch, viel schlimmer, als Alastair erwartet hatte. Sie schienen ihm schier den Schädel zu sprengen. Er musste beide Hände auf die Schläfen pressen, damit es sein Gehirn nicht in tausend Fetzen zerriss. In seinen Ohren rauschte das Blut, und er hörte nur eine dumpfe Stimme von irgendwoher. Er wollte die Augen öffnen, sehen, was passiert war, aber es gelang ihm nicht.

Da spürte er plötzlich eine Berührung. Jemand griff nach seinem Arm. Es war ein fester, unnachgiebiger Griff. *Es hat nicht geklappt!*, schoss es ihm durch den gemarterten Kopf. *Er ist hier und wird mich verschlingen. Aber vorher wird er sich an mir rächen, weil ich ihm den Spaß verdorben habe.*

Nun umklammerte eine Hand – oder eine Klaue – auch seinen anderen Arm, und er spürte, wie er auf die Füße gezogen wurde. Mit Mühe schaffte er es, ein Auge zu öffnen – und sah dicht vor sich das besorgte Gesicht von Jenkins.

»Sir? Soll ich einen Arzt rufen?«

Beinahe wäre Alastair in hysterisches Gelächter ausgebrochen. Die Kopfschmerzen waren immer noch schlimm, ließen aber ganz langsam nach.

»Alastair!«, erklang in diesem Moment die Stimme von Rose. »Alastair, mein Lieber, was ist mit dir?« Sie eilte zu ihm und strich mit ihren kühlen Händen über seine Wangen. »Du bist ja weiß wie die Wand.«

»Es … es ist nichts«, flüsterte er. »Nur ein kleiner Migräneanfall, mein Schatz. Nichts, was etwas Ruhe nicht kurieren könnte.« Innerlich war er noch derart aufgewühlt, dass er kaum klar denken konnte. Es hatte *doch* geklappt! Er hatte den Dämonen-Doppelgänger erfolgreich in die Falle gelockt. Hatte ihn mit seinen eigenen Waffen geschlagen.

Townsend war nicht davon überzeugt gewesen, dass es funktionieren könnte, dennoch hatte er ihm geholfen, einen der Portalspiegel zu entwenden und in Alastairs Haus zu schaffen. Ein höchst riskantes Unterfangen, denn sie wussten nicht, was passieren würde, wenn die Dämonen sein Fehlen bemerkten. Oder ob sie in der Lage waren, die Portale irgendwie zu orten. Deshalb war es auch so wichtig gewesen, dass der Dämon gleich am nächsten Morgen in die Falle ging. Sie hatten den dunklen Spiegel so vor dem Spiegel in der Halle platziert, dass sich das Glas der beiden berührte. Da alle Spiegel zumindest teilweise durchlässig waren und die Menschenwelt mit der Schattenwelt verbanden, hatte Alastair gehofft, eine Berührung des Dämons würde zum Portalspiegel durchdringen und ihn in seine Welt zurückbefördern, wenn er gleichzeitig auf der Rückseite eine Hand auf das Glas legte. Auf diese Weise hatte es schließlich beim ersten Tausch funktioniert.

»Das wäre doch viel zu einfach«, hatte der skeptische Reporter gesagt. Nun ja, offenbar war es so einfach, nur hatte es zuvor noch keiner ausprobiert. Alastair wusste nicht, ob es auch den anderen gelingen würde, mit demselben Trick aus der Schattenwelt zu entkommen, nun, da die Dämonen gewarnt waren. Er hatte Townsend jedoch versprochen, ihm durch einen Spiegel eine Nachricht zukommen zu lassen und alles in seiner Macht Stehende zu tun, um dem Treiben der dämonischen Doppelgänger Einhalt zu gebieten. Er würde ihnen das Schlachtfeld jedenfalls nicht kampflos überlassen.

Auf ›das Ende der Welt‹, dachte er grimmig, *könnt ihr noch lange warten.*

Grüner Daumen

Jana Nicola Sadelkow

Jana Nicola Sadelkow, geboren 1968 in Siegen, studierte Germanistik und Evangelische Theologie.

Man kann wahrlich nicht behaupten, ich hätte den grünen Daumen. Du brauchst nur Ronald, den Unternehmensberater von nebenan zu fragen. Ich garantiere dir, du erntest ein spöttisches Lächeln. Nun, ich muss zu meiner Verteidigung sagen, dass er Niederländer ist, und wenn unsere europäischen Nachbarn eines besser können, dann ist es nur **manchmal** der Fußball, aber **immer** das Gärtnern. Sein Rasen sieht aus wie nach der Verwendung eines Bildbearbeitungsprogramms: Halme, alle auf eine Länge getrimmt.

In meinem Biotop fühlen sich vor allem Maulwürfe willkommen. Ich muss zugeben, dass ich oft mit Bewunderung zu Ronalds Blumenbeeten hinüberspähe, auch wenn ich ihn nicht mag. Ein bisschen mehr Ordnung und Organisationstalent würden mir guttun, nicht nur in meinem Garten, sondern auch in meinem ganzen verkorksten Single-Dasein.

Seit Ronald sein – im Gegensatz zu meinem – supermodernes Haus samt Garten von »Mutti« (Originalton Ronald!) geerbt hat – das muss jetzt circa zwei Jahre her sein –, hat er mir bestimmt ein Dutzend Mal seine Hilfe beim Bepflanzen angeboten, doch ich habe abgelehnt, weil ich dachte, das ist ohnehin nur der pure Eigennutz, weil er Angst hat, dass sich das Unkraut bis über die Grundstücksgrenze verteilt. Ich vermute, er ist so ein korrekter Pinkel, der immer alles besser weiß und besser hinkriegt.

Was hat mich nur geritten, heute Morgen im Aldi die Gartenecke zu plündern und die letzten dreizehn Packungen »Wildblumenmischung« zu erwerben? War es der Gedanke an die armen kleinen Bienchen, die vom Aussterben bedroht sind, oder eher das Gesicht meines »Lieblingsmenschen« von nebenan, das kurz vor meinem inneren Auge aufblitzte?

Wie dem auch sei: Ich nutze den Umstand, dass Ronald noch auf der Arbeit ist, und säe großzügig auf meinen vierhundert Quadratmetern aus, genau, wie es auf den Tütchen empfohlen wird.

Anfangs bin ich jeden Tag draußen gewesen und habe nachgesehen, ob man schon zartes Grün sprießen sieht. Dann dachte ich mir: Du hast es sicher wieder verbockt. Schließlich ist die Saat bei mir in Vergessenheit geraten. Heute Mittag – es ist ein sonniger Sonntag und ich habe lange geschlafen – öffne ich, einen Apfel kauend, die Fensterläden und denk, ich hab das Reich der Träume noch nicht verlassen. Ein Meer allerschönster, verschiedenster Blumenarten. Hunderte, bis zu dreißig Zentimeter hoch. Ich stoße entzückte Jubelschreie aus, renne in den Garten, um dieses Wunder aus der Nähe zu betrachten, und das Erste, was ich sehe, ist Ronald.

»Guten Tag, liebe Frau Nachbarin. Darf ich herüberkommen?«

Habe ich richtig gehört, *liebe* Frau Nachbarin? Er will *herüberkommen?* »Ja«, nuschle ich mit vollem Mund und verschlucke mich an einem Kern. Ich beobachte, wie er die langen Beine über den Jägerzaun schwingt.

Er sieht ein wenig verlegen aus, die Hände in den Taschen seiner Bundfaltenhose, Marke »Muttersöhnchen«, und wartet meinen Hustenanfall ab.

»Setz dich doch!«, sage ich und weise neben mich auf die Bank.

Die Situation ist neu für uns. Tatsächlich haben wir uns immer nur über den Zaun hinweg unterhalten, dabei bin ich sonst durchaus gesellig.

»Das sieht klasse aus, Karolina, was hast du gemacht?«

Ich betrachte ihn skeptisch von der Seite, das glattrasierte Kinn, die korrekt frisierten Haare, wohingegen ich mit meinen zuseligen Haaren und der filzig-bunten Strickjacke dasitze. »Bloß ein bisschen Wildblumensamen!«

»Allerdings akkurat angeordnet und hervorragend gediehen«, meint Ronald. »Die scheinen ja förmlich über Nacht aus dem Boden geschossen zu sein.« Er hebt schnüffelnd die Nase: »Und erst dieser Duft, darf ich mal sehen?« Ronald steht auf und betritt die Wiese. Ich folge ihm zögerlich, gehe dann neben ihm in die Hocke.

Vorsichtig umfassen seine Finger einen der schlanken Stängel. »Schau mal, diese Sorte, ist die nicht wunderschön? Ich glaube, die ist nur ein einziges Mal dabei.«

Ich bestaune die zarten Blütenblätter, die Strahlen der Sonne brechen sich darin, verleihen ihnen die schillernden Farben des Regenbogens.

Ganz sanft berührt seine Fingerspitze die Mitte der Blüte und wir sehen, wie sich die Haut durch den hellroten Blütenstaub verfärbt. Ich tue es ihm gleich, und während wir nahezu gleichzeitig die Finger zur Nase heben und sich der süß-herbe Duft den Weg durch unsere Atemwege bahnt, verändert sich die Welt um uns her.

Der Garten hat eine Größe ungeahnten Ausmaßes angenommen, der Jägerzaun als Begrenzung fehlt. Ist das überhaupt noch Gartenland?

Meine Fußsohlen berühren warme, trockene Erde, ohne dass ich mich erinnern könnte, mein Schuhwerk abgelegt zu haben, und plötzlich bin ich in einem hellen Baumwollkleidchen unterwegs, das nur das Nötigste bedeckt. Kaum traue ich mich, den Blick zur Seite zu wenden, beginne ich mit der Betrachtung der nackten Männerfüße und verharre für einen Augenblick bei dem spärlichen Schurz, der Ronalds Blöße bedeckt. Als ich schließlich in sein verblüfftes Gesicht schaue, werde ich von einem hysterischen Lachanfall heimgesucht, von dem ich mich erst erhole, nachdem mich Ronald an den Schultern gerüttelt hat.

»Pst, ich glaube, da kommt jemand.« Er zerrt mich hinter den dicken Stamm einer Akazie, und im selben Augenblick spüre ich, wie etwas haarscharf an meinem Kopf vorbeisaust. Ein länglicher Gegenstand geht irgendwo neben mir zu Boden.

»Der Angreifer ist in diese Richtung gelaufen«, sagt Ronald nach wenigen Schrecksekunden.

»Hast du ihn gesehen?«, flüstere ich.

»Ich glaube, das war ein Junge, mit Pfeil und Bogen bewaffnet.«

»Dieser Rotzbengel!«, schimpfe ich.

Im selben Augenblick vernehmen wir ein schallendes Gelächter. Der Kopf eines vielleicht elf Jahre alten Jungen taucht nur wenige Meter von uns zwischen hohen Gräsern auf, und der Mund in dem engelsgleichen Gesicht verzieht sich zu einem frechen Grinsen. Ein weiterer auf uns gerichteter Pfeil verfehlt nur knapp sein Ziel. Dann sehen wir, wie der kleine Angreifer sich aus dem Staub macht.

Ronald ergreift meinen Arm und zieht mich mit sich: »Komm, schnell, der kommt uns nicht so einfach davon.« Im Laufschritt erreichen wir einen Olivenhain und rennen quer zwischen den Bäumen hindurch. Es pikst unter meinen Fußsohlen, doch den Schmerz ignorierend haste ich hinter Ronald her, der zu meinem Erstaunen ohne seine affigen Klamotten, die er für gewöhnlich trägt, recht durchtrainiert aussieht. Ihm scheint das Laufen ohne Schuhe kaum Mühe zu bereiten. Vielleicht ist sein heimliches Hobby Nacktwandern?

»Wo sind wir hier überhaupt hingeraten? Was ist, wenn hier alle gewalttätig sind und man uns häutet und anschließend grillt?«, klage ich, allmählich außer Atem. »Schau dich doch mal um«, fahre ich fort, »weit und breit keine asphaltierten Straßen oder Stromleitungen.«

»Mediterranes Klima«, murmelt Ronald nachdenklich.

»Und wie sehen wir überhaupt aus? Ich möchte wissen, was mit unseren Sachen passiert ist.« Mir sitzt ein mächtiger Kloß im Hals, am liebsten würde ich laut losheulen.

»Wir dürfen jetzt nicht die Nerven verlieren, Karolina. Sicher gibt es für all das eine rationale Erklärung.«

»Ha, bei dir geht immer alles glatt!«, sage ich aufgebracht. »Aber mein Leben war auch schon vorher ein vollständiges Chaos. Das hier ist dann wohl der Gipfel.«

Ronald stöhnt entnervt auf: »Herumgejammere ist jedenfalls wenig hilfreich.«

Wie um mich zu bestrafen, beschleunigt er das Tempo. Ich hechte hinter ihm her. Der Junge ist nirgends mehr zu sehen, aber das Gras vor uns ist zu einem kleinen Pfad heruntergetrampelt worden. »Schau nur!«, rufe ich hinter Ronald her und weise aufgeregt mit dem Zeigefinger zur linken Seite. »Dort sind Blumen, die sehen aus wie die Regenbogenblume in meinem Garten.«

Ronald stoppt abrupt seinen schnellen Lauf und wendet den Blick in die Richtung, in die ich zeige. Gemeinsam nähern wir uns dem Feld, und tatsächlich: Tausende von Pflanzen schimmern bunt in der Sonne.

Wir rennen weiter, an dem Feld entlang. »Da hinten ist ein Gebäude!«, rufe ich erleichtert aus.

Nach nur wenigen Minuten erreichen wir einen Hof, dessen Wände aus hellen Natursteinen bestehen. Der Baustil erinnert mich an die italienischen Landhäuser, die ich von Urlaubsreisen kenne. Durch ein großes hölzernes Tor, an dem rote Farbe abblättert, betreten wir ein Atrium. An der Frontseite des zweigeschossigen Gebäudes stehen große hölzerne Bottiche.

»Kann ich Ihnen helfen?«, ertönt eine helle Stimme.

Wir drehen uns erschrocken um und sehen uns einer hübschen Frau mittleren Alters gegenüber. Ihr langes dunkles Haar fällt offen über ihre Schultern. Sie stellt einen großen Weidenkorb, gefüllt mit Regenbogenblumen, neben uns ab.

»B-bitte entschuldigen Sie, dass wir einfach so hier eingedrungen sind«, stottert Ronald, »aber …«

»Sie suchen sicher meinen Sohn, nicht wahr?«, unterbricht sie ihn und wendet sich mir zu.

Ich zucke mit den Achseln. Während wir dastehen, ergreift sie die herrlich duftenden Blumen, trennt die Stängel von den Blüten und schüttet letztere in einen der großen Bottiche. Dann nimmt sie einen großen Holzschlegel und rührt hörbar in der Flüssigkeit. Während sie das Gefäß wieder verschließt, ruft sie laut: »Hallo!«, und richtet den Blick auf eines der Fenster im linken Seitenflügel des Hauses.

Plötzlich stürmt der Schütze, samt seinem Bogen, aus dem Haus: »Ja, Mama?« Er hält kurz inne, als er uns sieht, und lächelt uns schelmisch an.

»Hol doch bitte die Kiste mit den Pfeilen, damit wir sie präparieren können!«

Widerwillig folgt er ihrer Aufforderung.

Ich wundere mich, dass der Knabe völlig unbekleidet herumläuft. Ist ein Kind an der Schwelle zur Pubertät nicht deutlich zu alt für FKK-Auftritte vor Fremden?

»Es ist sehr gefährlich, Ihren Sohn mit Pfeil und Bogen durch die Haine streifen zu lassen«, tadelt Ronald die Mutter. »Er hätte uns beinahe verletzt.«

Sie wirkt sehr amüsiert, als sie antwortet: »Mein Cupido weiß sehr genau, was er tut.«

»Was reden Sie da?«, sage ich empört. »Ist Ihnen denn egal, wenn jemand durch sein Verschulden stirbt?«

»Mein Sohn würde niemals einen Menschen töten. Nicht wahr, Cupido?«

Cupido schüttelt energisch den Kopf.

»Warum nennt deine Mutter dich Cupido?«, fragt Ronald den Jungen, der soeben mit der Kiste zurückkommt. »Ist das nicht ein anderer Name für Eros oder Amor?«

»Nun, die Menschen haben verschiedene Bezeichnungen gefunden für mich und das, was ich in ihnen wirke«, sagt er altklug und füllt derweil Flüssigkeit aus einem der Bottiche in einen Eimer. »Ist es die Liebe oder eher die Wollust, die sie umtreibt, sobald mein Pfeil sie trifft? Cupido bedeutet nichts anderes als Begierde. Nicht aus Bosheit geschieht es, wenn ich euch verletze, sondern um euch trostloser Einsamkeit und Langeweile zu entreißen.«

»Du willst uns doch nicht weismachen, dass du *der* Cupido bist?«, sage ich hitzig. »Cupido ist ein geflügeltes Fantasiewesen.«

»Willkommen in der Imagination«, sagt Cupido und tunkt die Pfeilspitzen gelassen in die rötliche Blütenblätter-Lösung. Anschließend reiht er sie in einer wohl eigens zum Zwecke des Trocknens errichteten Halterung auf. Erklärend fügt er hinzu: »Meine Flügel brauche ich nur in der gegenständlichen Welt.«

»Was sind das für Regenbogenblumen, und welches Extrakt wird aus ihnen hergestellt?«, möchte ich nun wissen.

»Das sind die Blumen der Leidenschaft, ohne deren Saft meine Pfeile wirkungslos blieben.«

»Wirst du damit wieder auf uns schießen?«, frage ich ängstlich.

»Aber ja«, erwidert Cupido strahlend.

»Demnach hast du es auf Karolina und mich abgesehen«, stellt Ronald nüchtern fest.

»Was, wenn ich gar nicht getroffen werden will?«, frage ich und recke trotzig das Kinn vor. »Ich habe die Nase gänzlich voll von Beziehungen.«

»Nun, ich gebe zu, dass ich manchmal nicht gut ziele. Jede Tätigkeit birgt ihre Risiken, aber jetzt seid ihr hier und es gibt kein Entweichen.«

»Doch wohl nicht *wir* beide?«, sage ich entsetzt. »Selbst wenn du uns nicht töten willst – das kann nicht gut gehen.«

»Habt ihr nie das Sprichwort vernommen: ›Gegensätze ziehen sich an‹?« Cupido lacht schallend und spannt den Bogen.

»Nein!«, schreie ich und stürme davon, dicht gefolgt von Ronald. Er holt mich ein, ergreift meine Hand und zieht mich mit sich. Plötzlich nehme ich einen heftigen Schmerz in der Brust wahr, gerate ins Straucheln und breche zusammen. Entsetzt starre ich auf den Pfeil in meinem Herzen. Ronald hält inne, und während er sich zu mir hinabbeugt, wird auch er von unserem erbarmungslosen Verfolger getroffen. Halb besinnungslos sinken wir einander in die Arme. Das Letzte, was ich empfinde, ist Harmonie und Leiden zugleich.

Als ich wieder zu mir komme, verspüre ich eine angenehme Wärme und das gleichmäßige Pochen eines fremden Herzens im Ohr. Ich schlage die Augen auf und finde mich in Ronalds starken Armen wieder. »Du darfst ruhig ein wenig Ordnung in mein ungeregeltes Leben bringen«, ist das erste Dumme, was ich zu sagen imstande bin.

»Und du ein bisschen Chaos in meins«, erwidert er trocken.

»Hast du mich denn auch vorher schon ein bisschen gemocht?«, will ich wissen.

»Natürlich«, versichert Ronald. »Ich habe das Korn der Leidenschaft unter dein Saatgut gemischt, um Cupidos Hilfe zu erbitten. Ich wusste, dass ich dein Herz nicht allein erweichen kann, nachdem du mich zigmal abgewiesen hast.«

»Abgewiesen?«

»Ja, glaubst du denn, ich biete jeder Frau meine Hilfe beim Gärtnern an?«

Eng umschlungen liegen wir in meiner großen Hängematte, und als meine Augen die Ronalds finden, da spiegeln sich darin wohl meine eigenen Gefühle: zärtliches Begehren, bereit zu geben und zu empfangen. Ich zerwusele seine Haare und öffne die oberen Knöpfe an seinem weißen Hemd.

»So gefällst du mir viel besser«, flüstere ich.

»So ist's recht«, erwidert Ronald und küsst mich leidenschaftlich.

Wie mein Vater vor mir

Fabian Dombrowski

Fabian Dombrowski wurde am 6. Oktober 1989 in Ost-Berlin geboren. Er lebt dort in Tempelhof und arbeitet für die Forschungsbibliothek des Braunschweiger Georg Eckert-Instituts für Bildungsmedienforschung. Er ist Historiker für Wissens- und Mediengeschichte mit einem Schwerpunkt auf historische Aufzeichnungstechniken (Zettelkästen, Notizbücher etc.), Digital Humanities und Theorie der Geschichtswissenschaften. Neben seiner Forschung schreibt er v.a. Phantastik- und Science Fiction-Kurzgeschichten, sein bisher einziger Ausflug zu längeren Stücken war die Hörserie »Irrlichtstadt«, die auf die Kurzgeschichte »Der verirrte Stern« aufbaut (erschienen in der »Irrlicht«-Anthologie beim Verlag Torsten Low).

Der Torbogen harrte seiner Bestimmung.

Er ruhte auf einem penibel gepflegten Rasen hinter den Mauern einer Pariser Stadtvilla, in der das Centre Historique des Archives Nationales untergebracht war. Geduldig ertrug er die drückende Sommerhitze, abwartend, lauernd, trügerisch. Macht umgab ihn. Seine lädierten Kalksteine und verwaschenen Brandspuren erzählten von den Kämpfen um sie, von ihrem Geheimnis und einer Geschichte im Verborgenen, die nur Eingeweihte kannten. Sie wussten, dass dieses Artefakt in versteckten Botschaften, Marginalien und Andeutungen halbvergessener Chroniken flüchtige Gastrollen gespielt hatte und erst in der Französischen Revolution aus den Nebeln der Mythen geborgen worden war. Der Kaiser Napoleon persönlich hatte ihm hier seinen Platz gegeben. Mit einem wissenden Lächeln sollte er den Torbogen dem von ihm gegründeten Nationalarchiv überantwortet haben. Denn der Korse hatte die Magie dieser Steine gekannt, die jeder spürte, aber kaum jemand zu nutzen verstand. Wenigen war sie nach Napoleon bekannt gewesen, und noch Wenigere hatten sie für sich einsetzen können.

Zuletzt war es im Mai 1968 geschehen; heute würde es wiedergeschehen.

»Er kommt – er kommt nicht – er kommt – er kommt nicht«, murmelte der Greis und starrte den Torbogen an. Er saß auf einer Parkbank. Manchmal beugte er sich erwartungsvoll nach vorn, wenn er meinte, eine Veränderung an dem Artefakt wahrzunehmen. Doch immer wieder entpuppte es sich als Einbildung, geboren aus Wunschträumen. Dann sackte er enttäuscht in sich zusammen, nur um sich sofort erneut sehnsüchtig anzuspannen. Er glaubte inzwischen selbst nicht mehr so recht an die Möglichkeit, sein Wunsch würde sich erfüllen. Zweifel wühlten ihn auf. Wie viel von seinen Gründen, stets an diesem Datum hierher zurückzukehren, entsprang seinen tatsächlichen Erinnerungen, und was rührte von einem in Demenz erträumten früheren Leben her?

Seine Frau saß neben ihm und beobachtete das alles in Sorge. Sie nahm seine Hand, lehnte sich bei ihm an und schmiegte ihren Kopf an seine Schulter. Sie hatte lange gebraucht, solche Vertrautheit öffentlich zu zeigen, aber wenn es ihm half, war es das wert. Gerade an diesem Tag brauchte er das. Wie jedes Jahr starrte ihr Mann gebannt auf den Torbogen, nur dieses Mal schlich sich eine kleine Unsicherheit in seinen Augenwinkel. Und sie wuchs schnell.

»Er kommt – er kommt nicht – er kommt – er kommt nicht.«

Ich stand vor dem Torbogen, spürte seine Magie in der schwülen Pariser Wärme – vibrierend, summend, brennend, wie die Sonne, die meine sich lichtenden Haare und den Rasen gleichermaßen versengte. Ich wollte nach dieser Macht greifen. Sie schien so dicht vor mir in der Luft zu hängen, dass ich es beinahe möglich glaubte. Oh, die Jahre der Übung, der Schulung meiner Sinne und der Recherche hatten sich gelohnt! Nie zuvor hatte ich bei einem meiner Besuche so klar die Kräfte des Weltentors gespürt.

Ich lachte, kicherte, konnte es einfach nicht fassen! Achtundvierzig Jahre später verstand ich endlich die Leistungen meines Vaters. Fast erschreckte meine Ausgelassenheit mich selbst. Schnell unterband ich den Gefühlsausbruch und versicherte mich, dass er unbemerkt geblieben war. Glücklicherweise befand sich niemand sonst in Sichtweite. Die einzige Parkbank war leer. Es hätte mich auch gewundert, wenn sich jemand hierher verirrte. Der

Publikumsverkehr interessierte sich mehr für den Ehrenhof des Hôtel de Soubise oder das hier untergebrachte Museum des Centre Historique. Die Leute kamen gar nicht bis in diesen Bereich, ansonsten hätten sie den Torbogen sofort bemerkt. Zwar ragte er am hintersten Ende des Hofes gerade einmal zur Hälfte über eine vom Efeu überwucherte Umfriedung, aber ein freistehender Torbogen, der sich in kein Gebäude einfügte, fiel auf. Besonders dem Feinfühligen musste er unmittelbar ins Auge springen. Selbst als mein Vater mich damals hektisch und aufgeregt hergezerrt hatte, war er für mich das Einzige an diesem Ort gewesen. Nicht auf diese esoterische Art der geheuchelten Wunder von Meditationsgurus, Anthroposophen oder Globuli-Scharlatanen. Das hier hatte nichts mit Chakra, dem Zweiten Gesicht oder Zungenreden zu tun. Dieses Gefühl war um so vieles tiefer, okkulter und um so vieles älter. Nur wie sollte man das solchen Ignoranten erklären? Ich verschwendete darauf keine Kraft mehr.

Mein Blick glitt über den Torbogen und seine Steine. Bei früheren Besuchen hatte ich mich gefragt, ob die Schäden dafür verantwortlich waren, dass er mir nicht offen stand. Mittlerweile wusste ich, dass der Grund ein anderer war. Er hatte auch meinem Vater in diesem Zustand durchgelassen; damals im Mai 1968. Die ganze Stadt war in Aufruhr gewesen und die Studentenrevolte in vollem Gange: Straßenkämpfe, Polizeiaktionen, Barrikaden und dazwischen die Situationistische Internationale, die Paris mit ihren Spruchbannern und Graffitis pflasterte. Einen ihrer Sprüche hatten sie auch über den Torbogen geschmiert: »Sei realistisch, verlange das Unmögliche!« Aber solch künstlicher Wille zur Revolution hatte meinen Vater nie gekümmert – genauso wenig wie das Versprechen, dass er mir seinerzeit gegeben hatte, *mich* jetzt kaum kümmerte. Er würde warten, hatte er gesagt, jedes Jahr zum gleichen Datum – dem Datum, an dem er diese Welt verlassen hatte. Auch wenn meine Anwesenheit hier, genau an diesem Tag, etwas anderes zu sagen schien, bedeuteten mir seine so zuversichtlich gesprochenen Worte nichts – nichts mehr! Früher hatten sie das, bei meinen ersten Besuchen in Paris. Aber die Flucht meines Vaters war lange her, ich war erst sechs gewesen. Das war vor einem ganzen Leben! Welche Bedeutung hatten da noch Versprechen, die Jahrzehnte zurücklagen? Nein, deswegen war ich nicht hier. Meine Rückkehr genau an diesem Tag war nicht mehr als ein schlechter Scherz des Universums. Seine Pointe lag darin, dass ich gekommen war, weil ich denselben Fehler wie mein Vater gemacht hatte: Ich hatte ein Verbrechen begangen, dessen Strafe ich nicht erdulden wollte und vor der mich nichts und niemand retten konnte. Also würde ich diese Welt verlassen müssen.

Die Situationen waren sich einfach zu ähnlich, was mir Kopfschmerzen bereitete. Sie traten unkontrolliert kurze Schlaglichter los, verzerrt wie durch beschädigte Polaroid-Filter. Ich sah meinen Vater mit blutigen Händen bei uns im Salon stehen, zu seinen Füßen die gebrochene Leiche des Hausmädchens, in seinem Blick die Paranoia. Es war nicht die Angst vor der Polizei, wie ich mittlerweile verstand, die ihm den gehetzten Ausdruck ins Gesicht zeichnete. Doch dann blitzte schon die Erinnerung an die Flucht durch den Keller, die Katakomben und Pariser Kloake auf, vermischt mit den Bildern jenes Abends, an dem ich in unser Heim zurückkehren sollte, von dem nichts geblieben war als verkohlte Ruinen und giftiger Rauch. Was jedoch viel wichtiger war: Meine erste Begegnung mit dem Torbogen. Wie ein Portal für Riesen war er mir vorgekommen, dabei ragte er nicht mehr als zweieinhalb Meter auf. Mein Vater hatte sich vor mir niedergekniet, sodass wir auf Augenhöhe waren, und mich an beiden Schultern gepackt, mit sich selbst gekämpft: Mich mitnehmen oder in dieser Welt lassen? Er hatte lange für diesen Entschluss gebraucht – schon immer war er eine schwankende Natur gewesen. Dann hatte er mir durch die Haare gestrichen und im Einklang mit den Klischees der Filme, die er so liebte, gemeint: »Pass auf deine Mutter auf.« Als ob sie ihm je etwas bedeutet hätte! »Und lerne meine Künste. Mach deine Übungen. Eines Tages wirst du mächtig genug sein, zu mir zu kommen. Wenn du willst. Aber merke dir eine Regel, eine ganz wichtige Regel: Jede Person darf das Portal nur ein einziges Mal durchschreiten.« Danach verlor sich der Garten der Stadtvilla in unscharfen Eindrücken. Ein letztes Bild folgte noch, in dem ich auf der Schwelle des Torbogens saß. Meine Welt versank im herankriechenden Qualm und dem Benzingestank eines Autos, das in der Studentenrevolte angezündet worden war – darin kurz die Täuschung von Augen, hungrig, glühend und höhnisch starrend. Im Geschrei des herandröhnenden Protests endete unbemerkt meine Kindheit.

An jenem Tag wurden die Weichen gestellt, die mich heute zurück an diesen Ort brachten – nur nicht so, wie mein Vater sich das vorgestellt hatte. Selbstverständlich trieb mich anfangs der Wunsch, ihm zu folgen. Aber das war nur die Einstiegsdroge. Ich hatte immer gewusst, dass es etwas hinter der Kulisse unseres Universums gab – eine tiefere, bedeutendere Kraft, als sie die Gesetze der Physik und Chemie abbildeten. Mein Vater hatte mir Übungen gezeigt, kleine Tricks des Okkulten, und als ich den ersten Schluck vom Krug der Erkenntnis genommen hatte, gab es kein Halten mehr. Ich wollte ihn bis zur Neige leertrinken. Und wenn es mich umbrächte.

Am Anfang hatte sich noch alles um den Torbogen gedreht, um seine Mechaniken, seine Fähigkeiten und seine

Geschichte. Natürlich gab es viele Lügen und ausgeschmückte Fabeln – zum Beispiel die absurden Schauermärchen über einen hungrigen Wiedergänger, der als Wächter um das Portal spukte. Was für ein Unsinn! Die ältesten verlässlichen Erwähnungen reichten bis in die Römische Republik zurück, obwohl selbst die antiken Autoren eine weit zurückreichende Vergangenheit andeuteten. Die Priester des Iupiter hatten das Artefakt in den Gewölben tief im Hügel Palatin entdeckt und der Senat sofort seine Chance gewittert. Man stelle sich die Gesichter der Patrizier vor, als sie herausfanden, dass auf der anderen Seite des Portals die Stadt Rom niemals zu Größe gelangt war. Sie fanden nur ein vergessenes Provinznest des Etruskischen Imperiums vor, das sich gerade anschickte, erste Kolonien auf den Kanaren, Azoren und Island zu errichten. Aus Angst vor dem, was sie gesehen hatten, versiegelten die diesseitigen Römer den Torbogen, damit ihre Republik nicht das Schicksal der Römer aus der anderen Welt erlitt. Das Artefakt tauchte erst wieder in der Geschichtsschreibung auf, als die Goten Rom stürmten. Diese nahmen es als Beutegut mit sich, doch seine Spur verlor sich kurz darauf in Süd-Gallien, verschwand erneut im Dunst der Legenden.

Erst am Ende der Französischen Revolution barg man den Torbogen erneut, welcher in einem geheimen Keller in Versailles behütet worden war. Danach wählte man ein besseres Versteck für ihn aus – vor aller Augen, sodass jeder ihn sah, aber trotzdem nicht erkannte, was er wirklich war. In Paris, wo Vergangenheit und Gegenwart aufeinandertrafen wie ineinander vermengte Sedimentschichten, fiel die scheinbare Ruine eines älteren Gebäudes im Garten der Villa nicht auf.

Doch je mehr ich davon erfuhr, desto mehr verlor dieses Unternehmen seinen Sinn. Jedes Geheimnis, das ich lüftete, war verflochten mit anderen, noch interessanteren Mysterien. Ein unendlicher Strudel an Wissen, Zauber und Macht saugte mich auf und nahm mir den Schmerz des Verlustes und des Traumas. Irgendwann lebte ich so tief in diesem Kosmos, war so verstrickt in hunderte Fäden, die ich nur ziehen musste, um mich der Kräfte der Magie zu bedienen, dass das Versprechen meines Vaters jegliche Bedeutung einbüßte.

Die große Macht aber, nach der es mich mehr und mehr dürstete, fand sich nicht im Licht. Ich tat abscheuliche, abartige Dinge und hielt nicht inne – bis ich verstand! Ich verstand endlich, wie es dazu kommen konnte, dass eines Tages mein Vater mit blutverschmierten Händen in unserem Salon stand. Für die hohe Kunst mussten Opfer gebracht werden – und das nicht nur sprichwörtlich. Und jetzt waren sie auch mir auf den Fersen; jene, die über die Ordnung des Kosmos wachten, die Enthaltsamkeit vom Hunger nach Erkenntnis predigten und jeden, der nicht ihrer Meinung war, gnadenlos jagten und liquidierten.

So stand ich nun vor dem Torbogen, wie mein Vater vor mir.

Meine Finger bewegten sich und tasteten nach der Magie und ihren dicken Strängen, die zu dem Teppich verwoben waren, den wir Realität nennen. Ich griff nach ihnen, zog sie an mich heran. Dies verlangte nach keiner großen Geste. Alles, was ein zufälliger Beobachter gesehen hätte, wären die zuckenden Finger – wie bei einem Pianisten, der die Noten hörte und begierig darauf wartete, sie nachzuspielen. Meine Sinne folgten den Strängen, die sich verdichteten und durch die Steine des Artefaktes liefen. Feinfühlig erfasste ich sie, tastete sie ab und fand, wonach ich suchte. Ein kleines Ziehen dort, ein winziges Verdrehen hier, und schon ging es los.

Ich fühlte den steinernen Puls anfangen zu schlagen, zögerlich, unregelmäßig, dann im Rhythmus von an den Strand schlagenden Wellen. Jeder Sensible im Umkreis von Kilometern würde es spüren. Die Wissenden in ganz Europa würden jetzt Bescheid wissen, ihre Köpfe ruckten wahrscheinlich in diesem Moment in die Höhe, den Blick in die Ferne fokussiert – gen Paris, gen Hôtel de Soubise, gen Torbogen.

Das Portal öffnete sich, schlug eine Brücke über den Abyss zwischen den Welten zu jenem Ort, wo angeblich die Schattenwesen der Schöpfung ihr Unleben fristeten und darauf gierten, die Sterblichen zu vertilgen, die ihr Reich passierten. Doch sah ich keinen Hinweis auf solche Gefahren. Genauso wenig, wie die Welt auf der anderen Seite des Torbogens sichtbar wurde.

Es schien sich nichts verändert zu haben.

Die Mauer und der Efeu hinter dem Durchgang wirkten noch exakt genauso wie vorher. Doch der Torbogen war nun zu passieren. Ich fühlte und wusste es. Und ich trat hindurch. Mit offenen Armen machte ich den Schritt in eine andere Welt. Dachte ich ... meinte ich zu wissen. Aber als ich die Augen aufmachte, die ich gar nicht bemerkte hatte, geschlossen zu haben, waren da weiterhin nur Garten und Stadtvilla. Ich hatte die Weltenbrücke gefühlt. Ganz sicher. Nur warum war alles gleich?

Nein! Das war nicht wahr! Nein! Nein!

Ich blickte mich um. Nur eine kleine, alte Dame saß da auf der Parkbank. Schaute mich mit einer gehobenen Augenbraue an. Was absolut verständlich war, so befremdlich, wie mein Verhalten auf sie wirken musste. Ich wandte mich erneut dem Durchgang zu. Eine seltsame Hoffnung überkam mich. Vielleicht war ich falsch herum durch den Torbogen gegangen? Mit einem weiteren Schritt trat ich erneut über die Schwelle.

Sie saß da und konnte es nicht glauben. Da war tatsächlich jemand aus dem Torbogen getreten – so wie ihr Ehemann stets behauptet hatte, dass es passieren würde! Zu allem Überfluss sah diese Erscheinung ihm auch noch so ähnlich, als sei sie sein Doppelgänger. Nein, nicht ganz. Dieser Mann war schlanker, als ihr Gatte im selben Alter gewesen war, und der Haarausfall hatte deutlich früher eingesetzt. Aber keine Frage, es musste sein verlorener Sohn sein!

Sie schaute den Weg hinunter zu ihrem Mann, der nur wenige Momente zuvor von der Parkbank aufgesprungen war, ein finales »Er kommt nicht!« ausrufend. Ihr Blick zuckte zwischen Vater und Sohn hin und her. Doch bevor sie etwas sagen konnte, drehte der Jüngere sich plötzlich wieder um und setzte sich in Bewegung. Sie stand auf und schrie: »Nein!«

Ihr Ehemann wandte sich zu ihr, sah das Portal. Seine Augen weiteten sich vor Überraschung.

Da war sein Sohn – und der war auf dem Absatz mitten im Torbogen herumgewirbelt!

Ich sah meinen Vater! Es war unzweifelhaft sein Gesicht, wenn auch zerfurcht von den Falten des Alters, eingefallen, runzelig und kahl. Seine Augen weiteten sich, denn er hatte es sofort verstanden: Ich hatte Mist gebaut. Die beiden Welten glichen einander so stark, dass man sie auf den ersten Blick gar nicht unterscheiden konnte – obwohl meine Recherchen mir anderes angedeutet hatten. Und ich Idiot hatte losgelassen, hatte die Stränge fahren lassen in meiner Enttäuschung, dass beim rückwärtigen Durchschreiten des Portals ebenfalls nichts geschehen war. Scheinbar. Ich versuchte, die Stränge wieder zu fassen zu bekommen – zu spät. Viel zu spät. Sie entglitten mir. Ein Blinzeln, und mein Vater und die von der Parkbank aufgesprungene Dame waren verschwunden. Für immer. Meine Chance war verstrichen.

Meine Schultern sanken nach vorn, und ich wandte mich ab … nur um den Blick von Augen voller Hunger, Glut und Hohn zu begegnen, die mich mitten aus schattenhaftem Qualm anstarrten.

»Er ist gekommen«, hauchte ihr Ehemann und sank auf die Knie, kippte vornüber und versuchte sich abzustützen. Aber seine altersschwachen Arme gaben nach. Mit dem Gesicht voran landete er im Dreck. Seine Frau eilte zu ihm hin. Ihr fiel es schwer, sich auf den Boden niederzulassen, aber sie schaffte es und half ihm, sich aufzusetzen.

»Es tut mir so leid, so unglaublich leid. Ich hätte nicht zweifeln sollen. Oh, das ist schlimm gelaufen. Er hat sicher nicht erkannt, dass er in unserer Welt angekommen war.« Wie um ihre Worte in der bösesten Ironie zu unterstreichen, schob sich in dem Moment der Schatten eines Zeppelins über das Pärchen. Sie blickten auf und sahen auf dem Leib des Transport-Luftschiffes die Flagge des Hauses Bonaparte. Napoleon VI. schickte wahrscheinlich gerade weitere Hilfslieferungen in die nukleare Ödnis Berlins, die seit dem Ende des Weltkriegs gegen den Grafen von Stauffenberg um die ehemalige deutsche Hauptstadt bestand.

»Er ist tot«, flüsterte ihr Mann.

»Nein, er lebt. Du wirst ihn nicht mehr sehen, aber das bedeutet nicht seinen Tod.«

»Doch … er ist tot.«

Eine schaurige Sicherheit lag in seiner Stimme.

Dort hinter den Mauern einer Pariser Stadtvilla, in der das Museum für Feldmarschall de Gaules glorreiche Ägyptenfeldzüge untergebracht war, ruhte der Torbogen, abwartend, lauernd, trügerisch. Diese gewisse, unbestimmbare

Macht umgab ihn. Seine lädierten Kalksteine und verwaschenen Brandspuren erzählten von Kämpfen, einem Geheimnis und einer Geschichte im Verborgenen.

Der Torbogen harrte seiner Bestimmung als Lockmittel. Die Geschichten über ihn hatten nur diesen Zweck. Und das Wesen in seinem Schatten wartete geduldig, bis das nächste Opfer anbeißen würde – hungrig auf jene, die dieses Portal zu oft durchschreiten wollten, mit Augen voller Glut und Hohn.

#MRDRDR

David Grade

David Grade kam 1980 in Dortmund auf die Welt. Obwohl seine Verwandten über die ganze Welt verstreut sind, blieb er der alten Ruhrgebietsstadt treu, in der er mit Frau und Tochter lebt und als Kinder- und Jugendlichenpsychotherapeut arbeitet. Er ist Autor der Cyberpunkromane Iwans Weg, Marlene lebt und Wendigos Wahrheit, hat zahlreiche Artikel und Kurzgeschichten geschrieben, sowie an Rollenspielpublikationen mitgewirkt. Als @gradewegs findet ihr ihn auf X.

Als Arun den ersten Tweet las, der ankündigte, dass die Welt an ihrem Rand zerfaserte, saß er auf dem Klo.

```
WTF http://ow.ly/ZWQ1N
@Korallenherz
```

Zu sehen war ein sechssekündiges Video, das zeigte, wie eine pferdegroße, aufgezäumte Kampfechse auf das Dach eines roten Polos sprang und es plattdrückte. Auf ihrem Rücken saß etwas, das entfernt an einen Ork erinnerte. Das Wesen schlug mit einem langen Morgenstern nach der Frau, die aus dem Polo flüchtete. Die Szene war auf einer belebten Straße aufgenommen worden. Alles sah verdammt echt aus, aber in den ersten zwei Minuten hielt er die Timeline für den Beginn einer viralen Kampagne für einen Fantasyfilm. Dann wurden dutzendfach, hundertfach, zehntausendfach Meldungen wie diese retweetet:

```
horde in fantasy dresses on killing spree
at #timesquare http://www.nytimes.com/
@nytimes
```

Es folgten Bilder und Hilferufe von Betroffenen. Links zu Überwachungskameras, die zeigten, wie Gruppen von grobschlächtigen Wesen mit Wildschweinhauern, breiten Schultern, Warzen auf den Gesichtern und mittelalterlichen Waffen in den Händen, durch Straßen zogen, in Häuser und Geschäfte einbrachen, schreiende Menschen verfolgten, von Autos überfahren und von Polizisten niedergeschossen wurden.

```
Seht euch das an! Wie eine Tür nach Mordor
http://ow.ly/ZWSyW #Nordstadt #Dortmund
@gradewegs
```

Verlinkt war ein Foto, das aus dem vierten oder fünften Stock aufgenommen war und eine Kreuzung zeigte. Mietshäuser säumten die Straßen, die Werbetafel einer Shishabar leuchtete, und mitten auf der Kreuzung sah man einen ausgefransten, lastwagengroßen Fleck, in dem schroffe Felsen zu sehen waren und die Ränder einer blutroten Sonne, die hinter Gebirgszügen unterging. Auf den Felsen standen Wesen mit Bocksbeinen und Ziegengesichtern. Sie hielten Speere in den Händen, und statt Kleidung trugen sie Fell. Zwei waren aus dem ausgefransten Fleck gesprungen und rannten über die asphaltierte Straße. Man sah Menschen, die vor der Shishabar an Tischen gesessen hatten und dabei waren aufzustehen und zu flüchten, bis auf einen, der aus der Innentasche seiner Jacke eine Pistole gezogen hatte.

`@gradewegs seems like someone opens the doors of mordor everywhere #mordordoor`
`@fraumaja`

Aus »Mordordoor« machte die Ökonomie von 140 Zeichen, die bei Twitter für Disziplin und Kürze sorgte, bald #mrdrdr, wie in:

`#mrdrdr will change everything forever, we will need the nerds of the world for more then just for coping the digital revolution`
`@ppinternational`

Aruns Smartphone summte auf, als gleichzeitig mehrere Eilmeldungen von Spiegel Online und eine WhatsApp-Nachricht eintrafen. Arun las die Nachricht.

```
Krass, als wären WOW und Stargate mit uns
verschmolzen. Mein Vater wird ausrasten.
Wenn das heute Abend vorbei ist, kommst
du dann on?
  - Tomek
klar, kommen hedi und pia auch?
  - Arun
```

»Komm vom Klo, Arun, dass musst du dir angucken!«, rief Aruns Mutter.

»Ja, komme.«

Arun beeilte sich und kam ins Wohnzimmer. Sein Smartphone hatte er auf Vibration gestellt.

Seine Mutter hatte sich das Osterwochenende ausgesucht, um endlich den Durchbruch zur Küche zu machen. Jetzt saß sie im staubigen Blaumann auf dem mit Heimwerkerfolie bedeckten Sofa, hatte sich den Mundschutz auf den Kopf geschoben und schaute eine ZDF-Sondersendung.

»... handelt es sich um ein weltweites Phänomen. Der Katastrophenschutz bittet alle, zu Hause zu bleiben. Füllen Sie Ihre Badewanne und alle vorhandenen Behälter mit Trinkwasser. Glücklicherweise haben die meisten Leute vor den Feiertagen ausreichend eingekauft. Das Verteidigungsministerium fordert Angehörige der Streitkräfte auf, sich bereit zu halten ...«

»Das ist unglaublich! Ich meine, das ist wie in einem deiner Computerspiele, oder?«

»Hier in der Nordstadt ist auch schon ne Mordortür, habs gerade auf Twitter gelesen.«

Seine Mutter sah ihn an und nahm sein Gesicht in ihre Hände: »Du machst jetzt die Badewanne voll Wasser und dann alles, was du an leeren Töpfen und Flaschen findest.

Ich schließe die Tür ab und schiebe die Kommode davor. Alles klar?«

»Alles klar!« Arun hatte ein kribbelndes Gefühl im Magen, eine Übelkeit erzeugende Aufregung. Das Kribbeln zog hoch in seine Brust und verwandelte sich in Angst. Er schaute noch mal auf sein Smartphone.

`JETZT ist die Zeit für Bundeswehr im Innern, egal was die Linke sagt.`
`@Illuminatus23`

Jemand schrie im Treppenhaus, dann lärmte es, als würde ein Schrank die Treppen herunterstürzen. Arun glitt vor Schreck der Blumenübertopf aus der Hand, den er gerade über der Badewanne mit Wasser füllte. Der Topf knallte auf den Rand, zersprang in mehrere Teile, und Arun war von den Oberschenkeln abwärts nass. Er rannte in den Flur.

Seine Mutter starrte ihn an. Sie räumte gerade die Kommode im Flur frei. In ihrer Hand hielt sie den Gartenzwerg von den Oakland Raiders. Der stand auf der Kommode, seit sie letztes Jahr zusammen in Kalifornien gewesen waren.

Ein tiefer Grunzton war im Treppenhaus zu hören, dann ein lautes Krachen. Aruns Mutter stellte den Zwerg auf den Boden, dann schoben sie beide die Kommode vor die Tür. Die Schildkrötenschale mit den Schlüsseln darin, der Router, mehrere Briefe, der Kasten mit dem Schnellschminkzeug und die Hoth-Schneekugel fielen zu Boden. Mit einem Rumms! stand die Kommode vor der Tür. Mutter und Sohn setzten sich auf das Laminat und lehnten sich an das Möbel.

Ein kräftiger Stoß ließ Tür und Kommode erzittern. Er fuhr durch Aruns Körper wie ein elektrischer Schlag. Seine Mutter richtete sich auf, schob schnell und leise die Türkette in die Halterung und ließ sich wieder zurück sinken.

Arun bewunderte sie dafür. Er selbst hätte sich nicht getraut, sich aufzurichten. In diesem Moment traute er sich noch nicht einmal zu atmen.

Etwas stapfte mit schweren Schritten die Treppe herunter. Arun holte Luft.

»Ich verhänge die Fenster. Ruf du deine Schwester an und frag, wie es ihr geht!« Mutter war schon wieder auf den Beinen und hatte sich von irgendwoher eine Decke geschnappt.

Arun wählte die Nummer seiner Schwester und stellte den Router wieder auf. Der lief noch.

»Und?«

»Besetzt.«

»Versuchs weiter.«

Aruns Smartphone summte, eine WhatsApp-Nachricht:

```
retweete mich mal, hab einen livestream am laufen #mrdrdr
  - Tomek
```

Arun suchte nach dem Tweet seines Kumpels.

```
#mrdrdr Livestream aus #Dortmund, Mordorlinge auf den Straßen www.tomekian.de
@DerTomekk
```

»Hast du Sara erreicht?«, rief Aruns Mutter.

»Ich versuchs noch mal.« Arun drückte auf retweet, dann Wahlwiederholung und brachte die Telefonapp in den Hintergrund, um sich Tomeks Stream anzusehen. Dieser stand auf dem Kopf und schwankte stark. Tomek schien zu rennen. Beine von anderen Läufern auf der Straße waren zu sehen, Schritte zu hören, und dann erschien etwas vor der Kamera, das wie ein schlammiger Ast aussah und auf dem Gehweg quer durch das Bild platschte. Ein Beinpaar wurde in die Luft gerissen und verschwand zum unteren Bildrand. Etwas furchtbar Schnelles, eine Mischung aus Ohrenkneifer und Ratte, sprang ins Bild und krallte sich an ein weiteres Bein. Schreie. Dann wackelte das Bild stärker, und die Innenseite einer Autotür füllte den Screen aus.

Das Smartphone vibrierte, WhatsApp:

`Sind mit Kamerateam unterwegs, du folgst #mrdrdr, oder? Geht nicht aus dem Haus, mach Mama klar, dass das ernst ist. Hab dich lieb, Schlumpf`
`- Sara`

»Sie hat geschrieben. Sie ist mit nem Kamerateam unterwegs.«

Etwas kratzte an der Tür, nicht als wollte es eingelassen werden, sondern als wollte es sich durchgraben. Aruns Mutter erschien im Flur und legte einen Finger auf die Lippen. Sie setzten sich wieder auf den Boden, gegen die Kommode gelehnt. Das Kratzen hörte auf, dafür quiekte und schnüffelte es, wie ein gigantisches Meerschwein.

»Wir schaffen das, mein Großer«, flüsterte Aruns Mutter ihm ins Ohr und legte ihren Arm um seine Schulter.

Es scharrte wieder, etwas grub sich ins Holz. Arun öffnete auf Twitter einen Link zu einem Interview und las. Das war ein gutes Mittel gegen die Angst.

`»Wir sind schon immer davon ausgegangen, dass es mehr als die Dimensionen Länge, Höhe, Breite und Zeit gibt. Mathematisch sind endlos viele Dimensionen denkbar. Wir glauben, dass die Welt an den Rand einer` der unbekannten Dimensionen gekommen ist. Wir sind sozusagen am Rand der fünften Dimension, und jetzt, wo sie am Rand angelangt ist, überlappt sie sich mit den Dingen, die hinter dem Ende liegen.«

»Wieso passiert es überall gleichzeitig? Es handelt sich um ein weltweites Phänomen.«

»Weil es sich um keine räumliche Dimension handelt, sondern eher um eine, die ähnlich ist wie die Zeit. Wenn eine Stunde vergeht, vergeht sie überall gleichzeitig.«

»Und wie könnte diese fünfte Dimension beschaffen sein? Von was reden wir da?«

»Gute Frage, wir sind im Bereich der Theorie. Ich würde sagen, wir könnten die fünfte Dimension auch die Realitätsdimension nennen.«

»Arun«, flüsterte seine Mutter ihm ins Ohr, »geh ins Wohnzimmer und hol den Elektromeißel. Sei leise dabei.«

»Warum?«

»Damit wir was haben, wenn das Ding durchkommt.«

Das Scharren war immer noch da.

Aruns Hände waren schweißnass. Er schob sein Smartphone in die Tasche und erhob sich so leise er konnte. In seinem Rücken kribbelte es, als er nahezu geräuschlos zur Wohnzimmertür huschte. Er schlich besonders vorsichtig über die ausgelegte Plane, doch trotzdem raschelte sie. Der Elektromeißel lag neben dem Durchbruch zur Küche, seine Mutter war fast fertig geworden. Zuerst zog Arun den Stecker aus der Steckdose, dann nahm er den Meißel auf. Sein Blick fiel in die Küche. Nur, dass da keine Küche mehr war!

Durch die Zweige einer schwarzen Weide sah er ein Marschland; dunkles Wasser, aus dem Bäume und Lehmbuckel aufragten, die wie lebendig wirkten. Aruns Blick reichte weit, bis zu einem Höhenzug, der den Horizont markierte. Eine trübe Sonne beschien die Szenerie. Trüb, aber warm. Feuchte Luft schlug ihm von dem Ort entgegen, der früher mal die Küche gewesen war. Luft, die den Geruch nach Torf und Wasser mit sich brachte.

Arun griff in die Tasche, zog sein Smartphone hervor und berührte die Kameraapp.

Ein Strang schwarzer Zweige schoss aus dem Durchbruch hervor, teilte sich in dutzende Enden auf, umschloss Arun und riss ihn über den Rand der Realität.

Das Smartphone landete auf der Heimwerkerplane. Das Display leuchtete nach oben. Arun hatte das Foto des Marschlandes getweetet und ein paar Worte geschrieben:

`#mrdrdr in unser Küche #Nordstadt #Dortmund http://ow.ly/ZXTH1`

Als sein Tweet in die Welt hinaus ging, saß Arun jenseits ihres Randes.

Aruun und der Nebelwald

Lisa Dröttboom

Lisa Dröttboom lebt mit ihren vier Hamstern am Rand der Welt, äh des Sauerlands. Dem geschriebenen Wort schon früh verfallen, schreibt sie bereits seit der Schulzeit Geschichten. Während sie zumeist die unterschiedlichsten Sparten der Phantastik austestet, lebt sie in Kurzgeschichten gerne ihre Liebe für Wölfe aus.

Aruun lag unter seiner Decke und lauschte den Geräuschen im Haus. Der Wind war mit Anbruch der Nacht schärfer geworden, drang leise pfeifend durch jede Ritze zwischen den Brettern. Die Temperaturen waren gefallen, weshalb er sich bis zur Nase im Stoff vergraben hatte. Doch an Schlaf war nicht zu denken. Nicht, seit bei den Erwachsenen, die sich ein Stockwerk tiefer aufhielten, ein Wort gefallen war: Wölfe.

Er konnte ihr Gespräch kaum verstehen. Der Wind übertönte ihre Worte, ließ nurmehr Gesprächsfetzen durch. Dazu kam das Knarzen der Dielen und Bretter, an denen die kälter werdenden Temperaturen nagten.

Aruun zögerte. Die Bettdecke war verlockend warm, doch die Neugier trieb ihn aus dem Bett. Mit den Zehen tastete er nach seinen Stiefeln und fuhr hinein. Er schlüpfte durch seine Zimmertür, kaum dass der Spalt weit genug war. Das Gespräch war noch immer unverständlich und nach einem Blick über das Geländer wusste er auch, warum: Die Tür zur Küche war geschlossen.

Also tappte er zur Treppe. Ein paar Stufen knarzten, doch er wusste, welche es zu vermeiden galt. Mit pochendem Herzen drückte er sein Ohr gegen das Holz und lauschte den Stimmen im Inneren der Küche. Schwere Stiefel wanderten durch den Raum. Im ersten Moment befürchtete er, sie würden auf den Flur zusteuern, doch dann entfernten sie sich wieder von der Tür.

»Der Nebel ist dicht heute Nacht«, ertönte die Stimme seiner Ziehmutter. »Passt auf, wenn ihr da draußen seid.«

»Ich kenne den Wald«, beruhigte ihr Mann sie. »Der Nebel wird heute Nacht genug Opfer haben, an denen er sich laben kann. Er wird sich nicht für einen alten Jäger wie mich interessieren.« Seine Worte waren voller Arroganz.

Aruun fletschte die Zähne. Der Nebel nahm, wen er als würdig empfand und nicht, wer ihm geopfert wurde. Die

Tatsache, dass heute Nacht andere ihr Leben lassen sollten, beunruhigte ihn.

»Siehst du schon was?«, fragte der Alte seine Frau.

»Nein. Ist noch keiner da.«

»Wahrscheinlich stecken sie noch ein paar zusätzliche Bolzen ein.« Das kalte Lachen des Mannes jagte Aruun einen Schauer über den Rücken. »Nicht, dass wir am Ende zu wenig Munition für die Wölfe haben und uns einer entkommt.«

Aruun fuhr von der Tür zurück, die Augen ungläubig geweitet. Die Menschen wollten Jagd auf die Wölfe machen? Auf *seine* Wölfe? Das musste er verhindern!

Sein Blick huschte zur Haustür. Dort konnte er nicht hinaus. Der Alte wartete auf seine Kollegen. Wenn er ihnen um diese Uhrzeit in die Arme lief, würden sie kurzen Prozess mit ihm machen. Der Alte hasste ihn. Würde seine Ziehmutter nicht eine schützende Hand über Aruun halten, hätte ihr Mann ihn längst wieder in den Wald gejagt. Oder etwas weit schlimmeres mit ihm angestellt. Also lief er in die andere Richtung, zum Wohnzimmerfenster, und öffnete die Verriegelung. Der Wind übertönte das leichte Quietschen der verrosteten Scharniere.

Aruun schlüpfte nach draußen und sog scharf die Luft ein, als ein eisiger Wind um seinen Körper strich. Die Temperaturen waren inzwischen in den frostigen Bereich gefallen. Der Wind riss ihm den Atem von den Lippen.

Der Mond stand rund genug am Himmel, um ihm auf seinem Weg durchs Dorf Licht zu spenden. Aruun hielt sich nah an den Hauswänden und spähte vorsichtig in alle Richtungen, bevor er über die Straßen huschte. Im Schatten der Häuser arbeitete er sich voran, dem Rand des Dorfes entgegen.

Dann trennte ihn nur noch ein kurzer Sprint vom Waldrand; eine Strecke von vierzig oder fünfzig Metern auf freier Fläche, bevor er zwischen den Bäumen verschwinden konnte. Der Nebel hing schwer zwischen den Stämmen. Einzelne Ausläufer wagten sich auf die Wiese hinaus.

Fünfzig Meter, dann wäre er in Sicherheit. Fürs Erste.

Aruun wappnete sich gerade für den Sprint, als der Wind Gelächter an seine Ohren trug. Erschrocken sprang er gegen die nächste Häuserwand und drückte sich tief in die Schatten. Seine Hüfte stieß gegen das gelagerte Brennholz. Ein Scheit rutschte vom Stapel und fiel mit einem dumpfen Schlag zu Boden.

Das Gelächter verstummte. In der Lücke zwischen den Häusern tauchten die Umrisse mehrerer Gestalten auf; es war die Jagdgesellschaft, die langsam näherkam. Aruun hielt die Luft an, damit sie seinen Atem nicht sehen konnten. Er drückte sich noch enger an die Wand und wünschte, mit den Schatten verschmelzen zu können. Sein Herz schlug so laut, dass er befürchtete, die Jäger könnten es in der Windstille zwischen den Häusern hören.

»Was ist?«, fragte eine dunkle, rauchige Stimme. Sie gehörte zum Schmied. Seine Kehle war durch die Arbeit am Feuer rau geworden.

»Hast du nichts gehört?« Das war der Alte. Seine Freunde hatten ihn abgeholt. Seine Silhouette war die größte von allen.

Aruun schluckte nervös.

»Nee, was denn?«, fragte der Schmied.

»Vielleicht hab ich es mir auch nur eingebildet«, brummte der Alte. Trotzdem blieb er noch einen Moment lang stehen und starrte in die Dunkelheit der schmalen Gasse. Aruun beobachtete seine Silhouette. Wann immer sich das Gesicht des Alten in seine Richtung zu bewegen schien, gefror ihm das Blut in den Adern. Als würde dieser mit seinen Blicken den Schatten durchdringen.

»Na komm, da ist nichts. Lass uns weitergehen. Je schneller wir die Viecher finden, desto eher können wir wieder aus dem Wald raus.« Die Worte des Schmieds klangen drängend, als wäre ihm nicht wohl bei dem Gedanken, heute Nacht in den Wald zu gehen.

»Macht dir der Nebel etwa Angst?«, spottete der Alte, während er sich endlich umdrehte und zu den anderen zurückkehrte.

»Wem nicht?« Der Schmied schüttelte sich.

Ein verächtliches Schnauben erklang. Dann entfernten sich die beiden Männer.

Aruun atmete erleichtert auf. Er wartete, bis er sicher war, dass sie weit genug entfernt waren, dann rannte er los. Schaute weder nach rechts noch nach links, sondern spurtete auf direktem Weg dem Waldrand entgegen. Bange Sekunden lang befürchtete er, Geschrei hinter sich zu hören oder das Vorüberzischen eines Armbrustbolzens, doch es blieb ruhig. Er erreichte die Bäume ohne weitere Zwischenfälle und tauchte dankbar in die Nebelschwaden ein.

Der weiße Dunst fühlte sich wie eine hauchzarte Umarmung an, wie Spinnweben, die sich über Arme und Gesicht legten. Der Wald war oft in Nebel gehüllt. Bestimmte Bereiche hatte Aruun sogar noch nie ohne Nebelschleier gesehen, doch trotzdem kannte er den Weg zu den Wölfen. Zu viele Jahre hatte er zwischen den Bäumen verbracht, als dass ihn seine Augen trügen könnten.

Aruun nahm das Tempo raus, bis aus dem Sprint ein lockerer Dauerlauf wurde. Sein Weg führte einen Abhang hinunter und an dem umgestürzten Stamm vorbei. Als er über den schmalen Bachlauf sprang, war es nicht mehr weit. Wahrscheinlich waren seine Wölfe in der Senke. Mutter Weißlauf hatte dort letztes Jahr eine kleine Höhle gefunden, groß genug, um ihren neuen Wurf aufzuziehen.

Aruuns Lungen schmerzten. Der Sprint und die kalten Temperaturen raubten ihm den Atem. Er zwang sich weiter, doch als schwarze Punkte in seinem Sichtfeld tanzten, musste er stehen bleiben. Keuchend stützte er die Hände auf die Knie und rang um Atem. Er durfte nicht stehenbleiben. Er musste weiter!

Neben ihm knackten Zweigen. Aruuns Kopf fuhr herum, als auch schon ein grauer Schatten auf ihn zuschoss und ihn mit sich zu Boden riss. Sein Körper ächzte, als vierzig Kilo geballte Wolfskraft auf ihm landeten, doch diese ruhten nicht lange auf ihm. Sturmgrau sprang begeistert um ihn herum, japste und winselte, stieß ihn mit der Schnauze freudig an.

Aruun lachte leise und vergrub seine Hände im dichten Wolfsfell. Sturmgraus Pelz erinnerte an die Wolken am Horizont, wenn sich ein Sturm ankündigte. Wie gerne würde Aruun jetzt auch eins tragen, um den frostigen Temperaturen besser trotzen zu können. Er lehnte sich gegen den Wolf, der ihn fast überragte, wenn er auf dem Boden saß.

Es war schon einige Winter her, dass Aruun größer als Sturmgrau gewesen war. Aber er erinnerte sich noch an die Zeit, als sein bester Freund kaum die Augen geöffnet hatte. Als jede Bewegung schwergefallen und das Gleichgewicht ein Verräter gewesen war.

Heute übertrumpfte ihn Sturmgrau nicht nur an Größe, sondern auch an Geschwindigkeit. Eigentlich müsste er das Elternrudel längst verlassen haben und auf der Suche nach einem Weibchen sein, mit dem er sein eigenes Rudel gründen konnte. Doch er war geblieben, und Aruun fürchtete, dass es seinetwegen war.

Noch duldeten ihn seine Eltern hier, aber es war nur noch eine Frage der Zeit, bis sie ihn fortjagen würden.

Dann würde Aruun seinen besten Freund verlieren. Allerdings war das immer noch besser, als ihn heute Nacht an die Jäger zu verlieren.

Aruun stand auf und sah sich um. Seine Augen durchsuchten den Wald nach den anderen Wölfen, doch Sturmgrau war alleine gekommen. Wahrscheinlich hatte er ihn gerochen. Aruun hatte nicht auf den Wind geachtet. Die Zeit drängte.

Er ließ sich nach vorne fallen und jagte auf allen vieren weiter. Sturmgrau trabte in zügigem Tempo neben ihm her. Seine Ohren verfolgten aufmerksam die Geräusche im nächtlichen Wald. Er schien zu merken, dass etwas Beunruhigendes im Gange war. Spürte die Anspannung, roch die Angst.

Mit ihm an seiner Seite fühlte sich der nächtliche Nebelwald weniger bedrohlich an. Der Mond hatte sich durch das lichter werdende Blätterdach gekämpft und leuchtete ihnen den Weg.

Mehrere Tannen säumten die Senke mit der kleinen Höhle, in der Weißlauf ihre Jungen aufgezogen hatte. Ihr ausladendes Astwerk bot Schutz vor Wind und Regen. Die Wölfe hatten sich an den Stämmen zusammengerollt und schliefen. Die Jungwölfe, ein geballter Haufen Fell, lagen dicht aneinandergekuschelt.

Donnergrollen war der Einzige, der noch wach war. Sein dunkler Körper war in den Schatten der Nacht kaum zu sehen. Als Aruun die Tannen fast erreicht hatte, ließ er ein tiefes Knurren hören. Augenblicklich blieb der Junge stehen.

Bevor sich Donnergrollen nähern konnte, wurde Aruun bereits freudig von den Jungwölfen begrüßt. Donnergrollens Warnung hatte sie aus dem Schlaf gerissen. Nun hießen sie ihren Besucher willkommen, während sich

Sturmgrau unter sein Rudel mischte. Feuchte Schnauzen drückten sich in Aruuns Gesicht. Er wurde abgeleckt, angestupst und geknufft, bis das Grollen ein weiteres Mal ertönte. Näher dieses Mal und lauter.

Die Jungwölfe sprengten auseinander, um ihrem alten Herrn Platz zu machen. Donnergrollen war groß und stämmig. Noch überragte er seine Jungen, brachte mehr Masse mit, aber das würde sich bald erledigt haben. Spätestens im Frühjahr würden seine Jungen kaum noch von ihm zu unterscheiden sein. Vor allem Nachtschwarz nicht. Die Wölfin war genauso dunkel wie ihr Vater.

Donnergrollen trat näher an Aruun heran, die Rute aufgestellt, den Kopf erhoben. Ab und an blitzten seine Zähne zwischen seinen Lefzen hervor. Ihm gefiel nicht, dass Aruun hier war. Der Junge machte den Rücken rund und kauerte sich zusammen, unterwarf sich anstandslos. Wenn es nach Donnergrollen ging, dürften sich weder Aruun noch Sturmgrau hier aufhalten. Aber zum Glück gab es noch Weißlauf, und die liebte ihre Jungen, auch wenn sie bereits zu viele Jahre an ihrer Seite waren.

Donnergrollen überbrückte auch die letzten Zentimeter zwischen ihnen. Aruun spürte seinen Atem im Nacken, die Nase an seiner Haut. Der Leitwolf knurrte, dann zog er sich zurück. Er duldete Aruun, zumindest für diese Nacht.

Erleichtert verließ Aruun seine gekauerte Haltung. Jetzt musste er einen Weg finden, seine Familie zu warnen. Sie mussten den Wald verlassen. Sich irgendwo verstecken, wo die Jäger sie nicht finden würden.

Bevor er eine Entscheidung treffen konnte, ertönte ein Knall. Aruun kannte das Geräusch. Er hasste es. Das Sirren der Sehne, den Schlag, mit dem sie ihren Bolzen lossandte. Die Wölfe zuckten zusammen. Nachtschwarz erschrak so sehr, dass sie zu Boden ging.

Stimmen wurden laut, dann ertönte Hundegebell. Die Jagdgesellschaft hatte sie gefunden! Es knallte erneut, und dieses Mal sah Aruun den Armbrustbolzen fliegen. Er flog sirrend durch die Luft und schlug in den Stamm der Tanne ein. Die Wölfe waren in Aufruhr, wuselten unruhig durcheinander. Nur Nachtschwarz lag noch immer auf dem Boden. Sie stand nicht wieder auf und als Aruun sich vorbeugte, konnte er den Bolzen sehen, der aus ihrer Flanke ragte.

Er jaulte auf und rannte los, weg von den Jägern und raus aus der Senke, in der die Wölfe wie auf dem Präsentierteller standen. Auf allen vieren jagte er den Hang hinauf und hoffte, dass die anderen ihm folgen würden. Sturmgrau tat es. Sein Bruder war sofort an seiner Seite, sprintete mit wenigen Sätzen an ihm vorbei, während die nächsten Schüsse durch die Nacht hallten.

Das Rudel folgte ihnen. Aruun rannte, so schnell ihn seine Beine trugen. Erst auf allen vieren den Hang hinauf, dann nur noch auf zwei Beinen, weil er so in der Ebene schneller war – wenn auch nicht so schnell wie die Wölfe. Rechts und links von ihm tauchten sie aus dem Nebel auf, wetzten durch das Unterholz.

Aruun strauchelte immer wieder, während er versuchte, seiner Familie zu folgen. Als ihn eine hervorstehende Wurzel zu Fall brachte, stoppte sein Rudel. Unschlüssig sahen die Wölfe zu ihm zurück, ihre Ohren zuckten zwischen Donnergrollen, ihm und den näherkommenden Jägern hin und her.

Aruun jaulte auf. Er konnte nicht mehr. Seine Beine brannten und seine Lunge schmerzte bei jedem Atemzug. Er schickte seine Wölfe weiter. Sie mussten fort von hier. Überleben. Er hielt sie nur auf. Ohne ihn konnten sie sich in Sicherheit bringen.

Donnergrollen bleckte die Zähne und knurrte, dann drehte er sich um und rannte weiter. Der Rest der Familie zögerte einen Moment, bevor er ihm folgte. Nur Sturmgrau blieb. Aruun knurrte. Sein Bruder musste mit dem Rudel laufen. Er hob die Hand und stieß den Wolf von sich weg, als er näherkam, um ihm zu helfen.

Sturmgrau winselte. Seine Ohren zuckten verunsichert. Das Gebell der Hunde wurde lauter. Noch einmal stieß Aruun ihn fort. Energischer dieses Mal. Sein Herz schlug schwer, doch es musste sein. Sturmgrau sollte leben.

Sein Freund wich zurück. Erst einen Schritt, dann noch einen. Mit einem herzzerreißenden Winseln nahm er Abschied, dann drehte er sich um und rannte seiner Familie hinterher. Aruun sah ihm nach, wie er im Nebel verschwand, dann kämpfte er sich wieder auf die Beine. Sie zitterten, doch immerhin trugen sie ihn.

Aruun warf einen Blick zurück. Er konnte die Jäger nicht sehen. Der Nebel minderte die Sicht auf wenige Meter. Hören konnte er sie aber. Ihre Stiefel donnerten über den Waldboden, Zweige zerbrachen unter jedem Schritt. Laub raschelte. Dazu gesellten sich die Hunde, die wie verrückt kläfften, während sie sich gegen ihre Leinen stemmten.

Der Lärm war so gewaltig, dass Aruun dem Gefühl erlag, er würde aus mehreren Richtungen gleichzeitig kommen. Orientierungslos drehte er sich um sich selbst, bevor er den Wölfen nachlief. Nur ein Stück weit, dann bog er ab und nahm eine andere Route durch den Wald. Sollten die Hunde ruhig seiner falschen Fährte nachlaufen. Jede Sekunde war wichtig, um die Überlebenschancen für die Wölfe zu erhöhen.

Wenn sie Aruun nicht folgten, würde er noch eine Weile laufen und dann in Deckung gehen. Die Jäger würden seine Wölfe nicht erwischen. Vor allem nicht Sturmgrau. Er war zu schnell und zu klug, um in ihre Armbrustbolzen zu laufen. Nein, nur Nachtschwarz hatte heute ihr Leben gelassen. Sobald die Jagd beendet war, würde er den Spuren seiner Familie folgen und mit ihnen eine neue Heimat suchen. Sie durften nicht zurückkommen, und er wollte es auch gar nicht. Seine Zeit bei den Menschen war vorbei.

Aruun fiel in einen lockeren Dauerlauf. Die Geräusche der Jagdgesellschaft verfolgten ihn. Der Wald war tückisch. Manchmal trug der Schall die Geräusche über weite Distanzen, ein andermal schluckte er sie noch vor dem zehnten Baum.

Dann übertönte das Trommeln von Pfoten die Schreie und das Gebell. Aruun blickte sich nicht um. Wahrscheinlich war Sturmgrau doch zurückgekehrt, um nach dem Rechten zu sehen. Der Wolf hatte sich schon immer zu viele Sorgen um seinen schwachen, langsamen Menschenbruder gemacht.

Ein harter Schlag in den Kniekehlen brachte ihn unerwartet zu Fall. Ein Körper rollte knurrend über ihn hinweg. Aruuns erschöpfte Muskeln waren nicht schnell genug, um den Sturz abzufangen. Verwundert blickte er auf. Es sah Sturmgrau nicht ähnlich, ihn von hinten über den Haufen zu rennen.

Aber es war nicht Sturmgrau.

Es war ein Hund.

Der Hund des Alten. Aruuns Glieder. Er kämpfte sich auf die Beine, ignorierte die gefletschten Zähne und das Grollen des Hundes. Er hatte mehr Angst vor dem Mann als vor dem Tier, auch wenn beide sein Aus bedeuten könnten. Er stand gerade wieder, als ein weiterer Schuss durch den Wald hallte. Schmerz explodierte in seiner Schulter, katapultierte ihn zurück. Er schrie auf, seine

Hand umklammerte den Bolzen, der sich tief in sein Fleisch gebohrt hatte. Sein Blick huschte zwischen den Baumstämmen umher, suchte nach der Armbrust, die ihn abgefeuert hatte.

Er entdeckte den Alten ein paar Meter vor sich die Böschung hinauf. Ein überlegenes Grinsen umspielte dessen Lippen. »Ich wusste, du führst uns zu ihnen, wenn ich nur laut genug rede.« Er spannte den nächsten Bolzen ein, während er gemütlich den Hang hinunterschlenderte. »Du hättest im Dorf bleiben sollen, Wolfsjunge.« Er spuckte ihm das Wort geradezu vor die Füße.

Eiskaltes Grauen schlich sich in Aruuns Brust. *Er* war schuld an Nachtschwarz' Tod!? *Er* hatte die Jäger zu seinen Wölfen geführt!? Aruun bleckte die Zähne.

Der Hund sprang vor und schnappte nach ihm, verfehlte ihn nur um Zentimeter. Der Alte pfiff ihn nicht zurück. Stattdessen hob er seine Armbrust und zielte auf den hilflosen Jungen.

Aruun konnte sich kaum rühren. Der Schmerz verkrampfte seinen Körper, seine Hand umklammerte den Bolzen in seiner Schulter. Er schloss die Augen und wandte den Kopf ab, wartete auf den Schuss und das Ende, das unweigerlich folgen würde.

Mit einem Knall schoss der Bolzen aus der Sehne – doch der Schmerz blieb aus. Stattdessen jaulte eine ihm bekannte Stimme auf. Aruun riss die Augen auf, ihm wurde kalt vor Entsetzen. Sturmgrau war zurückgekehrt und hatte sich zwischen ihn und den Bolzen geworfen. Der Wolf taumelte, doch als der Hund vorwärts stürmte, stürzte er sich mit einem wilden Knurren auf ihn.

Es war ein unfairer Kampf. Unter normalen Umständen hätte der Hund keine Chance gehabt. Er war auf die Jagd von Hasen oder Füchsen abgerichtet, nicht von Wölfen.

Aber Sturmgrau hatte einen Armbrustbolzen in der Seite stecken. Zähne und Krallen blitzten auf, Fell flog in alle Richtungen.

Aruuns Blick huschte zu dem Alten, dessen Augen weit aufgerissen waren. Mit dem Wolf hatte er nicht gerechnet. Er stolperte fort von dem knurrenden Knäuel, zurück den Hang hinauf. Seine zitternden Finger tasteten nach dem nächsten Bolzen, spannten ihn in die Sehne.

Aruun stöhnte. Er wankte ein paar Schritte vorwärts, vorbei an dem raufenden Haufen. Er konnte Sturmgrau in diesem Kampf nicht helfen, aber er musste den Alten davon abhalten, den nächsten Bolzen abzufeuern. Leider ahnte dieser, was Aruun vorhatte, und verzog sich aus dessen Reichweite. Das grimmige Lächeln kehrte auf seine Lippen zurück.

»Ihr werdet heute sterben«, sagte er. Sein Tonfall ließ keine Zweifel. »Du kannst es nicht verhindern.«

Er hob den Fuß und versetzte Aruun einen Tritt vor die Brust. Der Junge versuchte, auszuweichen, doch Schmerz und Blutverlust schränkten ihn ein. Seine Lungen brannten, die Muskeln waren weich wie Butter und der Bolzen in seiner Schulter vernebelte seine Gedanken. Der Stiefel traf hart auf seine Brust und ließ ihn zurücktaumeln. Der Alte grinste böse und wartete, bis der Junge weit genug weg war – dann schoss er den letzten Bolzen ab.

Aruun wurde die Luft aus den Lungen geschlagen. Er kippte nach hinten, und dieses Mal brachte ihn nichts mehr auf die Beine. Er rang nach Atem, doch seine Brust schmerzte bei jeder Bewegung. Immer mehr Blut lief aus den beiden Wunden, benetzte seine Finger und ließ den Wind noch eisiger wirken.

Auch Sturmgraus Kampf war zu Ende. Der Hund hatte verloren, doch der Wolf sah nicht besser aus. Schrammen und Bisse überzogen seine Haut, Blut färbte sein Fell dunkel. Seine Läufe zitterten, er konnte kaum noch stehen.

Die Mundwinkel des Alten verzogen sich nach unten, als er die zerfetzten Überreste seines Hundes sah. Seine Armbrust zielte auf den Wolf, sein Finger am Abzug zuckte, doch es war kein Bolzen geladen. Scheinbar sah Sturmgrau so übel zugerichtet aus, dass sich der Alte nicht mehr in Gefahr wähnte, denn nach einem Moment schulterte er die Waffe. »Sieh deinem Wolf beim Sterben zu, Junge.« Verächtlich spuckte er aus.

Aruuns Atem kam nur noch rasselnd. Er beobachtete, wie sich der Alte abwandte, bevor sein Blick zu Sturmgrau wanderte. Sein Bruder kämpfte mit dem Gleichgewicht. Jeder Atemzug wurde von einem schmerzerfüllten Winseln begleitet. Er taumelte, seine Hinterläufe wollten sein Gewicht nicht mehr tragen. Er schleppte sich mehr zu dem Jungen, als dass er ging, und sackte neben ihm zusammen.

Sein Kopf kam auf Aruuns Brust zum Liegen. Kraftlos leckte er über die Wunden, winselte erneut. Aruun zwang seine Finger, die beiden Bolzen loszulassen. So beschwerlich jede Bewegung auch wahr, er legte den Arm um seinen Bruder und vergrub die Hand in dessen Fell. Der Wolf war am Ende seiner Kräfte. Die Gewissheit trieb Aruun die Tränen in die Augen. Er hätte nicht zurückkommen dürfen.

Er hoffte, dass zumindest der Rest des Rudels in Sicherheit war. Dass sie nicht so dumm waren und zurückkamen, sondern irgendwo anders ein neues Leben beginnen würden. Fern von den Jägern, die ihren Tod wollten. Sie hatten es verdient.

Die Kälte kroch in Aruuns Körper. Der Boden war hart und frostig, in den Nächten wurde er härter als Stein. Mittlerweile konnte er keinen Muskel mehr rühren. Er spürte das Zittern des Wolfes, lauschte seinen schwächer werdenden Atemzügen. Als Sturmgrau ein letztes Mal die Luft ausstieß, bebte Aruuns Unterkiefer, und er musste heftig blinzeln, um seinen Freund durch die Tränen hindurch zu sehen.

Allzu lange musste er es jedoch nicht ohne ihn aushalten. Er spürte sein eigenes Herz schwächeln. Die Kälte ließ seinen Körper taub werden. Sie dämpfte die Schmerzen und gab ihm die Gelegenheit, einen letzten Blick auf den Wald zu werfen, in dem er aufgewachsen war. Auf die uralten Bäume, die sich ihrer Blätter bereits entledigt hatten, auf das bunte Laub auf dem Boden und die ersten Sonnenstrahlen, die Bäume und Nebel in ein kräftiges Orangerot tauchten, sodass es aussah, als würde der Wald in Flammen stehen.

Nebelschwaden krochen über den Boden, streckten ihre Fühler aus. Sie zuckten zurück, als sie den Hund entdeckten, und machten einen Bogen um ihn. Dann hatten sie Sturmgraus Fährte aufgenommen, folgten den Blutspuren im Laub und trafen auf seinen Körper. Der Nebel wand sich um seine Hinterläufe.

Aruun gelang ein müdes Lächeln. Der Nebel kam, um seinen Freund zu holen. Er würde ihn an einen schönen Ort bringen, an dem er weder Schmerzen noch Tod fürchten musste. Er wünschte, er könnte seinen Freund und Bruder begleiten, doch der Nebel holte keine Menschen. Zu oft hatten sie dem Wald geschadet, zu viele Tiere getötet und unnötig Blut vergossen.

Seine Lider wurden schwer. Aruun kämpfte nicht länger gegen die bleierne Müdigkeit an. Der Nebel würde sich gut um seinen Bruder kümmern. Die Gewissheit war tröstlich.

Er schloss ein letztes Mal die Augen und ergab sich der Dunkelheit. Sie ließ den Schmerz und die Kälte verblassen, legte sich wie eine warme Decke um seinen geschundenen Körper. Das Flüstern des Windes und das Knacken der Äste verstummten, ließen eine willkommene Ruhe zurück. Er trieb schwerelos durch die Schwärze, dachte an seine Familie, seine Wölfe.

Ein unsanfter Stoß in die Rippen riss ihn aus den Träumereien. Aruun runzelte die Stirn. Hatte ihn am Ende noch einer der Jagdhunde gefunden und nagte an ihm, bevor er ganz gegangen war? Noch ein Stoß, gefolgt von einem heiseren Aufjaulen. Es war das erste Geräusch, das wieder zu ihm durchdrang – und es war kein Schlechtes. Er kannte dieses Kläffen. Es war eine Aufforderung zum Spielen.

Als er nicht reagierte, folgte ein weiterer Stoß. Aruun zwang seine Lider auseinander. Sturmgrau stand vor ihm, den Kopf am Boden, das Hinterteil schwanzwedelnd in die Luft gereckt. Der Bolzen war aus seiner Flanke verschwunden, ebenso die Blutflecken aus seinem Fell.

Überrascht hob Aruun den Kopf und stellte fest, dass es ganz leicht ging. Sein Körper gehorchte ihm wieder. Die Schmerzen waren fort.

Er warf einen zweiten Blick auf seinen Freund. Das Fell war so dunkel und sturmverhangen wie eh und je, doch seine Gestalt war nur eine Andeutung im Nebel. Manchmal verlor sich seine Rute in den Schwaden, manchmal seine Vorder- oder Hinterläufe. Sturmgrau hüpfte ein Stück in Aruuns Richtung, bevor er sich schließlich umdrehte und davonrannte.

Aruun lächelte und bevor er sich versah, war er auf den Beinen und folgte ihm. Seite an Seite jagten sie durch den Wald. Sie rannten zwischen den Bäumen hindurch, mit einer Leichtigkeit, wie er sie schon lange nicht mehr erlebt hatte. Vielleicht dauerte es deshalb so lange, bis Aruun bemerkte, dass er seinem Bruder ebenbürtig war. Er hechelte ihm nicht mehr hinterher, seine Lungen barsten auch nicht bei dem Versuch, dem Wolf zu folgen.

Sie waren gleich schnell.

Aruun musste nicht an sich hinabsehen, um es zu verstehen. Er spürte die Leichtigkeit, mit der er auf allen vieren durch den Wald jagte, der Rumpf endlich auf gleicher Höhe mit den Schultern. Der Nebel hatte auch ihn geholt und er hatte ihm seinen sehnlichsten Wunsch erfüllt. Endlich war er das, was er im Geiste schon immer gewesen war: ein Wolf.

Die Pfütze

Günter Wirtz

Günter Wirtz, Baujahr 1965. Studierte in Bonn Deutsch, Spanisch und Vergleichende Religionswissenschaft. Arbeitet als Lehrer in der Nähe von Siegen. In seiner Freizeit schreibt er Geschichten, die er in Anthologien und eigenen Erzählbänden veröffentlicht. Besonders stolz ist er auf den ersten Platz bei der Storyolympiade 2014 und 2016.

Veröffentlichungen:
»Merkwürdige Geschichten« (KDP 2017), »Die richtige Chemie« (KDP 2018), »Phantastische Geschichten« (KDP 2019), »Abenteuer mit Spaghetta« (Cornelsen 2020), »Kaskaden – Die Behörde« (KDP 2022), »Kaskaden – Der Wolkensammler« (KDP 2023)

Ich packte den Hals des Elben mit meiner wulstigen Klaue und würgte ihn, bis sein Gesicht blau anlief, aber das Lächeln, dieses ätzende Engelslächeln, es war nicht totzukriegen. Wütend hob ich ihn mit beiden Händen in die Luft und schüttelte ihn. Es klimperte, und aus seinem goldenen Hilfiger-Umhang fielen silberne Münzen, ein iPhone, eine Apple-Watch, Nike-Air-Max-Sneakers, noch mehr Münzen. Der Anblick dieser Dinge machte mich rasend. Ich schmetterte den Elben gegen eine Felswand, wo er in einem Sternenregen zerplatzte ...

»Fabian? Aufstehen, Fabian! Es ist schon neun Uhr!« Meine Mutter. Zum Glück hatte ich nur geträumt.

Oder soll ich ehrlich sein? Schade, dass es nur ein Traum gewesen war, denn bei dem Elben, den ich soeben in Orkgestalt abgemurkst hatte, handelte es sich um meinen Cousin. Ich bin echt kein Überflieger, aber um das zu erkennen, musste man keinen Master in Psychologie haben. Die feinen Gesichtszüge des Elben, die langen Wimpern, seine großen braunen Augen, das Stupsnäschen, das alles gehörte eindeutig Noel, dem süßen Fratz. Noel, dem Mädchenschwarm. Noel, dem Sonnyboy. Muss ich erwähnen, dass ich Noel nicht besonders gut leiden konnte? *Hassen* trifft es besser. Ich hasste meinen Cousin, weil er a) supergut aussah, b) mit dem neuesten Schnickschnack ausgestattet war und c) immer gute Laune hatte. Kein Wunder, dass ich mir neben ihm wie der dämlichste Ork in ganz Mittelerde vorkam. Noch schlimmer aber war: Noel hasste mich nicht. Im Gegenteil. Mein Cousin war total nett zu mir und bewunderte mich.

Jetzt aber das Allerschlimmste: Noel würde gleich zu Besuch kommen und sein neues Mountainbike mitbringen, um mit mir eine Tour zu machen. Wenn ich daran dachte, wurde mir übel. Ein Tag mit meinem Cousin konnte nur drei Dinge bedeuten: Langeweile, Langeweile und Langeweile. So dachte ich jedenfalls an jenem Morgen. Heute weiß ich: falsch gedacht!

Ich musste zugeben, sein E-Bike war der Hammer. Wenn Noel nicht so rücksichtsvoll gewesen wäre, hätte er mich schon nach wenigen Minuten abhängen können. Wir erreichten den Waldrand, und mein einziger Trost war es, solche Wege auszuwählen, die vom gestrigen Sturzregen besonders schlammig waren. Sein E-Bike sollte so richtig eingesaut werden. Und das wurde es auch, nur Noel fand das »total geil« und konnte von der Schlammschlacht gar nicht genug kriegen.

Wir erreichten die Tiefenrother Höhe, einen Aussichtspunkt, der in der Mitte unserer Tour lag. Die Sonne brannte, und wir legten eine Pause ein. Natürlich hatte ich Idiot meinen Proviant zu Hause liegen lassen. Noel dagegen war bestens ausgerüstet und teilte alles mit mir. Ratet mal, wer das meiste bekam! Richtig. Ich weiß, eigentlich sollte ich meinem Super-Cousin dankbar sein, aber die Wahrheit ist: Genau deshalb hasste ich ihn umso mehr.

Okay, und jetzt schnallt euch an, denn was nach der Pause geschah, ist so abgefahren, dass ich es bis heute noch nicht verstanden habe. Nach einem Slalom-Ritt über Steine und Wurzeln, bei dem sich Noel leider nicht den Hals brach, kamen wir zum »Großen U«. Ich nenne die Stelle so, weil der Waldweg hier steil abfällt, in einer Mulde ausläuft und auf der anderen Seite genauso steil wieder nach oben führt. An unserem Ausflugstag befand sich mitten in dieser Halfpipe eine riesige Pfütze. Noel kriegte sich überhaupt nicht mehr ein.

»Krass! Guck dir das an! Bitte, Fabian, machst du ein Actionfoto von mir? Hier!« Noel zog seine Helmkamera ab und drückte sie mir in die Hand. »Ich hab schon alles eingestellt. Du brauchst nur noch auf den Auslöser zu drücken, dann macht die Kamera automatisch eine ganze Shooting-Serie. Das wird mega. Und danach tauschen wir, wenn du willst.«

Er strahlte mich an, und ich hätte ihm am liebsten die Kamera vor die Füße geschmissen. Stattdessen nickte ich, fuhr den Weg hinunter und postierte mich einige Meter hinter der Pfütze. Dann gab ich das Daumen-Hoch-Zeichen. Natürlich würde ich »aus Versehen« den falschen Knopf drücken, sodass er sich seine Shooting-Serie sonstwo hinschieben konnte.

Noel hob ebenfalls den Daumen, lachte und gab Gummi. Ich zoomte auf die Pfütze – und erstarrte. Hier stimmte etwas nicht.

»Halt, Noel! Nicht!« Ich schrie, fuchtelte mit den Armen, doch Noel war ganz auf die Pfütze konzentriert und hatte sie schon fast erreicht. *Wusch!* Das Wasser spritzte auf, Noel tauchte in die Pfütze ein und – verschwand.

Ich lief zur Pfütze und starrte in das aufgewühlte Wasser. Als sich die Oberfläche geglättet hatte, spiegelte sich darin ein Nachthimmel mit Mond und Sternen. Ich guckte nach oben, obwohl ich wusste, dass über mir die Sonne schien, und der Himmel so blau war wie – keine Ahnung, jedenfalls tierisch blau.

Irgendwas war hier oberfaul, wobei … Eigentlich lief doch alles optimal, denn ich war ihn endlich los, meinen *lieben* Cousin. Schwupps, weg war er! Als hätte irgendjemand meinen Wunsch erhört und ihn weggezaubert. Andererseits hatte ich stattdessen nun seine und meine Eltern an der Backe. Was sollte ich ihnen erzählen? Dass Noel in eine Pfütze gefahren und nicht mehr aufgetaucht war? So etwas Verrücktes würde mir niemand glauben. Ich selbst raffte ja nicht, was sich da vor meinen Augen abgespielt hatte. Was also tun? Antwort: bis zehn zählen. Doch Noel blieb verschwunden. Jetzt gab es nur noch eins: ihm nach!

Ich watete in die Pfütze und wartete darauf, jeden Moment in den Boden einzusinken. Aber das Wasser reichte mir nur bis zu den Waden, und überall spürte ich Grund unter meinen Füßen. *Unmöglich!* Ich stieg wieder raus, nahm Anlauf und sprang in hohem Bogen mitten in die Pfütze.

Diesmal schwappte das Wasser über mir zusammen, wirbelte mich herum und spuckte mich wieder aus. Ich flog durch die Luft, landete auf matschigem Boden und überschlug mich. Einige Sekunden blieb ich wie erstarrt liegen und checkte, ob ich noch lebte: Ich atmete, konnte sehen, hören, fühlen, mich bewegen. Vorsichtig zog ich mich auf die Knie. Jeder Knochen tat mir weh. Es war dunkel. Schattenhafte Umrisse von Bäumen und Sträuchern umgaben mich. Über mir leuchteten der Mond und ein paar Sterne. In der Pfütze neben mir aber spiegelte sich ein blauer Sommerhimmel.

»Noel? Noel, wo bist du?« Hoffentlich war ihm nichts passiert. Ich stutzte. Woher kam diese plötzliche Sorge um meinen Cousin?

An meinem Hals baumelte Noels Kamera. Ob sie noch funktionierte? Bestimmt war sie wasserdicht. Ich drehte sie zur Pfütze, da von der Oberfläche ein leichter Lichtschimmer ausging, und betrachtete die Bedienelemente. Seltsam, dass sich mir die Funktion der Symbole sofort erschloss. Überhaupt war mein Kopf auf einmal so klar, als hätte mir jemand ein Aufputschmittel ins Gehirn gespritzt. Ich stellte den Drehschalter auf das Blitzsymbol und wollte gerade aufstehen, da hörte ich hinter mir ein Knacken. Noch während ich mich umdrehte, betätigte ich den Auslöser. Im aufflammenden Blitzlicht erkannte ich über mir Noel. Sein Gesicht war zu einem Schrei verzerrt, und in seinen Händen hielt er einen dicken Ast, mit dem er auf meinen Kopf zielte. Vom Licht geblendet, verfehlte Noel sein Ziel und streifte stattdessen meine Schulter.

Sofort warf ich mich zur Seite. Keinen Moment zu früh, denn Noel hatte zu einem zweiten Schlag ausgeholt, und die Waffe krachte dicht neben mir auf einen Stein und zerbrach. Ich sprang auf und kletterte auf allen vieren die Wegböschung hinauf in Richtung Wald. Aber Noel hechtete mir hinterher, bekam einen meiner Füße zu fassen und riss mich zurück. Voller Panik trat ich mit dem anderen Fuß mehrmals aus und traf sein Gesicht. Noel schrie auf und ließ los. Sofort krabbelte ich weiter die Böschung hinauf, erreichte die ersten Baumstämme und stolperte in den Wald hinein. Die Tannenzweige zerkratzten meine Arme, aber das kümmerte mich nicht. Schlimmer war, dass mir die Puste ausging.

Ich verschanzte mich hinter einem Baum und drehte mich um. Noel stand immer noch auf dem Weg, hielt sich den Kopf und fluchte. Hoffentlich hatte ich ihm nicht die Nase gebrochen.

Moment mal – war ich bescheuert? Der Typ wollte mich umbringen, und ich machte mir Sorgen um seine Stupsnase!

Noel starrte in meine Richtung und brüllte wie ein Tier. Plötzlich bückte er sich und hob etwas vom Boden auf, einen großen, spitz zulaufenden Stein. Im Mondlicht sah ich sein blutverschmiertes Gesicht. Es kannte nur einen Gedanken: töten.

Und plötzlich verstand ich.

Drüben in unserer Welt schien die Sonne, hier war Nacht. Drüben fand ich Noel zum Kotzen, hier dachte ich an ihn wie an einen Freund. Noel aber, drüben ein Engel, benahm sich hier wie ein Teufel. Offenbar befanden wir uns in einer Spiegelwelt, die alles in ihr Gegenteil verkehrte.

Auch mein Gehirn, denn für diese Schlussfolgerungen hätte ich drüben Tage gebraucht.

Und noch eins wurde mir klar. Wir mussten so schnell wie möglich zurück in unsere Welt, denn wenn hier alles anders war, dann steckten wir ganz schön in der Scheiße. Blutrünstige Buntspechte, amoklaufende Eichhörnchen, fleischfressende Hasen und wer weiß, was noch. Ich hatte jedenfalls keinen Bock, das herauszufinden. Wie aber konnte ich nicht nur mich, sondern auch Noel retten?

Mit dem Stein in der Hand kam Noel immer näher. Ich nahm einen Tannenzapfen und warf ihn einige Meter von mir entfernt ins Unterholz. Noel rannte sofort auf die Geräuschquelle zu. Hatte ich doch richtig vermutet. Die IQ-Bestie von drüben war hier zum hirnlosen Zombie mutiert. Ich warf einen zweiten Zapfen noch weiter in den Wald hinein und lockte ihn so von mir weg. Als genug Raum zwischen uns lag, schlich ich zurück zum Weg, rutschte auf dem Hintern die Böschung hinunter und stellte mich mitten in die Pfütze.

»He, Noel, du Stinktier! Ich bin hier!«

Noel preschte wie ein Wildschwein durch das Dickicht auf mich zu. Als er den Waldrand erreichte, sah er von der Böschung zu mir herunter. Er stutzte und machte dabei ein so dämliches Gesicht, dass ich fast gelacht hätte, wenn da nicht noch sein völlig durchgeknallter Ich-mach-dich-kalt-Blick gewesen wäre.

»Spring, du Arschloch, spring!«, schrie ich und breitete meine Arme aus.

Noel hechtete durch die Luft, und ich warf mich zur Seite. Mit einem Bauchklatscher landete er in der Pfütze und verschwand in einer großen Fontäne. Eins, zwei, drei. Noel blieb auf Tauchstation.

Ich beschloss hinterherzuspringen, doch da fiel mir das Fahrrad ein. Noel würde es sicher vermissen. Hektisch sah ich mich um. Da lag es! Nur wenige Meter vor mir auf dem Weg!

Ich lauschte. Stille. Kein Monster-Reh in Sicht. Schnell lief ich hin, schwang mich auf den Sattel und fuhr den Hang hoch, um Anlauf zu nehmen. Dann machte ich kehrt, raste in die Pfütze, wurde vom Wasser verschluckt und auf der anderen Seite herauskatapultiert.

Noel saß neben der Pfütze im Gras und schien völlig weggetreten. Als ich humpelnd auf ihn zukam, sprang er auf und fiel mir in die Arme.

»Ich fasse es nicht, dass ich dich umbringen wollte! Es tut mir so leid!«

»Ist ja gut. Deswegen brauchst du nicht gleich zu flennen!« Ich löste mich aus der Umarmung. »Lass uns lieber von hier verschwinden!«

»Aber die Pfütze! Wir müssen jemandem Bescheid sagen, die Polizei verständigen. Wenn jemand anderes da reinfällt!«, rief Noel.

Hm, da hatte er natürlich recht. Ich war froh, wieder in unserer Welt zu sein, aber meinen Verstand hätte ich gerne aus der Spiegelwelt mitgenommen.

Als ich zur Pfütze schaute, haute es mich glatt um. Das konnte doch nicht wahr sein! Mond und Sterne waren verschwunden. Stattdessen sah ich in dem trüben Wasser mein eigenes Gesicht und dahinter den blauen Himmel.

Noel und ich stießen mit Ästen in die Pfütze und trafen überall auf Widerstand. Schließlich wagte ich es sogar, hineinzuspringen, aber der Boden gab nicht mehr nach. Was da vor uns lag, war nun eine stinknormale Wasserlache.

»Was machen wir jetzt?«, fragte mich Noel.

»Keine Ahnung. Ich würde sagen, wir fahren nach Hause und duschen erstmal.«

Noel sah mich fassungslos an, dann grinste er. »Du siehst aus wie ein Wildschwein auf Ecstasy.«

»Apropos. Kann es sein, dass deine Mutter dir einen Trip ins Butterbrot gemischt hat? Ich meine, vielleicht war das alles so eine Art Drogenrausch.«

Noel nickte. »Gut möglich, meiner Mutter ist alles zuzutrauen.« Mein Cousin verzog keine Miene, und im ersten Moment dachte ich, er meinte es ernst, aber dann zuckten seine Mundwinkel und wir mussten lauthals lachen. Plötzlich schlug sich Noel gegen die Stirn.

»Hey, das Foto! Du hast doch die Fotos gemacht, als ich in die Pfütze reingefahren bin. Das ist der Beweis, dass wir uns das Ganze nicht eingebildet haben.«

Ich schüttelte den Kopf. »Als ich gesehen hab, dass mit der Pfütze was nicht stimmte, hab ich versucht, dich aufzuhalten. Keine Fotos, sorry.«

Wir schwiegen.

»Und sonst hast du keine Idee?«, fragte ich. »Ich meine, du hast von uns beiden immerhin mehr auf der Pfanne.«

Noel runzelte die Stirn. Ich sah, wie es in seinem Kopf arbeitete. »Keine Ahnung«, sagte er, »aber mir ist was anderes klar geworden.«

»Und das wäre?«

»Du kannst mich nicht leiden, richtig? Deswegen hast du mir auf der anderen Seite geholfen, während ich dich erschlagen wollte.«

Ich lief rot an. Bestimmt würde Noel jetzt wieder anfangen zu heulen. Doch stattdessen lachte er. »Ich hab keine Ahnung, was das für ein Horrortrip war, aber ich kann nur sagen: Was für ein Glück, dass du mich nicht ausstehen kannst, sonst wären wir uns beide an die Gurgel gegangen. Trotzdem hätte ich gern gewusst, warum.«

Boden, verschluck mich!, habe ich im ersten Moment gedacht, und im nächsten: *Nein, bloß nicht schon wieder!* Um zu überspielen, wie peinlich mir die Frage war, habe ich gelacht. Irgendwie ist es dann doch aus mir rausgesprudelt. Wie ätzend ich es fand, dass ihn alle so anhimmelten, weil man sich dadurch selbst wie der letzte Dreck vorkam. Noel hörte mir schweigend zu. Er schien überrascht zu sein. Schließlich nickte er. »Ich verstehe.« Mehr sagte er nicht.

Wir beschlossen, unser Geheimnis für uns zu behalten, was nicht so einfach war, denn immerhin mussten wir erklären, warum wir total verdreckt, unsere Klamotten verschlissen und Arme und Gesichter völlig zerkratzt waren. Die Schulterprellung konnte ich zwar für mich behalten, aber die Beule an Noels Stirn und seine geschwollene Nase sprachen für sich. Seine Eltern fielen beim Anblick ihres Lieblings fast in Ohnmacht, aber mein Cousin wehrte all ihre Versuche, sich um ihn zu kümmern, ab. Richtig laut wurde er, als er seinem Vater verbot, das E-Bike zum Säubern und zur Inspektion im Fahrradladen abzuliefern. Das würde er selbst machen, sagte Noel, der in meinen geliehenen Klamotten ganz anders aussah. Irgendwie – keine Ahnung – jedenfalls anders.

Seitdem sind zwei Wochen vergangen. Ich bin fast jeden Tag zum »Großen U« gefahren, doch die Pfütze blieb eine Pfütze, wie sie pfütziger nicht sein konnte, und war schon nach wenigen Tagen verdunstet. Noel und ich haben etliche WhatsApps gewechselt, aber eine Erklärung haben wir immer noch nicht gefunden. Wir haben uns darauf geeinigt, dass wahrscheinlich doch seine Mutter schuld gewesen ist. :) Übrigens hat Noel sein Profilbild gewechselt. Die Haut auf seiner Stirn sieht noch etwas bläulich aus, und statt breit zu lächeln, wirkt er eher ernst. Er trägt ein Nullachtfünfzehn-Shirt, eine No-Name-Hose, und die Haare könnten eigentlich eine Portion Gel vertragen. Und wo ist eigentlich seine Apple-Watch geblieben?

Morgen kommt Noel zu Besuch, allein. Seltsam, aber ich freue mich darauf.

Ach so, nicht, dass ich das vergesse: Du bist der Erste, dem ich von unserem Trip in die Spiegelwelt erzähle. Ich hoffe, du kannst ein Geheimnis für dich behalten. Eins noch: Falls du zufällig an eine Pfütze kommst, in der sich tagsüber die Nacht spiegelt, dann sieh dich vor und traue niemandem, vor allem nicht denen, die dich lieben!

Der Radläufer

Tanja Schierding

Tanja Schierding, geboren 1974 in der beschaulichen Kleinstadt Wolfenbüttel, studierte Pädagogik und Geoinformatik in Hannover. Obwohl sie bereits als Kind lieber Geschichten geschrieben als gelesen hat, fand sie erst durch einen Kurzgeschichtenwettbewerb zum Schreiben. Ihr erster Roman mit dem Titel »Aetheragenten« erschien im Oktober 2015 im Verlag Edition Roter Drache. Es folgten drei weitere Romane und zahlreiche Kurzgeschichten. Heute lebt sie mit ihrer Familie in Hannover und arbeitet im IT Bereich.

Nur noch diese eine Gegnergruppe, dann würde er vor Gargulat, dem Endgegner der Instanz stehen. Mit schnellen Schüssen aus der Armbrust erledigte er die Hälfte von Gargulats Schergen, dann stürzte er sich mit gezogenem Schwert auf den Rest. Ein Dutzend Schläge später fiel der letzte Mob zu Boden und löste sich auf. Bevor er um die letzte Ecke bog, gönnte Maik nicht nur seinem Helden eine Trinkpause. Nachdem er zuerst sein Alter Ego mit Heil- und Krafttränken vollgetankt hatte, setzte er sein Headset ab und schlurfte zum Kühlschrank. Dort griff er sich die leider letzte Dose seines Energydrinks und rollte mit den Augen. Wenn er Gargulat endlich gelegt hätte, würde er wohl wieder einkaufen müssen. Heute Abend stand ein Schlachtzug auf dem Plan, und die drei Stunden – vielleicht auch vier oder noch mehr, wenn seine Gamergruppe öfter als durchschnittlich wipte – würde Maik ohne genug Supportmaterial nicht überstehen.

Als er sich hinsetzte, um dem Nemesis Gargulat zu zeigen, aus welchem Holz sein Held geschnitzt war, ließen ihn unerbetene Sonnenstrahlen die Augen zusammenkneifen. Wie immer wanderte die Sonne in dieser Jahreszeit am Spätnachmittag so tief, dass sie störend durch das Fenster direkt auf seinen ›Arbeitsplatz‹ schien. Also stand Maik noch mal auf, um schleunigst die Jalousie runterzulassen. Nur zufällig blickte er dabei in den Himmel – als zufällig in genau *jenem* Moment, indem aus dem Nichts ein kleiner Punkt dort oben auftauchte und in hohem Tempo der Erde entgegenraste.

Mit offenstehendem Mund beobachtete Maik, wie irgendetwas scheinbar senkrecht dem Boden entgegenfiel. Zuerst dachte er an einen Meteoriten, aber die hatten doch so etwas wie einen Eintrittswinkel und fielen nicht senkrecht nach unten, oder? Er sah, wie dieses Was-auch-immeres-war nicht weit entfernt von seinem Haus in dem kleinen Stadtwald einschlug. Sein zweiter – und favorisierter – Gedanke war, dass ihm da wohl Thors Hammer quasi vor die Füße geworfen worden war.

Zwei Wimpernschläge später fragte Maik sich, wieso zum Teufel er eigentlich noch hier am Fenster stand. Hastig zog er seine Schuhe an, wobei er trotz der Eile akribisch wie immer einen Doppelknoten band, und stopfte Handy, Brieftasche, Tablet und eine Packung Schokokekse in seinen Rucksack. Obwohl er sein Fahrrad seit mindestens drei Jahren im Keller vereinsamen ließ, trug er einen wind- und wasserdichten Bikerrucksack mit sich herum. Warum auch nicht? Wer wusste schon mit Sicherheit, wann genau uns die nächste Eiszeit erwischen oder Zombies uns jagen würden? Heutzutage musste man stets vorbereitet sein, auf jede denkbare Katastrophe. Maik fand es also schlicht vernünftig, keins dieser labilen Smartphones sein Eigen zu nennen, sondern stattdessen ein militärgeprüftes, IPX9-zertifiziertes Mobilgerät.

So ausgerüstet, stürmte er dann endlich aus dem Haus und marschierte in die Richtung, in der er den Einschlagsort vermutete. Nach einer halben Stunde halbwegs systematischer Suche stand Maik vor dem Etwas, das er vom Himmel hatte fallen sehen. Er ging in die Hocke und sah es sich näher an. Das war nicht Thors Hammer. Allerdings nicht viel weniger rätselhaft; in dem kleinen Krater vor ihm lag eindeutig ein Ritzel eines Kegelradgetriebes mit einem gut zwanzig Zentimeter langen Stück Welle daran. Instinktiv blickte er zum Himmel, mit der Befürchtung, dass jeden Augenblick das zu dem Maschinenbauteil gehörende Flugzeug hinterherstürzen könnte. Diesen Gedanken verwarf er sofort wieder, als er sein Fundstück berührte und ein wenig den Dreck abwischte. Kupfer. Keine Maschine der Welt flog mit Kupferbauteilen durch die Luft. Zumindest nicht in der heutigen Zeit. Sofort schossen Begriffe wie ›Riss im Raumzeitkontinuum‹, ›Wurmloch‹ und ›Parallelwelt‹ durch seinen Kopf. Natürlich müsste es für dieses Teil eine logische Erklärung geben, aber die wäre mit Sicherheit langweilig. Sich auszumalen, er hätte etwas aus einer anderen Dimension gefunden oder gar ein Stück von einem Raumschiff, war ungleich spannender.

»Abgefahren!«, murmelte er. Mit einem verträumten Lächeln bugsierte er das rätselhafte Ding in seinen Rucksack und stand auf.

Eine Bewegung rechts von ihm ließ ihn zusammenzucken. Erneut ging seine Fantasie mit ihm durch, und Bilder von wilden Raubtieren tauchten in seinem Kopf auf. Er schüttelte sich. In diesem bescheidenen Stadtwald waren Ratten wahrscheinlich die größten wilden Tiere. Irgendetwas – oder irgendwer – umkreiste ihn, beobachtete ihn. Hatte außer ihm vielleicht noch jemand das Ding vom Himmel fallen sehen und war nun auf der Suche danach? Maik verschloss seinen Rucksack und ging langsam rückwärts. Er hatte ein flaues Gefühl im Magen. Fast kam er sich wie ein Dieb vor, der nun versuchte, sich am Kaufhausdetektiv vorbeizuschleichen. Aber er hatte nichts gestohlen, sondern gefunden. Demnach hatte er nichts Unrechtes getan. Das Ding gehörte jetzt ihm. Das Gefühl, beobachtet zu werden, wurde immer stärker, bis Maik schließlich in Panik ausbrach, auf dem Absatz kehrtmachte und losrannte.

Er kam nicht weit. Zum einen, weil seine Kondition nicht mehr als einen Zehnmetersprint zuließ, zum anderen, weil plötzlich jemand vor ihm stand und ihm den Weg versperrte.

Keuchend blieb Maik stehen. Er traute seinen Augen nicht. Das, was da vor ihm stand, *konnte* es doch gar nicht geben! Aus schwarzglänzenden Augen starrte ihn ein Wesen an, das ihn trotz seiner stattlichen Größe von 1,86 Metern um gute vier Kopflängen überragte. Während der Oberkörper durchaus normal proportioniert schien, verliehen vor allem unnatürlich lange Beine dem Wesen seine Größe. Seine Haut war gräulich, und sein Gesicht sah exakt so aus, wie das Klischee eines Außerirdischen schlechthin. Quasi wie ein Asgard, nur doppelt oder sogar dreimal so groß. Maik blinzelte. Bestand vielleicht die Möglichkeit, dass er am PC eingenickt war und das alles nur träumte? Wie groß war die Wahrscheinlichkeit, dass Aliens tatsächlich aussahen wie Aliens?

Das Wesen streckte fordernd seine Hand aus. Maik begriff natürlich sofort, dass es das von ihm gefundene Maschinenteil haben wollte. Mit klopfendem Herzen schüttelte Maik den Kopf.

»Bei allen quietschenden Rädern! Nun rück das Ritzel raus!«, blaffte ihn das Wesen sehr deutlich und unmissverständlich an.

Überrascht riss Maik die Augen auf. »Du …, du sprichst unsere Sprache? Wer bist du? Wo kommst du her?«

»Hast du die Großpackung Fragen im Sonderangebot bekommen, oder warum schmeißt du damit so um dich?«

Maik ignorierte den offenen Sarkasmus seines Gegenübers. Er war viel zu aufgeregt, um darauf zu reagieren. »Wo ist dein Raumschiff? Was wollt ihr hier auf der Erde?« Seine Stimme überschlug sich beinahe.

Das Wesen blinzelte und zog resigniert die Hand zurück. »Kein Raumschiff. Und das, was ich will, hast du da in deiner Tasche. Jetzt gib es mir, ehe noch etwas *wirklich Schlimmes* passiert. Ich habe keine Zeit, deine dummen Fragen zu beantworten.«

»Du hast kein Raumschiff? Dann bist du kein Alien?«

»Natürlich bin ich kein Alien.«

»Aber du siehst wie der Inbegriff eines Aliens aus. Du bist quasi ein lebendes Klischee!«

»Hmm … naja, mir ist nicht zum ersten Mal ein Teil aus dem Getriebe gesprungen. Ich war schon ein paarmal hier. Es ist im Bereich des Möglichen, dass ich hin und wieder beobachtet wurde. *Ich* bin ein Radläufer. Ich brauche das Ritzel zurück, es ist aus meinem Getriebe gesprungen, als ich kurz aus dem Tritt kam. Eigentlich komme ich nie aus dem Tritt, aber ich musste über einen Witz des Mechanika lachen.«

Maik verstand kein Wort. Das ergab alles keinen Sinn. »Was ist ein Radläufer?«, fragte er vorsichtig.

»Ich bin ein Radläufer. Jetzt hör endlich auf, mich mit Fragen zu bewerfen, und rück das Ritzel raus, bevor die Notwelle auch noch versagt und diese Welt ins Nichts kullert.«

»Hä?«

»Die Qualität deiner Fragen lässt nach. Du driftest gerade von ›dumm‹ zu ›gehirntot‹. Du bist nur ein Mensch, du kannst das nicht verstehen. Es reicht, wenn du mir glaubst, dass das Fortbestehen deiner Welt von diesem Ritzel abhängt.«

Der bissige Unterton des ›Radläufers‹, wie sich das Wesen selbst nannte, fing an, Maik gehörig auf die Nerven zu gehen. Er hielt sich selbst eigentlich für einen der intelligenteren Vertreter seiner Spezies. So viel komplizierter als die Mikroschaltkreise seiner CPU konnte die Sache ja wohl kaum sein. Wer das verstand, würde sicherlich ein Stück weit auch andere Technologien erfassen können.

»Erklär es mir!«, forderte er stur. Er hatte das Gefühl, von diesem Wesen auf den Arm genommen zu werden. Wahrscheinlich schwebte über ihnen ein UFO mit aktiviertem Tarnschild, und die Besatzung lachte sich gerade schlapp.

»Ich könnte dir das Ritzel auch mit Gewalt abnehmen«, merkte der Radläufer wie beiläufig an.

Maik machte instinktiv einen Schritt rückwärts, und eine dicke braune Erdkröte sprang erschrocken zur Seite. Er musterte den Radläufer gründlich und versuchte abzuschätzen, wie eine Auseinandersetzung wohl ausgehen könnte. Sicher, das Wesen war groß, aber es machte insgesamt keinen sehr kräftigen Eindruck. Er war sich relativ sicher, dass es ein ausgewogener Kampf sein würde. Also beschloss er, sich nicht einschüchtern zu lassen. Er wollte wissen, wo dieser Radläufer herkam, und was für Geheimnisse er hatte. Nicht, dass er selbst besonders abenteuerlustig war; sein Bedarf an Heldentaten wurde bereits durch seinen virtuellen Kämpfer abgedeckt, aber pure intrinsische Neugier trieb ihn an, diese Gelegenheit nicht sang- und klanglos vorüberziehen zu lassen. Er machte einen weiteren Schritt rückwärts, und erneut hüpfte die Erdkröte quäkend zur Seite. Verwundert sah er zu Boden. »Fehler in der Matrix«, murmelte er.

»Was ist ein Fehler in einer Matrix?«

»Na, die Kröte eben. Ich sah sie zweimal wegspringen. Wie bei einem Déjà-vu.«

»Ach, das meinst du. Das ist nur eine winzige kosmische Fehlinformation. Es kommt manchmal vor, dass ein Strahl falsch reflektiert und sich verirrt. Das ist aber kein Grund zur Sorge.«

Maik runzelte die Stirn. Was war beängstigender? Dass das Wesen seine Bemerkung über die Matrix ernst nahm, oder dass es über kosmische Strahlen redete? Sein Entschluss, dem Radläufer das gesuchte Teil nicht ohne Gegenleistung auszuhändigen, festigte sich.

»Machen wir einen Deal. Du gibst mir die rote Pille und kriegst von mir dieses Ding.«

»Der letzte Teil klingt akzeptabel. Aber ich habe keine rote Pille. Was ist das?«

Maik rollte mit den Augen. »Da, wo du herkommst, gibt es wohl kein Kino? Die rote Pille geben heißt, du nimmst mich mit in den Kaninchenbau und zeigst mir alles.«

»Kaninchenbau?«

»Kaninchenbau, Raumschiff, wo auch immer du herkommst.«

»Ah, jetzt verstehe ich. Ich muss sagen, du sprichst in einer eigenartigen Codierung. Aber gut. Ich nehme dich mit und bekomme dafür das Ritzel?«

»Ja.«

Das Wesen strich sich nachdenklich über den kahlen Kopf. »Das ist noch nie dagewesen.« Der Radläufer machte eine Pause, und Maik hielt gespannt die Luft an. »Gut, dann nehme ich dich mit zum Weltenkranz.«

Maik wollte gerade nachfragen, was denn bitte ein Weltenkranz sein sollte, als das Wesen mit der rechten Hand über seinen linken Unterarm wischte und dort wie von Zauberhand eine Apparatur erschien, die auf Maik befremdlich altmodisch wirkte. Kein schimmerndes Stück Hightech. Stattdessen trug der Radläufer eine lederne Armmanschette, auf der eine Anzeige und mehrere messingfarbene Zahnräder und Kippschalter angebracht waren.

Das Wesen machte zwei ausholende Schritte mit seinen überdimensioniert langen Beinen, stand auf einmal neben Maik und legte die linke Hand auf dessen Schulter, während es mit rechts einige Schalter an seinem Gerät betätigte.

Um Maik herum wurde es gleißend hell, und seine Haut kribbelte, als würden Tausende Ameisen darauf Samba tanzen. Geblendet schloss er die Augen.

»Wir wurden gebeamt, nicht wahr?«, fragte er begeistert, kaum dass er wieder blinzelnd die Augen zu öffnen wagte.

»Gebeamt? Wir haben gerade einen Datenstrahl reversibel zur Übermittlung genutzt. Wenn du das mit ›gebeamt‹ meinst, dann ja.«

Im festen Glauben, sich nun an Bord eines Raumschiffes wiederzufinden, sah Maik sich um. Epische Fehlannahme. Es war schwer, alles mit einem Blick zu erfassen, denn das ›Gebilde‹, auf dem er sich befand, war riesig und ausgesprochen komplex. Was auch immer es war, auf dessen Rand er nun mit puddingweichen Beinen stand, schwebte anscheinend im Nichts. Über sich, unter sich, um sich herum … wo auch immer der Lichtschein der zahllosen Lampen endete, begann schwarze Leere. Er selbst stand auf dem Rand von etwas, das entfernt an ein Ziffernblatt erinnerte. Jedoch hatte es keine Zeiger, sondern in der Mitte eine ein enorm großes Ding, das allen Ernstes aussah wie eine Discokugel. Von oben ging ein Lichtstrahl von geschätzt hundert Metern Durchmesser auf diese verspiegelte Kugel nieder. Maiks Blick folgte dem Strahl nach oben, wo er sich in der Unendlichkeit verlor. Sein Blick wanderte zurück zur Kugel. Nach einigen Sekunden fiel ihm auf, dass sich die zahllosen Spiegelfragmente auf ihrer Oberfläche bewegten. Sie wanderten umher, drehten sich, kippten und reflektierten dadurch einzelne Lichtstrahlen in verschiedene Richtungen.

Maik legte den Kopf schräg und versuchte mit den Augen, dem Verlauf der Lichtstrahlen zu folgen. Schnell erkannte er, dass diese in genau zwölf verschiedene Richtungen gelenkt wurden. An einem Dutzend riesiger, schnörkeliger Arme aus Kupfer, die zum größten Teil mit Grünspan überzogen waren, kreisten kleinere Einheiten, die jeweils aus einem sich ständig variierenden Linsensystem und einer komplexen Mechanik bestanden. Und inmitten eines Wirrwarrs aus Zahnrädern, Ketten und Rohren schwebte wie an unsichtbaren Fäden …

Maik klappte der Mund auf, und er schüttelte vehement den Kopf. *Das* konnte nicht sein! Was er da auf der anderen Seite der Linsen sah, widersprach jeglicher Wissenschaft. Nicht einmal er mit seiner regen Fantasie hätte sich so etwas jemals vorstellen können!

Sprachlos starrte er den Radläufer an und zeigte mit dem Finger auf die Kugel in jener Einheit, die ihnen am nächsten war.

Der Radläufer nickte.

»D-d-d-die Erde!«, stotterte Maik. Ganz deutlich sah er unter den Wolkenfeldern, die um die Kugel zogen, das Blau der Meere und die Umrisse der ihm wohlbekannten Kontinente. Der Arm mit ›seiner‹ Welt zog an ihm vorüber, und überraschenderweise sah er am Ende des nächsten Kupferarmes eine identische Welt schweben.

Mit fast herausquellenden Augen sah er auch diesen Arm auf seiner Umlaufbahn um die Spiegelkugel vorüberziehen.

»Nanu, gehen dir gerade die Fragen aus?«, stichelte der Radläufer und griff Maik am Ellenbogen. »Komm, wir müssen uns beeilen, ich muss zu meinem Rad.«

Der Radläufer rannte gegen den Uhrzeigersinn los, den krakenhaften Armen entgegen, und zog Maik mit sich. Maik konnte natürlich kaum Schritt halten und wurde regelrecht über das ziffernblattähnliche Gebilde gezerrt.

»Achtung!«, rief der Radläufer und sprang in die Luft. Er hielt sich an einem Teil der kreisenden Mechanik fest, zog sich hoch, schwang die Beine um ein Gestänge und packte mit beiden Händen Maik, der mit einem Ruck nach oben geworfen wurde.

Maik schrie auf, als er durch die Luft gewirbelt wurde. Vor seinem inneren Auge sah er sich entweder mit dem nächsten Ausläufer kollidieren oder ins Nichts stürzen … Doch nichts davon geschah. Auf allen vieren landete er unsanft auf einer schmalen Plattform über der Mechanik, die sich am Ende des kupfernen Krakenarmes befand, an den sich der Radläufer geklammert hatte. Dieser kletterte nun zu ihm hinauf.

Unter ihnen drehten sich unzählige Zahnräder, griffen mit einer beeindruckenden Präzision ineinander.

»Faszinierend«, bemerkte Maik mit zutiefst vulkanischem Unterton und grinste verlegen, als ihm bewusst wurde, dass der Radläufer auch diese Pointe nicht verstehen würde.

»Jetzt gib mir das Ritzel, ich muss es dem Mechanika geben, damit es mein Laufband wieder in Gang bringen kann, ehe der Notantrieb kollabiert.«

Maik sah sich genauer um. Tatsächlich entdeckte er an der Seite der Plattform eine Art Laufband, ähnlich den Geräten in einem Fitnessstudio, nur dass dieses hier eine Kurbelwelle antrieb, die ihrerseits die Kraft des Läufers auf das gesamte System übertrug.

»Was genau passiert, wenn es nicht repariert wird?«

»Nun, eigentlich nicht viel. Die Stabilisatoren versagen, und die betreffende Welt stürzt ab. Aber so schlimm ist das im Grunde nicht, denn dann wird sie eben resettet, und alles fängt von vorne an.«

»Resettet? Von vorne? Wie meinst du das?«

»Immer diese Fragerei!«, beschwerte sich der Radläufer und sah auf das Manometer neben der Plattform. «Der Druck lässt bereits nach, ich hoffe, deine Fragen sind bald alle beantwortet. Eine Welt zu resetten bedeutet, dass es einen kleinen Puff gibt. Ich glaube, ihr nennt das Urknall. Und dann entsteht an derselben Stelle eine neue Welt, diese wird auf den Datenfluss kalibriert und dreht sich dann halt. So, wie die Welten es immer tun. Sie drehen sich. Weiter und weiter.«

Angesichts der Umstände glaubte Maik nicht, dass ihm hier jemals die Fragen ausgehen würden. Aber seine Neugier trat in den Hintergrund, als ihm klar wurde, *was* der Radläufer ihm gerade so lapidar erklärt hatte.

»Nicht schlimm? Da geht es um Milliarden von Leben! So viele Menschen! Wie kannst du da sagen, es wäre nicht so schlimm?«

Der Radläufer legte den Kopf schief. »Hmm, aus deiner Perspektive mag das vielleicht schrecklich klingen, aber es ist am Ende nur eine mögliche Welt von vielen. Welten kommen und gehen, das ist das Wesen der Maschine.« Der Radläufer streckte nun fordernd die Hand aus.

Maik zerrte sich seinen Rucksack vom Rücken, holte das Ritzel heraus und übergab es mit blassem Gesicht und pochendem Herzen dem Radläufer. Er wollte auf gar keinen Fall dafür verantwortlich sein, dass ›seine‹ Welt abstürzte. Ganz und gar nicht.

Der Radläufer verzog das Gesicht zu etwas, das wohl ein Lächeln darstellen sollte, und drückte einen Knopf, woraufhin binnen weniger Sekunden eine Art Roboter auf sie zuflog. Dann warf er das Ritzel in die Luft, und das Ding, das wohl besagtes Mechanika sein musste, fing das Bauteil mit einem seiner zwölf Arme auf. An jedem Ende eines Armes, die Maik an Staubsaugerschläuche erinnerten, befanden sich andere Werkzeuge: Greifzangen, Rohrzangen, Schraubschlüssel und einiges, das Maik noch nie zuvor gesehen hatte.

Am oberen Ende des Mechanikas trat eine Dampfwolke aus. Lichter blinkten, und mit dem Ritzel in einer der Greifzangen verschwand der Roboter unterhalb der Plattform. Die Zahnräder standen plötzlich still.

»*Nein!*«, schrie Maik, in der Annahme, die Welt würde nun abstürzen. Panisch sah er zwischen der stillstehenden

Mechanik und ›seiner‹ Welt hin und her. Dann erst bemerkte er, dass der Radläufer inzwischen auf das Laufband gesprungen war. Von unten erklang ein schriller Pfeifton, und schon trieb der Radläufer das System mit der Kraft seiner Beine an.

Erleichtert atmete Maik auf. »Und jetzt?«

»Jetzt laufe ich.«

Maik schüttelte den Kopf. »Ja, das sehe ich. Aber wie lange? Wann hast du Schluss? Oder Pause?«

»Ich laufe. Immer. Ich bin ein Radläufer.« Seiner Stimme war nicht mal ein Hauch von Anstrengung anzuhören.

»Aber warum machst du das? Zu welchem Zweck?«, insistierte Maik.

»Du hast zu viele Fragen. Ich bin, was ich bin. Ich tue, was ich tue. Es gibt keine Antworten, nur die eine: Ich bin ein Radläufer, und ich laufe.«

Maik seufzte. Das Wesen konnte oder wollte ihn nicht verstehen.

»Ich danke dir für deine Hilfe, aber nun musst du zurückkehren.«

»Wie?« Maik richtete einen fragenden Blick auf seine Erdkugel.

»Ich koppel dich einfach an den richtigen Datenimpuls und sende dich damit zurück. Lebe wohl.«

»Nein, warte, noch nicht!«, rief Maik, spürte jedoch bereits das Kribbeln der Übertragung, und wieder blendete ihn ein helles Licht. Er hatte doch noch so viele Fragen. Was genau war die Maschine, wer hat sie gebaut? Woher kam der riesige Datenstrahl? Welchen Zweck hatte das alles?

Seine Fragen würden leider unbeantwortet bleiben, denn als er wieder sehen konnte, fand er sich in seinem Zimmer wieder. Stumm starrte er seinen Computer an, auf dessen Bildschirm sein virtueller Charakter darauf wartete, Heldentaten zu vollbringen. Maik lauschte enttäuscht in sich hinein. Wo blieben die Euphorie, die Glückshormone, das erhebende Gefühl von Stärke und Unbesiegbarkeit? Er hatte gerade die Welt vor einem Absturz gerettet! Alle Seelen da draußen existierten in diesem Augenblick nur noch, weil er das Richtige getan hatte. Er war ein Held!

Nur fühlte es sich nicht so an. Sein Kopf war einfach nur leer, er empfand nichts Besonderes bei dem Gedanken, die Welt gerettet zu haben. War es tatsächlich so unspektakulär, ein echter Held zu sein?

Er sah das Nachrichtenfenster auf dem Bildschirm blinken und sah zur Uhr. Ach ja, seine Gamergruppe wartete wahrscheinlich auf ihn. Maik hockte sich an seinen Schreibtisch, setzte das Headset auf und holte seinen Helden aus dem AFK-Zustand. Im selben Moment, als er wieder begann, seinen nur aus Pixeln bestehenden Char zu steuern, begriff er zwei Dinge: Echte Helden ernteten selten Ruhm und Anerkennung, sondern wirkten im Stillen. Tiefgreifender war die Erkenntnis, dass der Radläufer mit seinem Blick auf die Welt leider recht hatte.

Während Maik seinen Helden Seite an Seite mit seinen virtuellen Gefährten dem Kampf entgegensteuerte, beschlich ihn das Gefühl, dass Realität auch nur eine Frage der Perspektive war und es am Ende sowieso niemanden interessierte, warum die Dinge geschahen. Fragen an das Leben zu stellen war überflüssig. Man musste einfach leben, so lange, bis das nächste Rad aus dem Getriebe brach und die Welt unterging.

»Hey, Mikey, alles okay bei dir? Du kommst spät online«, ertönte die Stimme eines Gefährten in seinen Ohren. Maik lächelte in sich hinein.

»Ja, alles okay. Die Räder drehen sich wieder.«

Linie U5, Endstation

Melanie Vogltanz

Melanie Vogltanz wurde 1992 in Wien geboren und hat ihren Magister in Deutscher Philologie, Anglistik und Lehrer*innenbildung an der Universität Wien gemacht. Sie hat als Lehrerin, Regaleinräumerin, Spielzeugverkäuferin und Hundefutterträgerin gearbeitet. Aktuell ist sie selbstständige Lektorin und macht gute Worte mit großartigen Menschen und Verlagen.

2007 veröffentlichte sie ihr Romandebüt; weitere Veröffentlichungen im Bereich der Dunklen Phantastik folgten. 2016 wurde sie mit dem »Encouragement Award« der European Science Fiction Society ausgezeichnet. Ihr Roman »Shape Me« wurde für den Deutschen Science Fiction-Preis und den Kurd Laßwitz-Preis nominiert.

Mehr Informationen auf: http://www.melanievogltanz.net und htttp://www.lektoratvogltanz.com

Ich weiß, weswegen Sie alle gekommen sind. Sie wollen meine Geschichte hören. *Die* Geschichte. Sie wollen unterhalten werden, sich vielleicht auch ein wenig gruseln – *Entertainment* nennt man das heute. Ich werfe Ihnen das nicht vor. Lassen Sie mich Ihnen aber eines sagen: Was ich zu erzählen habe, wird Ihnen keine Zerstreuung bieten. Es wird Ihre Welt in den Grundfesten erschüttern. Sofern Sie mir glauben, natürlich. Die meisten tun es nicht, und das ist ihr gutes Recht. Wahrscheinlich haben Sie gehört, dass ich verrückt sein soll. Schön. Glauben Sie das, wenn es Ihnen hilft, nachts ruhig zu schlafen. Ich kenne die Wahrheit. Ich weiß, was ich gesehen habe.

Sie wollen es dennoch hören? Soll mir recht sein. Kommen Sie näher, mit Ihren Diktiergeräten und Kamerahandys, damit Sie ja kein Wort verpassen, und sperren Sie die Lauscher auf. Hat jemand Feuer?

Gut.

Sie kommen von weit her, daher muss ich Ihnen erst etwas erklären, damit Sie auch alles verstehen, was nun folgt. Wien, mein gutes, altes Wien, hat eine rege unterirdische Vergangenheit – weit verzweigte Katakomben unter den Grundmauern der Stadt, die sich schon dort erstrecken, solange wir denken können. Manche sagen, die Römer haben sie angelegt. Ich sage, sie sind älter. Viel älter.

Dieses System aus Stollen und Gängen hat seit jeher eine starke Faszination auf die Menschen ausgeübt. Zahlreiche Sagen ranken sich um die Unterwelt Wiens – Sagen von Wesen wie dem Basilisken, der Sie mit einem einzigen Blick zu Stein erstarren lassen kann. Im Spätmittelalter haben wir dort unsere Pesttoten gestapelt, und natürlich unsere toten Heiligen und Pfaffen. Wir haben die Gänge erweitert, ein Kanalisationssystem gebaut, das

Sie vielleicht in Teilen, zahn- und harmlos, im *Dritten Mann* gesehen haben, und später – ja, jetzt sind wir beinahe in der Gegenwart – haben wir U-Bahn-Schächte in die Erde gegraben, durch die tagtäglich Millionen von Menschen transportiert werden, blind gegenüber all der Geschichte, die sie umgibt. Wenn sie wüssten, wie viele der neuen Tunnel sich mit dem alten System kreuzen, auf wie viele seltsame Dinge die Bauarbeiter beim Anlegen der Bahn stießen … Aber ich greife vor.

Man müsste meinen, dass sich das Geheimnisvolle des Unterwiens dadurch erledigt hat – dass ihm die Neonlampen, die donnernden Stimmen der Züge und das Gedränge der Massen jeden Zauber geraubt hat.

Entschuldigen Sie, dass ich lachen muss.

Kennen Sie die U-Bahn-Linien Wiens? Auf den regulären Stadtplänen finden Sie fünf davon: U1, U2, U3, U4 und U6. *U6?*, werden Sie nun fragen und die Stirn runzeln. *Wie kann das sein? Sie müssen sich verzählt haben, oder uns auf den Arm nehmen. Wie kann es eine U6, aber keine U5 geben?*

Die Menschen in Wien wundern sich nicht einmal mehr darüber. Aber das sollten sie.

Von offizieller Seite heißt es, die Linie wurde zwar geplant, aber niemals realisiert. Warum nicht? Ausgezeichnet. Allmählich fangen Sie an, die richtigen Fragen zu stellen.

Ich werde Ihnen jetzt ein Geheimnis verraten, das nicht einmal die Wiener kennen. Ein Geheimnis, das nur ich kenne, zumindest auf dieser Seite der Realität. Die U5 *existiert*. Doch sie ist nicht dazu da, Menschen durch das Wien zu transportieren, das Sie in Reiseführern finden.

Meine Kehle ist ausgedörrt. Kann jemand einem alten Mann noch ein Bier ausgeben?

Kaum jemand verbrachte so viel Zeit in öffentlichen Verkehrsmitteln wie ich vor meiner Entdeckung. Wenn man kein Dach über dem Kopf hat, ist man froh über das Licht und die Wärme, die einem so eine U-Bahn-Station bietet. Siebzig Jahre meines Lebens fand ich nichts Ungewöhnliches in den Tunneln, und wahrscheinlich hätten noch weitere siebzig Jahre vergehen können, wäre mir nicht der Zufall zupassgekommen.

Viele glauben, Obdachlose – oder »Sandler«, wie man hier voller Verachtung sagt – hätten keine sozialen Kontakte, aber das ist ein Irrtum. Natürlich haben wir die, und sie sind sogar ziemlich eng. In der Gruppe ist man weniger verwundbar. Als Obdachlose zu verschwinden begannen, waren wir also verständlicherweise in hellem Aufruhr. Die Polizei interessiert sich nicht für das Verschwinden von unsereins – je weniger es von uns gibt, desto besser, so die Expertise –, also waren wir auf uns allein gestellt.

Ich weiß nicht, warum es nicht schon viel früher begann. Vielleicht lag es an der Neuerung, dass U-Bahnen wochenends auch nachts durchfuhren. Ja, das ergibt Sinn. Die Nacht ist eine gefährliche Zeit, um sich unter der Erde rumzutreiben. Aber mit Sicherheit werden wir es nie wissen.

Als wir entschieden, der Sache auf den Grund zu gehen, waren bereits acht Sandler spurlos verschollen. Der Letzte war Fredl gewesen. Wie es der Zufall wollte, war er vor seinem Verschwinden nicht allein unterwegs – Hexi war bei ihm. Die beiden hatten mal was laufen und mal nicht, abhängig von ihrem Alkoholpegel. In jener Nacht stieg Fredl bei der Station Schottentor aus und ward nicht mehr gesehen. Hexis Berichte waren aufgrund des Tafelwein-Tetrapacks, das die beiden sich geteilt hatten, ein wenig konfus, aber sie erinnerte sich immerhin noch daran, dass sie Fredls Ausstieg irritierte, weil die beiden eigentlich zum Karlsplatz unterwegs gewesen waren. Als sie später zurückkam, um nach ihm zu suchen, fand sie nur seine Strickhaube auf den Schienen.

In einer Montagnacht ließen sich vier von uns – da waren ich, Rosi, Paul und Hexi – in der Station einschließen, um nach Fredl zu suchen. Nachts musste es sein, damit wir ungestört blieben.

Habe ich schon erwähnt, was für eine miese Idee es ist, nachts unter die Erde zu gehen?

Wir entdeckten relativ bald, dass Hexi sich nicht getäuscht hatte. Auf dem Gleis, auf dem die U2 in Richtung Karlsplatz einfährt, lag, weit jenseits der Bahnsteigkante und bereits halb im Tunnel, Fredls Pudelmütze im Schmutz. Mit einem Wurf hätte man die Mütze dort kaum hinbefördern können. Fredl musste also vom Bahnsteig nach unten geklettert sein, direkt auf die Gleise und in den Tunnel. Aber wozu?

Da die U-Bahnen unter der Woche nachts nicht fahren, mussten wir uns keine Sorgen machen, von einem Zug überrollt zu werden. Vom Bahnsteig aus führten einige nackte Stufen, die vermutlich für Wartungszwecke angebracht waren, direkt auf die Schienen – nur ein Warnschild am Ende des Bahnsteigs, das schnell überwunden war, trennte uns davon. Mit anderen Worten: Der Weg in Wiens Untergrund war so einfach wie der Weg der Fleischfliege in eine Venusfliegenfalle. Erst einmal unten angelangt, mussten wir lediglich darauf achten, nicht mit den Schienen in Berührung zu kommen, um uns keinen elektrischen Schlag einzufangen. Wir waren uns zwar nicht ganz einig, ob tatsächlich Strom darin floss, aber keiner von uns war scharf darauf, Versuchskaninchen zu spielen.

Ich bin nicht sicher, was wir zu finden erwarteten. Vielleicht Fredls Leiche, von einem Zug zerschnitten und von den Behörden totgeschwiegen. Es kümmert mich nicht, ob

Sie das für wahrscheinlich halten. Wir hatten allen Grund, der Obrigkeit gegenüber mit gesunder Skepsis gegenüberzutreten.

Schon bald hatten wir die hellen Lichter der Station, die Werbetafeln und Infoscreens hinter uns gelassen und wurden von vollständiger Dunkelheit umhüllt. Ich hatte eine starke Taschenlampe mitgebracht, die ich anknipste, um den Lichtstrahl über den Betonschlauch wandern zu lassen, durch den wir uns bewegten. Es gab nicht sonderlich viel zu sehen – Graffiti an den Wänden zeugte davon, dass wir nicht die Ersten hier waren, Zahlen an den Tunnelwänden zeigten uns ein komplexes Orientierungssystem, das wir nicht verstanden, und gelegentlich blinkte ein grünes Signallicht auf, das in Richtung Ausgang wies. Ein Huschen und Trippeln und Kratzen erfüllte den Tunnel, das wohl von Ratten stammte.

Zumindest dachte ich das damals. Heute bin ich mir nicht mehr so sicher.

Nach etwa vierzig Schritten stießen wir auf eine Abzweigung, die nicht zum normalen U-Bahn-Netzwerk gehören konnte. *Nur ein Wartungstunnel*, werden Sie sagen. Nichts Außergewöhnliches. Nun, dasselbe dachten wir auch. Wir wären einfach daran vorbeigegangen. Doch als wir gerade Anstalten machten, unseren Weg fortzusetzen, und ich die Taschenlampe wieder geradeaus richtete, ertönte plötzlich ein Rauschen und Grollen, das den Boden erzittern ließ. Entsetzt sahen wir uns an und drückten uns instinktiv gegen die kalten Betonwände.

»Ein Zug!«, zischte Hexi und presste Fredls Pudelmütze an ihren ausladenden Busen.

»Kann nicht sein«, behauptete Paul.

Grundsätzlich stimmte ich ihm da zu, doch das Rattern der Schienen und der schnell näherkommende Lichtkegel sprachen eine gänzlich andere Sprache.

»Wir müssen in den Nebentunnel ausweichen«, sagte ich. Ich machte Anstalten, voranzugehen, als ich von einem gleißend hellen Licht geblendet wurde und instinktiv rückwärts taumelte. Ein riesiges Ungeheuer raste dröhnend heran, raste direkt auf uns zu.

Nicht im Haupttunnel. Sondern im Wartungstunnel.

Hastig packte ich Hexi, die sich an mir vorbeidrücken wollte, am Kragen ihrer Jacke und riss sie zurück – gerade rechtzeitig, ehe der Zug brüllend an uns vorbeirauschte, so knapp, dass mich der Fahrtwind beinahe von den Füßen warf.

»Was zum Teufel war das?«, flüsterte Rosi.

»Vielleicht so eine Art Lastenzug.« In meiner Stimme lag nur wenig Überzeugung.

»Sehen wir nach.« Wie immer war Paul ein Freund einfacher Lösungen.

»Was, wenn das nicht der einzige Zug war?«, fragte Rosi. »Was, wenn wir überfahren werden?«

»Das ist nicht die beschissene Rushhour«, schnaufte Paul, während er seine Körpermasse bereits in den Nebentunnel wuchtete. Wir anderen folgten ihm mit einigem Zögern. Man kann ja vieles über uns sagen, aber Sandler sind vor allem eines: ein neugieriges Völkchen.

Der Wartungstunnel unterschied sich erheblich von dem Haupttunnel, durch den wir uns davor bewegt hatten. An den Wänden war kein Graffiti mehr zu sehen, keine Notfallbeleuchtung glomm, und selbst das Kratzen und Trippeln der Ratten war verstummt.

Wir gingen eine ganze Weile. Ich kann unmöglich sagen, wie lange wir unterwegs waren. Wir schnauften bereits, als wären wir selbst eine alte Dampflok, und Hexi jammerte halblaut über ihre schmerzenden Füße.

Da traf das Licht meiner Taschenlampe plötzlich auf ein Hindernis. Wir blieben stehen. Gafften. Der Zug hatte angehalten, und wir hatten ihn eingeholt.

Als er an uns vorbeigedonnert war, hatten wir keine Gelegenheit gehabt, ihn richtig zu betrachten. Umso mehr erstaunte uns der Anblick nun. Ich erinnere mich noch an die ersten U-Bahn-Waggons aus den Sechzigerjahren, aber das hier war … älter. Der Zug war rot wie der Teufel, mit scharfen Kanten, die mich an ein stachelbewehrtes Urzeitwesen denken ließen. Am ehesten erinnerte er mich noch an die Stadtbahn, die ich von alten Schwarz-Weiß-Fotografien kannte. Was zur Hölle war das? Eine Nostalgiefahrt mitten in der Nacht?

Ungeschickt schoben wir uns an dem Zug vorbei. Bald darauf öffnete sich der Tunnel vor uns und gab den Blick frei auf … Nun, es sah aus wie eine Station. Mein Lichtstrahl riss eine Bahnsteigkante aus der Finsternis, das Skelett einer Holzbank stand in der Mitte, und ein verwittertes Schild war auf der Betonwand des Tunnels angebracht. Darauf stand »U5«.

Sollte es tatsächlich eine Station sein, dann war sie nie fertiggestellt worden. An vielen Stellen ragten blanke Stahlträger aus den aufgerissenen Wänden, der Boden des Bahnsteigs war nur zur Hälfte mit von Staub verkrusteten Fliesen bedeckt, und, was am Wichtigsten war, es gab keine Lichtquelle, abgesehen von meiner eigenen Lampe und dem intensiv starrenden Auge des Zuges. Neben der Bank konnte ich einen Fahrplan sehen, dessen Linien sich auf geisterhafte Weise im Nichts zu verlieren schienen. Mehr als alles andere hatte das etwas erschreckend Unheilvolles.

»Seht mal«, zischte Rosi. »Die Türen stehen offen!«

Ich schwenkte die Taschenlampe. Rosi hatte recht. Die Türen der Bahn waren aufgerissen – wie gierige Münder, die darauf warteten, dass ihre arglose Beute hineinspazierte. Ich warf einen Blick in die Fahrerkabine. Leer. Ich war mir nicht sicher, ob ich das gut fand.

»Kommt, ich will mir das ansehen.« Paul ging vorwärts.

»Drehen wir lieber um«, flüsterte Hexi. »Das ist mir nicht geheuer.«

»Sei nicht so eine feige Pute!«, zischte Paul.

Wir stiegen ein. Ich glaube, keiner von uns, nicht einmal Hexi, dachte in diesem Moment überhaupt noch an Fredl.

Im Inneren der Bahn war es zappenduster. Ich ließ den Strahl meiner Taschenlampe hierhin und dorthin zucken.

»Keine Sitze«, wisperte Rosi.

Und nicht nur das – es gab auch keine Haltestangen, nur blanke, holzverkleidete Wände, ganz so, als wäre auch dieser Zug niemals fertiggestellt worden.

Das war der Moment, als die Türen mit einem hydraulischen Zischen hinter uns zuschlugen.

Hexi stieß einen spitzen Schrei aus. Mit einem Ruck fuhr die Bahn an, und wir wurden von den Füßen gerissen. Das Kreischen der Schienen klang wie ein Triumphschrei.

Wer gibt mir das nächste Bier aus? Hat noch jemand eine Zigarette?

Wir waren also in diesem Zug gefangen. Ich muss nicht erwähnen, dass es im Waggon keine Notbremse oder auch nur einen Halteknopf gab. Uns blieb nichts anderes übrig, als uns an den Wänden festzukrallen und abzuwarten, wohin die Reise gehen würde. Ich sah den Weg nicht, den wir nahmen, konnte nur eines mit Sicherheit feststellen: Es ging abwärts.

Irgendwann hielt der Zug mit quietschenden Bremsen an. Wie gebannt starrten wir auf die altmodischen Falttüren.

Langsam, fast widerstrebend, öffneten sie sich. Niemand rührte sich. So wild waren wir darauf gewesen, aus diesem Zug herauszukommen, und nun wagte niemand den ersten Schritt.

»Na schön«, murmelte Rosi halblaut und blies sich eine Strähne ihres ergrauten Haares aus der Stirn. »Ich gehe nachsehen.«

Sie sprang ins Freie. Gebannt hingen unsere Blicke auf ihrem Rücken. Plötzlich stieß sie einen kleinen, verwunderten Schrei aus. Innerhalb weniger Sekunden schlossen wir zu ihr auf.

»Es ist … wunderschön!« Hexis Augen waren rund wie Tennisbälle.

»Es ist unmöglich«, murmelte Paul.

»Es ist Tag«, sagte ich. Das konnte nicht sein! Wir waren lange unterwegs gewesen, aber nicht *so* lange. Und was noch viel merkwürdiger war: Der Zug war mit uns stetig abwärts gefahren. Wir konnten uns unmöglich an der Oberfläche befinden. Dennoch waren wir hier.

Und das war noch längst nicht der Gipfel der Seltsamkeiten.

Ich habe sehr lange darüber nachgedacht, und mittlerweile bin ich fast sicher, dass jeder von uns etwas anderes sah. Fragen Sie mich nicht, *warum* ich das glaube. Ich kann es nicht erklären – es ist nur so ein intensives Gefühl, das ich nicht loswerde.

Hier ist, was *ich* sah: Wir fanden uns auf einer belebten Straße wieder. Ringsum fuhren Fiaker an uns vorbei, und Männer in Rock, Zylinder und Gamaschen passierten uns, am Arm feine Damen mit üppigen Reifröcken und Sonnenschirmen. Befanden wir uns noch in Wien? Es musste so sein, denn in einiger Entfernung konnte ich die Giebel der Votivkirche sehen, und vor uns den Uhrturm des Rathauses. Aber es fühlte sich nicht an wie Wien. Nicht *unser* Wien.

Auch mit den Menschen hier stimmte etwas nicht – und ich spreche nicht von ihrem eigenartigen Fummel. Da war zum einen die Tatsache, dass niemand Notiz von uns nahm, und das, obwohl einige so nahe an uns vorübergingen, dass ich nur eine Hand hätte ausstrecken müssen, um sie zu berühren. Zum anderen wirkten sie nicht so stofflich, wie sie hätten wirken sollen. Wie, das verstehen Sie nicht? Das können Sie gar nicht verstehen! Lassen Sie es mich so sagen: Ich hatte das unangenehme Gefühl, wenn ich sie berührt hätte, hätte ich geradewegs durch sie hindurchgefasst, oder vielleicht in sie *hinein*, wie in eine Art … Pudding.

Ich berührte sie nicht.

»Fredl!«

Hexis Aufschrei erschreckte mich dermaßen, dass ich die Taschenlampe fallenließ. Ohne sich noch einmal nach uns umzudrehen, stürmte sie los.

»Warte!«, rief Rosi und rannte ihr hinterher, bevor ich sie zurückhalten konnte.

»Was ist hier los?«, fragte ich Paul dumpf.

Er schien mich gar nicht zu hören. Sein Blick war unverwandt in die Ferne gerichtet. »Es ist nicht möglich«, sagte er, wieder und wieder, wie ein Mantra. »Nicht möglich.«

Dann tat ich etwas, das ich mir niemals verzeihen werde: Ich ließ ihn einfach stehen und ging den Frauen nach. Machen Sie mir bitte keinen Vorwurf. Ich wusste doch nicht, was passieren würde. Ich *konnte* es nicht wissen!

Rosi und Hexi waren in einem Kaffeehaus verschwunden. Auf der Terrasse saßen elegant gekleidete Herren, lasen Zeitung, rauchten Pfeife. Da wurde mir zum ersten Mal bewusst, wie still es hier war. Beim Umblättern raschelten die Zeitungen nicht, und die Männer wechselten kein Wort miteinander. Totenstille umgab uns.

Ich betrat das Kaffeehaus. Tatsächlich. Da war Fredl, saß an einem der Tische und rührte gedankenverloren in einer Melange. Er blickte nicht einmal auf, als sich Hexi an seinen Tisch setzte, während Rosi in einigem Abstand stehenblieb.

»Fredl!«, quiekte Hexi. Freude und Wut lieferten sich auf ihren Gesichtszügen einen erbitterten Kampf. »Warst du die ganze Zeit über hier? Ich hab mir Sorgen um dich gemacht, du Hund!«

»Hexi ...«, setzte ich erstickt an. Sah sie es denn nicht? Sah sie nicht, dass Fredl Hemd, Fliege und Gilet trug? Sah sie nicht, dass er ebenso wenig Substanz hatte wie die Menschen ringsum?

Als ich mich umblickte, entdeckte ich weitere bekannte Gesichter – drei, nein, vier der verschollenen Sandler, die wir bereits lange totgeglaubt hatten, alle in altertümlicher Kleidung und stumm wie Fische. Keiner von ihnen hob auch nur den Blick.

Eine namenlose Angst schnürte mir die Kehle zu. Das hier war falsch. Schrecklich falsch.

»Komm!«, zischte ich Rosi zu und ergriff sie an der Hand. Sie wirkte ebenso starr vor Schreck wie ich. »Lass uns hier verschwinden.«

Hexi unterhielt sich unterdessen munter weiter mit Fredl. Ihr Zorn schien verraucht zu sein. Sie legte ihre Hände auf seinen Oberarm, klimperte mit den Wimpern und strahlte ihn an. Als ich mich vor der Tür des Cafés noch einmal umdrehte, glaubte ich, ein mit Federn geschmücktes Bonnet auf ihren Haaren zu sehen, das zuvor nicht da gewesen war.

Von der Terrasse aus entdeckte ich dann zum ersten Mal die Wesen. Sie mussten schon die ganze Zeit über dagewesen sein, doch wir waren von den Eindrücken ringsum zu erschlagen gewesen, um sie wahrzunehmen. Vielleicht war es auch unsere Witterung, die sie überhaupt erst aus ihren Verstecken gelockt hatte.

Lautlos huschten sie zwischen den Passanten hindurch, die sie keines Blickes würdigten. Sie hatten ungefähr die

Größe von Kindern, was jedoch schwer auszumachen war, da sie sich geduckt bewegten. Am besten lassen sie sich als Kreuzung aus Ratte und Spinnentier beschreiben. Ihre Glieder, auf denen sie sich mal vier- und mal zweibeinig fortbewegten, waren lang, dünn und mit borstigem Haar übersät. Sie hatten überzählige winzige, pechschwarze Augen und scharfe Mahlwerkzeuge in ihren spitzen Schnauzen.

Noch während ich zu begreifen versuchte, was ich da sah, schlug eine der Kreaturen ihre Fangzähne fast beiläufig in einen vorbeispazierenden Mann und schlang ihre haarigen Arme um ihn. Das Opfer riss die Augen auf, öffnete den Mund zu einem stummen Schrei und … schrumpfte in sich zusammen, wie eine Tube Senf, aus der man den Inhalt herausquetscht. Er schien keinerlei Knochen mehr zu besitzen, nur noch Haut, die sich wellte und zusammenstauchte wie eine leere Wurstpelle. Und dann war er weg.

Hätte Rosi sich nicht mit einem atemlosen Schrei an meine Brust gepresst, hätte ich spätestens in diesem Moment geglaubt, verrückt zu werden.

Essen Sie die Leberkässemmel noch? Erlauben Sie, dass ich mich bediene?

Der Mann war kaum verschwunden, als mein Blick auf Paul fiel. Und nun war ich es, der schrie.

Er stand immer noch da, wo ich ihn zurückgelassen hatte. Etwas an diesem Ort musste einen Kurzschluss in seinem Hirn ausgelöst haben, denn er machte keinerlei Anstalten, wegzulaufen, und das, obwohl die haarigen Spinnenwesen, die nun zahlreich hinter Häuserecken hervorhuschten und sich mit ruckartigen Bewegungen durch die Menge bewegten, ein klar erkennbares Ziel hatten: ihn.

Ich glaube, die Menschen in der seltsamen Kleidung waren für diese Kreaturen wie Brot: Sie dienten dazu, sie zu ernähren, sie am Leben zu erhalten. Menschen wie wir dagegen – *lebendige* Menschen – waren wie Pralinen. Sie konnten diesem seltenen Leckerbissen einfach nicht widerstehen.

Mein warnender Schrei kam zu spät. Gleich sechs der spinnenbeinigen Ghule stürzten auf Paul zu, hielten ihn an Armen und Beinen fest und schlugen ihre Mandibeln in seinen Bauch. Niemals werde ich sein unmenschliches Brüllen vergessen. Ich war beinahe dankbar, als die Masse der heranstürmenden Wesen ihn unter sich begrub, denn so blieb uns wenigstens der Anblick seiner ausgesaugten Hülle erspart.

Ich zögerte keine Sekunde länger. Hart packte ich Rosi am Arm und zerrte sie hinter mir her – in Richtung der Station, von der wir gekommen waren.

Unsere Flucht blieb nicht lange unentdeckt. Mehrere der haarigen Biester waren auf uns aufmerksam geworden und reckten ihre hässlichen Schädel in unsere Richtung, setzten uns mit ihren langen Gliedmaßen nach. Tränen liefen über Rosis Wangen. Ich muss gestehen, dass ich selbst heulte wie ein kleines Kind.

Da stieß Rosi einen frustrierten Schrei aus. Ich sah sofort, was sie so in Aufruhr versetzte.

Der Zug war verschwunden.

»In den Tunnel!«, stieß ich keuchend hervor.

Wir rannten geradewegs in die verschlingende Finsternis. Ich hatte meine Taschenlampe verloren, und so mussten wir uns komplett auf unsere übrigen Sinne verlassen. Hinter uns wurde das Kratzen und Schaben krallenbewehrter Gliedmaßen laut, das vielfach verstärkt von den Betonwänden widerhallte. Ich wurde das intensive Gefühl nicht los, dass sie nicht nur hinter uns waren – sie waren auch über uns, an der Decke, und an den Wänden. Ein paarmal glaubte ich zu spüren, wie ihre harten Klauen meine Kleidung streiften. Ich wusste, dass wir verloren waren, sollten wir stolpern oder in eine Sackgasse geraten.

Wie sieht es aus, Freunde von außerhalb? Ein letztes Bier? Eine letzte Tschick?

Irgendwann konnten wir die Schritte unserer Verfolger nicht mehr hören. Wir mussten sie abgehängt haben, aber wir wagten es dennoch nicht, unsere Schritte zu verlangsamen. Wir hatten jede Orientierung verloren. Stundenlang hetzten wir durch die stockdunklen Tunnel, auf der Suche nach einem Ausgang oder wenigstens einem Anzeichen menschlichen Lebens. Meine Lungen brannten, meine Beine fühlten sich an wie Fremdkörper. Rosis Schluchzen schlug irgendwann in ein hysterisches Lachen um.

Dann, nach einer gefühlten Ewigkeit, sahen wir plötzlich Licht.

Soll ich Ihnen etwas verraten? Dass man vom »Licht am Ende des Tunnels« spricht, wenn es zu Ende geht – ich glaube nicht mehr, dass das nur eine Redewendung ist. Nicht nach dem, was ich an diesem Tag gesehen habe. Und ich glaube auch nicht, dass das Totenreich aus Zufall »Unterwelt« genannt wird. Gänge unter der Erde finden Sie überall auf der Welt. Und überall erzählen sich die Menschen Geschichten darüber. Die Wege nach unten sind nicht immer dieselben, aber runter kommen sie alle.

Was aus mir und Rosi wurde? Nun, wir kamen schließlich bei der Station Erdberg raus, weit von dort entfernt, wo wir ursprünglich nach unten gegangen waren. Wir standen komplett neben uns, schluchzten und zitterten, brabbelten Unsinn. Die Polizei wurde auf uns aufmerksam und sammelte uns auf. Als die Kiberer unsere Geschichte hörten, lachten sie uns ins Gesicht und steckten uns in eine Ausnüchterungszelle. Ich kann es ihnen nicht einmal verübeln.

Die gute Rosi ist zwei Wochen später gestorben. Hat sich die Augen mit einem rostigen Nagel ausgestochen und ist verblutet. Sie hat nicht verkraftet, was sie da unten gesehen hat. Armes Ding.

Und ich? Mich verfolgen die Bilder immer noch. Jede Nacht. Manchmal glaube ich, diese kleinen schwarzen Augen in der Dunkelheit zu sehen, die mich anglotzen. Auf mich warten. Aber ich lasse mich davon nicht fertigmachen wie Rosi. Ich erzähle jedem davon, der es hören will. Das Erzählen hilft mir, gibt mir das Gefühl, dass ich so etwas wie Kontrolle über diese Sache habe.

Bis heute weiß ich nicht, was Fredl überhaupt dort hinuntergeführt hat. Ihn und all die anderen, die vielleicht immer noch dort sind, Melange trinken, über den Trottoir spazieren und gelegentlich als Mahlzeit für spinnenbeinige Kreaturen enden.

Seit jenem Tag bin ich nie wieder in eine U-Bahn eingestiegen. Ich schlafe auch nicht mehr in Stationen. Zwar glaube ich nicht, dass mir etwas passieren würde – nicht solange ich mich an die von Menschen bevölkerten Haupthallen halte –, aber man kann ja nie wissen, oder? Man kann nie wissen.

Nun kennen Sie die Wahrheit. Tun Sie damit, was Sie wollen – drucken Sie sie, erzählen Sie sie weiter, oder vergessen Sie sie einfach. Ehrlich, es kümmert mich nicht.

Danke für das Bier und die Zigaretten. Ich verstehe, dass Sie noch Fragen haben, aber es ist schon spät, und ich habe noch einen weiten Weg. Wenn man die öffentlichen Verkehrsmittel meidet, kann die Reise durch Wien eine Ewigkeit dauern.

Kinder – Fremde Welten – Eltern

Regine D. Ritter

Regine D. Ritter wurde 1978 geboren und hatte schon als kleines Kind mehr Bücher als Kuscheltiere. Sie ist ein erklärter Fan von Kurzgeschichten und schreibt regelmäßig in verschiedenen Genres. Im »echten Leben« ist sie als Ärztin tätig. Autorenuntypisch besitzt sie derzeit keine Katze.

Kinder
Fremde Welten
Eltern

Eine Broschüre des Auswärtigen Amts für

Eltern – deren Kinder noch nicht betroffen sind

Eltern – die sich über Zusammenhänge und Hintergründe informieren wollen

Eltern – die in Sorge sind, weil sie ihre Kinder verändert finden

Eltern – deren Kinder bereits Reisen in Fremde Welten erlebt haben

Eltern – deren Kinder aktuell in Fremden Welten verschollen sind

Die meisten Kinder in der Bundesrepublik Deutschland sind – leider auch einer Beeinflussung durch entsprechende Bücher und Filme geschuldet – neugierig auf Fremde Welten. Hierbei sind die Übergänge zwischen gespielten, rein in der Imagination eines Kindes stattfindenden Weltenreisen, der aktiven Suche nach Dimensionstoren und dem bewussten Ausprobieren solcher Portale fließend. Sie als Eltern unternehmen den richtigen Schritt, wenn Sie sich frühzeitig über Weltenreisen, deren Risiken und Hilfsangebote für betroffene Familien informieren.

Rund eines von 300 Kindern tritt eine oder mehrere Reisen in Fremde Welten an. Die Wahrscheinlichkeit hierfür liegt bei Einzelkindern 36% höher als bei Kindern mit leiblichen Geschwistern. Allerdings wurde auch beobachtet, dass jüngere Kinder sich häufig Weltenreisen ihrer älteren Geschwister anschließen. Für Kinder mit Halbgeschwistern bzw. Kindern aus Patchwork-Familien liegen diesbezüglich noch keine Studiendaten vor.

Eine familiäre Häufung von Reisen in Fremde Welten wurde beobachtet. Spezifische genetische Faktoren konnten noch nicht bestimmt werden. Falls Sie jedoch selbst in Ihrer Kindheit zu den Weltenreisenden gehörten, so raten wir, Ihre Kinder als hochrisikogefährdet zu betrachten.

Weitere Risikofaktoren sind rote Haare, Besitz von nicht-reptilen Haustieren und eine frühkindliche künstlerische Begabung.

Kinder, die in einem städtischen Umfeld leben, sind zu 53% seltener betroffen als Kinder aus ländlichen Regionen.

Wir sprechen von Fremden Welten und meinen damit solche Welten, die sich in örtlichen und zeitlichen Dimensionen befinden, welche nicht mit unserem eigenen Raum-Zeit-Geschehen übereinstimmen und in denen möglicherweise andere physikalische Gesetze herrschen.

Diese Broschüre will die Erfahrungen, die die Eltern weltenreisender Kinder gesammelt haben, anderen Eltern zur Verfügung stellen.

Eltern zeitenreisender Kinder, die unsere Welt nie verlassen haben, sich aber mit dem Phänomen einer als »fremd« erlebten Welt auseinandersetzen müssen, verweisen wir auf die gesonderte Broschüre *Kinder – Fremde Zeiten – Eltern*, die in enger Zusammenarbeit mit dem Bundesministerium für Bildung und Forschung und dem Bundesministerium des Innern herausgegeben wird. (Erhältlich als PDF zum Download auf den Homepages der beteiligten Ministerien, oder als kostenlose Broschüre bestellbar über die dort angegebenen Bezugsadressen. Mit einer Bestellung von Materialien erkennen Sie die Versandbedingungen an.)

1. Prävention
Sprechen Sie mit Ihrem Kind über die Gefahren von Weltenreisen!

Erklären Sie, dass die Existenz bestimmter Fremder Welten zwar inzwischen wissenschaftlich nachgewiesen werden konnte, dass es aber unmöglich ist, bewusst eine Erstreise in eine spezifische Welt anzutreten. Kinder wünschen meist, ihnen aus Büchern und Filmen bekannte Welten wie Wunderland oder Narnia zu bereisen.

Sprechen Sie mit Ihrem Kind darüber, dass beide Welten nach aktuellem Kenntnisstand zwar existieren, aber in den entsprechenden Buch- und Filmvorlagen verniedlicht und als zu ungefährlich dargestellt werden. Hierzu verweisen wir auch auf unsere gesonderte Broschüre *Hogwarts gibt es nicht – Eine detaillierte Auflistung existenzgesicherter und nachweislich nicht existenter Fremder Welten.* (Erhältlich als PDF zum Download auf der Homepage des Auswärtigen Amts, oder als kostenlose Broschüre bestellbar über die dort angegebene Bezugsadresse. Mit einer Bestellung von Materialien erkennen Sie die Versandbedingungen an.)

Zudem sollten Sie selbst in der Lage sein, mögliche Ausgangspunkte für Reisen in Fremde Welten zu identifizieren. 96% der Reisen in Fremde Welten werden durch ein sogenanntes Dimensionstor angetreten. Üblicherweise sind solche Tore Engstellen oder Durchgänge, die ein Erwachsener nicht betreten würde. Denken Sie hier an Nischen unter Sofaecktischen, Tierbauten oder natürliche Höhlen in abgestorbenen Bäumen. Nehmen Sie sich die Zeit, Ihr Zuhause und vor allem auch die nähere Umgebung krabbelnd aus der Perspektive eines Kindes zu erforschen!

Sprechen Sie mit Ihrem Kind auch darüber, was es für sie bedeutet/bedeuten würde, wenn das Kind auf Reisen geht. Als Elternteil sind Sie bei Weltenreisen Ihres Kindes mitbetroffen. Während dessen Abwesenheit machen Sie sich Sorgen um ihr Kind oder möchten (weiteren) Schaden von ihm abwenden, sind diesbezüglich aber machtlos. Diese Hilflosigkeit wird von vielen Eltern als sehr quälend empfunden. Ihr Leben wird von den Reisen Ihres Kindes beherrscht. Gerade ältere Kinder haben manchmal bereits die notwendige Empathie entwickelt, um ihren Eltern zuliebe bewusst auf mögliche Weltenreisen zu verzichten.

Fallbeispiele:

1987 reiste der damals 9-jährige Sebastian K. aus A. bei Trier bei einer Wanderung mit seinen Eltern zufällig durch einen eingebrochenen Kaninchenbau in eine Welt, die er später als den »Wissenden Wald« bezeichnete. Seine Abwesenheit dauerte nur wenige Minuten irdischer Zeit und wurde von seinen Eltern nicht bemerkt.

1993 wurde die damals 7-jährige Silvana M. aus H. bei Erfurt durch einen Mauerspalt in eine Fremde Welt gezogen. Nach einer großangelegten Suchaktion wurde sie nach fast drei Tagen irdischer Zeit ca. 15 km von ihrem Wohnort von einer Polizeistreife aufgefunden. Silvana erzählte, auf einem »Raumschiff über einem grünen Planeten« gewesen zu sein. Ihre Eltern schenkten ihrem Bericht keinen Glauben.

2. Erste Anzeichen

Objekte unbekannter Herkunft in Ihrem Haushalt sollten Sie umgehend einer genauen Prüfung unterziehen. Sprechen Sie auch mit den LehrerInnen Ihres Kindes. Oftmals findet sich eine harmlose Erklärung und Ihr Kind hat den fraglichen Gegenstand im Rahmen eines Schulprojekts erhalten.

Andernfalls sollten Sie die Objekte umgehend der zuständigen Behörde übergeben. Lassen Sie dabei die im Umgang mit Gegenständen aus fremden sozio-historischen

Hintergründen gebotene Vorsicht walten. Gerade harmlos erscheinende Objekte wie Feenstaub, versiegelte Schriftrollen, durchlässige Spiegel oder Laserschwerter können bei unsachgemäßer Handhabung schwere Verletzungen hervorrufen. Sprechen Sie Ihr Kind auf die Gefahren solcher Objekte offen an und fragen Sie, ob es sie bereits verwendet hat.

Sollten Sie bei Ihrem Kind ein verändertes Verhalten feststellen, so kann dies ein Anzeichen sein, dass bereits der Erstkontakt mit einer Fremden Welt stattgefunden hat. Beispielsweise kann die Angst vor Monstern unter dem Bett ein deutliches Signal sein. Auch das Aufsuchen oder Vermeiden bestimmter Baumarten kann ein Zeichen dafür sein, dass Ihr Kind bereits Kontakt zu Fremden Welten oder den Portalen dorthin hatte. Nach derzeitiger Studienlage entstehen Weltentore an Ahorn- und Eschenbäumen überdurchschnittlich häufig in der Nähe von Spielplätzen und Waldkindergärten.

Imaginäre Freunde sind, v.a. bei Einzelkindern, häufig zu beobachten und als Ausdruck normaler kindlicher Fantasieentwicklung zu betrachten. Falls Ihr Kind jedoch anfängt, seine Nahrung mit dem imaginären Freund zu teilen oder berichtet, sich mit Tieren unterhalten zu haben, sollten Sie nach weiteren Warnzeichen suchen.

Leider sind Verhaltensänderungen bei Kindern oftmals auch Ausdruck einer normalen pubertären Entwicklung, sodass solch eine Verhaltensänderung nicht als alleiniger Indikator für Weltenreisen gelten kann. Hierzu verweisen wir auch auf die gesonderte Broschüre *Ist mein Kind ein Monster oder nur in der Pubertät?*, die in enger Zusammenarbeit mit dem Bundesministerium für Familie, Senioren, Frauen und Jugend herausgegeben wird. (Erhältlich als PDF zum Download auf den Homepages der beteiligten

Ministerien, oder als kostenlose Broschüre bestellbar über die dort angegebenen Bezugsadressen. Mit einer Bestellung von Materialien erkennen Sie die Versandbedingungen an.)

Fallbeispiele:

Sebastian K. aus A. bei Trier begann, gesteigertes Interesse an einem Ahornbaum im Garten seiner Urgroßeltern zu zeigen. Er berichtete von mehreren Begegnungen mit einer »hellen Frau« an diesem Baum und erklärte, dass die Frau ihn unterrichten wolle und er sich darauf freue. Sebastian war bis dahin nie gerne in die Schule gegangen.

Die Eltern von Silvana M. aus H. bei Erfurt entdeckten beim Aufräumen des Kinderzimmers eine Waffe, die Silvana als »Phaser wie im Fernsehen« bezeichnete. Silvana gab an, sie sei ihr von »dem Kommandanten« geschenkt worden, damit sie sich schützen könne. Die fragliche Waffe wurde dem Bundesamt für Ausrüstung, Informationstechnik und Nutzung der Bundeswehr (BAAINBw) übergeben.

3. Gewappnet sein

Falls Ihr Kind bereits eine oder mehrere Reisen in Fremde Welten hinter sich gebracht hat, oder aus sonstigen Gründen (s.o.) als hochrisikogefährdet gelten muss, sollten Sie es vorbereiten.

Investieren Sie in Überlebenstrainings und Orientierungsläufe, wie sie z.B. von Pfadfinderorganisationen und seit Neuestem von einigen Volkshochschulen angeboten werden. Unter bestimmten Voraussetzungen ist eine steuerliche Absetzmöglichkeit solcher Kurse gegeben.

Sorgen Sie dafür, dass Ihr Kind stets Zugang zu festem Schuhwerk hat und gegebenenfalls seine Kenntnisse in primitiven Waffentechniken erweitert.

Oftmals sind Kinder, die bereits Fremde Welten bereist haben, danach gerne bereit, sich notwendige theoretische

Kenntnisse anzueignen. Sprechen Sie diesbezüglich mit Ihrem Kind und entscheiden Sie mit ihm gemeinsam, ob gezielte Nachhilfe in Biologie, Archäologie oder dem Abrichten gefährlicher Tierarten sinnvoll erscheinen.

Fallbeispiele:

Sebastian K. aus A. bei Trier trat nach seiner zweiten Reise in den »Wissenden Wald« einer Pfadfindergruppe bei und erlernte dort Fähigkeiten, die es ihm ermöglichten, seine dritte und vierte Reise zu überleben. Anschließend wurde er durch private Tutoren in Forstwissenschaft und Geologie ausgebildet. Durch die dabei erworbenen Kenntnisse stieg er bei seiner fünften Reise in den »Wissenden Wald«, angetreten im irdischen Alter von 13 Jahren, zu einem Berater des lokalen Potentaten und zum Erzieher des Thronfolgers auf.

Silvana M. aus H. bei Erfurt verbrachte bei ihrer vierten und insgesamt letzten Reise, angetreten im irdischen Alter von 11 Jahren, nach lokaler Zeit fast 13 Jahre in der Fremden Welt. Dank ihrer fundierten Kenntnisse in Astronomie und Strategietheorie wurde sie bis zum »Kha-zaahr« einer Rebellenflotte befördert, ein Rang, der ungefähr unserem Admiral entspricht.

4. Wenn Ihr Kind fort ist

Eine Eigenart aller bekannten Portale in Fremde Welten ist, dass sie nur von juvenilen oder in seltenen Fällen von glaubhaft juvenil erscheinenden Reisenden (als Kinder verkleidete Kleinwüchsige) genutzt werden können. Es ist daher nicht möglich, dass Sie selbst bekannte Portale oder Artefakte nutzen, um Ihrem Kind zu folgen.

Weltweit agieren diverse Nichtregierungsorganisationen (NGOs), die sich dem Wiederauffinden von in Fremden Welten verschollenen Kindern verschrieben haben. Die meisten von ihnen werden Ihnen anbieten, spezialausgebildete, kleinwüchsige Agenten auf die Suche nach Ihrem Kind zu schicken.

Die Bundesregierung und das Auswärtige Amt lehnen dieses Suchprinzip als unethisch ab. Zum einen ist es (s.o.) nahezu unmöglich, diese kleinwüchsigen Agenten gezielt in eine bestimmte Fremde Welt zu entsenden, zum anderen widerspricht diese Arbeitsweise dem in der Bundesrepublik geltenden Verbot des sogenannten Zwergenweitwurfs (sittenwidrig und nicht genehmigungsfähig nach § 33a Abs. 2 S. 2 GewO).

Wenn Ihr Kind aktuell in Fremden Welten reist, sollten Sie zunächst sicherstellen, dass alle Ihnen bekannten Dimensionstore stets für eine eventuelle Rückkehr offenstehen. Sorgen Sie dafür, dass vor dem Portal immer ein Notvorrat an unverderblicher Nahrung sowie Kleidung und ein Erste-Hilfe-Koffer deponiert sind. Konservendosen haben sich als impraktikabel erwiesen, da nicht in allen Fremden Welten Dosenöffner als handelsübliche Haushaltsgeräte verfügbar sind.

Fallbeispiel:

Sebastian K. aus A. bei Trier berichtete, dass er seine vierte Reise in den »Wissenden Wald« drei Mal für wenige Sekunden unterbrach, um Schokolade aus dem Kühlschrank seiner Eltern zu entwenden. Er wurde dabei von Freunden aus dem »Wissenden Wald« an den Füßen festgehalten, um zu verhindern, dass er sein Portal vollständig durchschritt und somit eine vielleicht nicht mehr reversible Wiederkehr in unsere Welt vollzog.

5. Konsequenzen und Rehabilitation

Bei zurückkehrenden Kindern empfehlen wir aus Sicherheitsgründen eine genaue Identitätsprüfung. Ebenso müssen Sie die Möglichkeit in Erwägung ziehen, dass in Ihrem

Haushalt verbliebene Kinder möglicherweise nicht Ihre eigenen Kinder sind. Prüfen Sie, ob Ihnen ein Wechselbalg, Hologramm oder eine magische Illusion als Platzhalter untergeschoben wurden.

Als Schnelltest hat sich hierbei die sogenannte »Silberprobe« bewährt, da dieses Material in den meisten Haushalten verfügbar ist (Besteck, Schmuck). Hierzu verweisen wir auch auf die gesonderte Broschüre *Ist mein Kind ein Alien? – Warnzeichen und einfache praktische Tests*, die in enger Zusammenarbeit mit dem Bundesministerium des Innern und dem Verteidigungsministerium herausgegeben wird. (Erhältlich als PDF zum Download auf den Homepages der beteiligten Ministerien, oder als kostenlose Broschüre bestellbar über die dort angegebenen Bezugsadressen. Mit einer Bestellung von Materialien erkennen Sie die Versandbedingungen an.)

Fallbeispiel:

Die Eltern von Silvana M. aus H. bei Erfurt stellten fest, dass sich während der letzten Reise ihrer Tochter ein Hologramm als Platzhalter in ihrem Haushalt befand. Das Hologramm löste sich auf, nachdem man ihm Zugang zu jeglichem Energienachschub (Zucker) verwehrte.

Silvana selbst kehrte 3 Monate nach der Deaktivierung des Hologramms zurück.

Zudem muss auch bei der Rückkehr von den oben erwähnten Feenwelten oder bei interstellaren Reisen mit relativistischen Eigenzeiteffekten gerechnet werden. Möglicherweise unterlag Ihr Kind auf der Reise einer anderen Zeitlinie als der irdischen.

Verletzungen und Krankheiten, die Ihr Kind sich in Fremden Welten zugezogen haben kann, verheilen im Allgemeinen nicht durch den Wiedereintritt in unsere Welt. Rechnen Sie mit einer Veränderung der Haut- oder Augenfarbe, Wachstum von Hornschuppen oder ähnlichen oberflächlichen Veränderungen.

Es gibt einzelne, seltene Fälle, in denen in unserer Welt als unheilbar geltende Krankheiten wie z.B. Diabetes mellitus Typ I nach einer Reise in eine Fremde Welt nicht mehr nachweisbar waren.

Von Reisen zurückgekehrte Kinder zeigen oft Verhaltensauffälligkeiten. Bedenken Sie, dass Ihr Kind sich in der Fremden Welt einer völlig neuen sozialen Situation anpassen musste.

Gerade in elfenbevölkerten Welten werden Menschenkinder oft als Dienstboten ausgenutzt und haben die dabei erworbenen Fähigkeiten tief verinnerlicht. Gewöhnen Sie in diesem Fall Ihr Kind langsam und schrittweise daran, nach und nach weniger Aufgaben im Haushalt zu übernehmen und insbesondere sein eigenes Zimmer unordentlich werden zu lassen!

In anderen Fremden Welten ist es üblich, Menschenkinder als Zauberkundige, militärische Führer oder Mitglieder des Adels zu akzeptieren. Verstehen Sie, dass Ihr Kind es nun gewohnt ist, dass seinen Befehlen mit unbedingtem Gehorsam begegnet wird. Die Umgewöhnungsphase kann für alle Beteiligten schmerzhaft sein. Hierzu verweisen wir auch auf unsere gesonderte Broschüre *Plötzlich nicht mehr Kanzler – Ein Ratgeber für 7- bis 11-Jährige*, die in enger Zusammenarbeit mit dem ehemaligen Bundeskanzler Gerhard Fritz Kurt Schröder herausgegeben wird. (Erhältlich als PDF zum Download auf der Homepage des Bundeskanzleramts oder als kostenlose Broschüre bestellbar über die dort angegebene Bezugsadresse. Mit einer Bestellung von Materialien erkennen Sie die Versandbedingungen an.)

Fallbeispiele:

Sebastian K. aus A. bei Trier, der im »Wissenden Wald« selbst bis zum Erzieher des Thronfolgers aufgestiegen war, zeigte nach seiner letzten Reise eine noch stärkere Verachtung für unser Schulsystem als jemals zuvor. Er zog es für den Rest seines Lebens vor, sich selbstständig fortzubilden und forschte intensiv an der Möglichkeit, als Erwachsener ein Portal in den »Wissenden Wald« zu erschaffen. 2009 verschwand Sebastian auf einer Reise im südlichen Amazonasgebiet.

Silvana M. aus H. bei Erfurt ist heute als anerkannte Dozentin für Ingenieurwissenschaften und Geschichte der Militärtheorie an einer europäischen Offiziersschule tätig.

6. Zusammenfassung

Reisen in Fremde Welten sind gefährlich und sollten möglichst nicht angetreten werden. Dennoch ist es wichtig, dass die Eltern gefährdeter und betroffener Kinder die Gefahren nicht überschätzen. Todesfälle auf Reisen in Fremde Welten sind sehr selten.

Betrachten Sie solche Reisen als Erfahrungen, die den Entwicklungs- und Reifeprozess Ihres Kindes wesentlich voranbringen können. Im Gegensatz zu Schulaustauschprojekten und Sprachreisen, die ähnliche positive Effekte haben, sind Reisen in Fremde Welten für Sie als Eltern mit keinen Kosten verbunden.

Durch Vertrauen und Zuneigung können Sie Ihrem Kind die Rückkehr in unsere Welt angenehm gestalten. Beweisen Sie Geduld und zeigen Sie Ihrem Kind, wie stolz Sie auf seine Leistungen in der Fremden Welt sind – auch und gerade, wenn Ihr Kind nicht zu denen gehört, die ein verwunschenes Königreich erlöst oder die Bevölkerung eines dem Untergang geweihten Planeten gerettet haben!

Wir hoffen, Ihnen mit dieser Broschüre geholfen zu haben.

Kontaktadresse für Elternkreise/Selbsthilfegruppen:
Bundesverband der Elternkreise weltenreisender und weltenreisegefährdeter Kinder e.V.
Am Kirschgarten 17
67167 Erpolzheim

Diese Broschüre wurde nach den aktuell modernsten Umweltrichtlinien klimaneutral produziert und auf FSC-zertifiziertem Papier aus verantwortungsvollen Quellen gedruckt.

Ein Wort des Verlegers

Liebe Leserinnen und Leser,
gute Bücher sind wie verborgene Schätze, die darauf warten, entdeckt zu werden. Doch selbst die besten Werke brauchen Ihre Unterstützung, um die Aufmerksamkeit zu erhalten, die sie verdienen. Ihre Stimme kann den Unterschied machen!

Wir bitten Sie herzlich, das Buch, das Sie in Händen halten, mit einer Rezension bei Amazon zu bewerten. Ihre Meinung zählt und kann anderen Lesern helfen, dieses Buch zu entdecken und zu genießen.

Warum sind Ihre Rezensionen so wichtig?

Bücher mit vielen Bewertungen werden auf Amazon prominenter angezeigt und von mehr Lesern gefunden. Ihre ehrliche Meinung hilft anderen Lesern, eine fundierte Entscheidung zu treffen. Und Ihre Rezension ist eine wertvolle Anerkennung für die harte Arbeit und das Herzblut, das in jedes Buch fließt.

Nehmen Sie sich einen Moment Zeit, um Ihre Gedanken zu teilen. Ihre Unterstützung ist entscheidend für den Erfolg unserer Bücher und unserer Autoren.

Vielen Dank für Ihre Zeit und Ihr Engagement!

Mit freundlichen Grüßen,
Torsten Low
Verleger

Bulgarische Science-Fiction

Kontakt mit Übermorgen

Herausgegeben von Juri Ilkow und Erik Simon

Auf der Erde landet ein fremdes Raumschiff, bleibt aber völlig inaktiv und reagiert auf keinerlei Kontaktversuche – bis es schließlich zwei Astronauten einlässt, die eigentlich zum Mars fliegen sollten.
Eine abgelegene sibirische Stadt mit zwanzigtausend Einwohnern, wo Flugpassagiere unplanmäßig übernachten müssen, wirkt tagsüber wie ausgestorben.
In einer alternativen Realität dringt ein spanischer Kundschafter ins Reich der Azteken vor.
Auf einem verrufenen Planeten gehen Besucher von überallher geheimnisvollen Vergnügungen nach.
In einer wüsten Zukunft haben sich Russen und Amerikaner mit verschiedenen Aliens arrangiert, nur die Bulgaren sind leer ausgegangen.

Kontakt mit Übermorgen bietet mit Erzählungen von 19 Autorinnen und Autoren einen Querschnitt durch die neuere bulgarische Science-Fiction-Literatur und ein Pendant zu der 2018 erschienenen Phantastik-Anthologie Sternmetall.

276 Seiten Taschenbuch
ISBN 978-396629-015-9
Preis 13,90 Euro

Es gibt keine Fabelwesen … oder doch?

Hinter dem Schleier

Herausgegeben von
Janika Hoffmann und Fabian Dombrowski

Jahrhundertelang waren sie fester Teil unseres Lebens, willkommene Begleiter oder gefürchtetes Übel, immer eng verbunden mit der Welt der Menschen. Sind das nun Geschichten oder die Wahrheit, die wir nur vergessen haben?
Vielleicht befinden sich die Fabelwesen ja noch immer mitten unter uns. Verborgen in anderen Gestalten, in dem Versuch, ihr wahres Selbst vor uns zu verbergen. Vielleicht kann ein Spritzer Wasser uns die Schuppenhaut einer Nymphe enthüllen. Und vielleicht sind die Geschichten vom unsichtbaren Drachen, der eine Menschenfrau zur Freundin hat, ja doch wahr. Wieso flüstert das Meer den Namen einer Frau, die vergessen hat, wer sie ist?
Womöglich verbergen sich die Feen, weil sie über ihren wahren Namen erpresst werden könnten. Vielleicht wartet eine Mondwelt hinter dem Birkentor auf uns. Oder wir begegnen auf einer Reise dem letzten Yeti, dessen Zuhause schmilzt.
Kann so etwas wirklich geschehen? Die Geschichten in dieser Anthologie lassen uns an diesen und weiteren Begegnungen vor und hinter dem Schleier teilhaben.

352 Seiten Taschenbuch
ISBN 978-3-96629-019-7
Preis 14,90 Euro

24 Stunden im Leben eines Buchauslieferers

Bookboy

Herausgegeben von Ann-Kathrin Karschnick und Stefanie Mühlsteph

Bücher erzählen von Abenteuern und von verborgenem Wissen. Bücher öffnen Tore in andere Welten, berichten von der Vergangenheit und beschreiben die Zukunft. Und nicht selten steckt hinter den beschriebenen Seiten mehr, als es zunächst scheint. Und manchmal scheinen Realität und Fantasie miteinander zu verschmelzen.
All das weiß Fabius, denn sein Opa ist der Inhaber der Buchhandlung Leseratte. Und natürlich weiß Fabius es durch die Liefertouren mit seinem Fahrrad quer durch die ganze Stadt.
So auch an diesem Tag. Den ganzen Tag über klingelt das Telefon und Buchwunsch folgt auf Buchwunsch. So steigt Fabius auf sein Rad und macht sich an die Auslieferung. Und jede Bestellung verstrickt Fabius in ein neues Abenteuer, mal gefährlich, mal voller Gefühl und manchmal steckt er mitten in einer Geschichte fest – sprichwörtlich. Doch Zeit zum Ausruhen bleibt nicht. Denn die Kunden warten auf ihre Lieferung. Und der Kunde ist König in der Leseratte. So hat Fabius es schon immer gehalten – und so wird er es auch an diesem Tage halten. Selbst wenn der Tag bis in die Nacht dauert.
Denn er ist der Bookboy!

360 Seiten Taschenbuch
ISBN 978-3-96629-013-5
Preis 14,90 Euro